·面向21世纪人力资源管理系列教材·

培训与人力资源开发：理论与方法

（第2版）

Training and Human Resource Development: Theories and Methods

萧鸣政　编著

中国人民大学出版社
·北京·

总 序

由中国人民大学人力资源开发与管理研究中心组织全国人力资源管理领域著名专家学者编写的人力资源管理系列教材第5版以全新面貌与读者见面了。

中国人民大学人力资源开发与管理研究中心成立于2000年，聚集了学术界、政府研究机构的专家学者，致力于我国人力资源开发与管理研究。中心自成立以来，除了组织编写本系列教材之外，还翻译了我国第一套人力资源管理译丛。

改革开放以来，中国经济的高速增长为世人所瞩目。究其原因，学者们的共识是，成就主要源于两个因素：一是体制改革所造就的制度创新和激励机制；二是改革对生产要素，特别是劳动力要素的解放。改革使大量人力资源摆脱了旧体制的束缚，以各种方式投身于经济建设，使我国人力资源的优势得到充分发挥。正因为如此，在传统体制下从来没有被认为是一门科学的人力资源管理，在改革开放后特别是20世纪90年代以来，得到了企事业单位的高度关注。如何确定组织的人力资源战略、做好组织的人力资源规划，如何招聘、留住、开发以及激励组织需要的各类人才，如何把握好职位分析、绩效管理、薪酬管理等人力资源管理中的关键环节，如何建设良好的组织文化，已经成为企事业各级领导考虑的最重要的问题。随着移动互联网的发展、全球化步伐的进一步加快、人工智能等最新科学技术的发展以及90后开始大量进入职场，各种组织的人力资源管理面临诸多新的挑战，很多组织的人员数量增长可能会逐渐停止甚至下降，但对员工的质量要求却大大提升，这就对组织的人力资源管理水平提出了更高的要求。

从我国改革开放40年的历程中可以清楚地看到，人力资源的确是推动中国经济发展的最重要资源，堪称"第一资源"。更为重要的是，如今，我国自然资源的人均占有量与世界相比并不占优势，国民财富生产中自然资源消耗水平已经很高，可以毫不夸张地说，我国经济与社会实现可持续发展的唯一出路在于进一步发挥人力资源的优势。需要指出的是，发挥人力资源优势并不像有些人所想象的，只是靠廉价的人工成本去竞争。世界各国发展的经验已经证明，人工成本必然会随着经济发展水平而不断提高。一个国家的人力资源优势主要体现在两个方面：一是人力资源的教育素质，它体现为潜在的生产力；二是对已经实现就业的人力资源的管理水平，它体现为对人力资源的开发利用程度。我国的教育，特别是基础教育，在世界上是有竞争力的，培养了一支高素质的劳动力队伍。而我国的管理水平，尤其是人力资源管理水平，与世界发达国家相比差距仍然较大。因此，提高我国企事业单位以及政府机构的人力资源管理水平是发挥我国人力资源优势的当务之急。近几十年来，我国几代领导人都强调人才对于国家发展的重要作用，人才是第一资源日益得到广泛的认同，国家领导人一再强调的人才强国战略更是将人力资源和人才问题提升到整个国家战略的高度。

为了提高我国人力资源管理水平，我们通过翻译教材与专著、邀请外国专家讲学等方法，努力将发达国家在人力资源管理方面的先进理念和经验介绍到国内。但是，人力资源管理是管理学诸学科中受到一个国家文化传统影响最大的领域，对人的管理必然受到社会价值观念、法律制度、人文传统等方面的影响，因此，仅仅依靠舶来品是不能真正解决自身问题的。

中国的管理学经过30多年的恢复和成长，已经到了建立具有自身特色的符合中国文化的管理理论的时候。鉴于管理学的文化根基特征，可以说，建立中国特色管理理论的关键在于建立具有中国特色的人力资源管理理论。

总而言之，无论是提高我国人力资源管理水平，还是建立具有中国特色的管理理论体系，都需要培养大批具有先进管理理念、掌握科学管理方法的人力资源管理专业人才。近年来，社会对人力资源管理专业人才的需求一直名列高校毕业生需求榜的前列。旺盛的需求同样导致供给的增加。据统计，自1993年中国人民大学在我国开设第一个人力资源管理本科专业以来，到目前为止，全国已经有500多所高校开设了人力资源管理本科专业，人力资源方向的硕士和博士培养也已经上规模。尤为可喜的是，不仅面向私营部门的人力资源管理专业人才培养日渐成熟，面向公共部门的人力资源管理专业人才培养也已经在很多高校中渐成规模，并且对公共部门人力资源管理水平的提高发挥了积极的作用。从2001年开始出版的本系列教材的第一版，到目前为止已完成了四次全面的再版修订工作，并不断有新的教材加入。本套教材对于满足我国各高校人力资源管理专业的教学需要起到了非常积极的作用，得到广大教师和学生的一致好评。

优秀的教材必须随着社会经济的发展与教学改革的深化而不断完善。我们根据作者的教学体会和使用的教师对本系列教材第四版的反馈，组织了这次重新修订工作。本系列教材从一开始起步阶段，就在编写中把握了以下三个重要原则：第一，优选教材作者。本系列教材的作者不拘泥于一个学校，而是从我国各著名高校中最早从事人力资源管理教学与研究的著名学者中遴选，每位作者必须是在人力资源管理的相关领域或模块中的真正专家。同时要求这些学者必须亲自主笔，以保证教材的质量。第二，优化教材体系。本系列教材包括《人力资源管理概论》《人力资源战略与规划》《组织行为学》《工作分析的方法与技术》《人力资源战略与规划》《培训与开发》《战略性绩效管理》《薪酬管理》《劳动经济学》《劳动关系》等，既可以满足人力资源管理专业的学生系统学习人力资源管理知识的需要，也可以为非人力资源管理专业的管理类学生根据需要选用。第三，重视本国案例的运用。最近几十年来，随着我国市场经济的长足发展以及企业人力资源管理水平的不断提高，涌现出大量有价值的本土化人力资源管理案例。因此，在修订时，我们特别强调多运用中国改革开放以来的案例，以帮助学生更好地理解和掌握相关理论与方法。

尽管已经付出了很大努力，我们仍然清楚地认识到，这套教材还存在许多可以不断完善和修改的地方。我们真诚地希望广大读者不吝赐教，提出修改意见和建议，使之日臻完善，以更快地推动我国人力资源管理水平的提高。

董克用

中国人民大学人力资源开发与管理研究中心

前言

一、本书内容介绍

当前全球的经济发展处于科技经济主导的时代。虽然第一产业、第二产业与第三产业同处于发展的时代，但第三产业的发展速度明显快于第一产业与第二产业。无论是发达的西方国家还是欠发达的非洲国家，或者处于发展中的金砖国家，第三产业都已经成为所有这些国家经济发展的主体与支柱。无论是高端的科技经济还是大众的服务经济，都需要人力资源的保障与支持，需要高素质人才的引领与促进。所以人才强国战略与人力资源建设成为世界各国发展的第一战略。

组织之间的竞争在于产品与服务的竞争，产品与服务的竞争背后是技术与人才的竞争，技术与人才竞争的关键是创新与素质竞争，通过培训与人力资源开发，我们将持续为组织的创新发展与素质提升提供保障。因此，培训与人力资源开发是组织发展的核心竞争力。无论是政府组织还是非营利组织，也无论是国有企业还是私有部门，建立良好的培训与人力资源开发机制，都将使其组织创新与发展具有绝对优势与不可模仿性。大至国家、小到企事业组织以及个人，培训与人力资源开发的作用与价值都是显而易见的。

培训与人力资源开发可使组织外的人员转化为组织中的人力；使组织中的员工从低的工作效率状态走向高的工作效率状态；使组织中的非人才转化为人才；使潜在的人才转化为现实的人才；使人才的素质活力转化为先进的生产能力；使组织中低层次的人才变成高层次的人才；使一般人才转化为高技术人才；使单一型技术人才转化为多样复合型技术人才。

因此，现代组织管理人员与人力资源从业者，不但要掌握人力资源管理的理论与方法，更要掌握培训与人力资源开发的方法与技术。本书分为3篇，共9章内容，围绕以下3个问题进行阐述：

1. 什么是培训与人力资源开发?

2. 现代组织管理中有哪些培训与人力资源开发的方法与技术?

3. 如何在组织管理中有效运用各种培训与人力资源开发的方法与技术?

第1篇包括第1章、第2章与第3章，主要回答什么是培训与人力资源开发。其中第1章具体阐述了什么是培训与人力资源开发，培训与人力资源开发的关系。第2章具体阐述了培训与人力资源开发的基本原理与原则，以及学习理论。第3章具体阐述了什么是人力资源开发战略，以及什么是战略性人力资源开发。

第2篇包括第4章、第5章、第6章、第7章，主要回答现代组织管理中有哪些培训与人力资源开发的方法以及如何运用。其中第4章具体阐述了培训的内容与对象、培训的流程、培训方法与技术及其应用的具体案例。第5章具体阐述了培训与人力资源开发体系中的职业开发方法。首先辨析了职业开发与职业规划的不同之处，然后介绍了职业开发的作用与意义。除此之外，该章还详细阐述了一些国外经典的职业开发理论。所介绍的职业开发方法包括工作设计、工作专业化、工作轮换、工作扩大以及工作丰富化等。与此同时，还阐述了这些方法的具体应用案例。第6章具体阐述了组织的性质和类型、组织结构对培训与人力资源开发的作用、组织的内部因素及其对培训与人力资源开发的影响；最后阐述了组织开发方法应用的具体案例。第7章具体阐述了自我开发的概念与理论基础、自我开发的特性及其重要意义、自我开发的内容与对象以及自我开发的方法与技术，最后通过案例介绍了自我开发在实践工作中如何操作。

第3篇包括第8章和第9章，主要回答现代组织管理中有哪些培训与人力资源开发的技术。其中第8章通过需求分析、人力规划技术、培训技术、课程设计技术等内容介绍了培训与人力资源开发过程中所用到的重要技术，其中一些为近些年来新兴的技术。第9章主要阐述了培训与人力资源开发评估的内容及方法、过程评估和结果评估指标，以及如何进行培训与人力资源开发过程评估与结果评估等。

二、课程历史与我们的工作

众所周知，要把中国的人口负担转化为人力资源优势以及把中国建设成人才强国，关键在于我们能否做好培训与人力资源开发工作，在于我们能否全面掌握与运用好培训与人力资源开发的科学理论与方法。

当前，在我们的组织内部，一方面普遍缺乏高、精、尖的复合型人才，另一方面却沉淀了大量的一般工作者。这种现状提示我们，仅仅满足于为组织管理而管理人力资源是不行的，加强培训与人力资源开发理论与方法的学习势在必行，应在开发的指导思想下进行人力资源管理工作。

一般来说，人力资源管理往往注重利用已经发现的人力资源，但是每个人身上还有大量未知与潜在的人力资源有待我们去开发；每个人身上现有的人力资源，还可以通过培训与开发再生出许多其他的新人力资源。因此，人力资源管理只是保证组织对于人力资源需求与配置的基础，而培训与人力资源开发才是促进人才发展走在组织发展前面、引领组织发展并且促进组织创新与持续发展的根本。我们绝不能满足于目前已有的人力资源管理的课程内容，而应该在不断完善的同时尽快开设新的培训与人力资源开发课程体系。

我们于20世纪90年代初期就开始致力于人力资源问题的研究与学科建设。1993年开始关注人力资源开发的机制与理论问题，1994年在《中国人力资源开发》杂志上发表《对人力资源开发问题的系统思考》，率先提出人力资源素质观的概念，突破了人力资源人口观的传统解释，创建了人力资源开发的系统工程模型，认为全过程的终身开发模式、素质结构的综合开发模式与不同系统的协同开发模式是构成人力资源开发系统工程模型的三大主体。

2001年成功申报了全国教育科学"十五"规划项目"人力资源开发的理论与方法研究"；2002年在高等教育出版社出版了我国第一本有关人力资源的专著《人力资源开发学》，书中构建了人力资源开发学的基本框架，区分了人力资源开发（概论）与人力资源开发学的概念，第一次阐述了人力资源开发学的学科性质与特征、人力资源开发学研究的策略与方法，分析了人力资源开发学的基本内容，包括学科基础与理论、开发的相关理论与原理、开发的对象与主客体、开发的方法与技术，认为人力资源开发的学科基础与理论包括教育学、人口学、社会学、文化学与心理学；2003年先后在中国人民大学研究生中开设了"人力资源开发的方法与技术"课程，在北京大学政府管理学院本科生中开设了人力资源方向组课程"人力资源开发的理论与方法"；2004年在高等教育出版社出版了"高等学校人力资源管理专业系列教材"中的第一本教材《人力资源开发的理论与方法》，同时出版了第一本《中国政府人力资源开发概论》；2005年在《中国人力资源开发》杂志发表的论文《试论我国人力资源开发专业的开设问题》中，首次提出在中国开设人力资源开发专业；2006年分别出席了在美国俄亥俄州立大学召开的美国人力资源开发学术研讨会与在马来西亚召开的人力资源开发研究会亚洲年会，在国际刊物 *Human Resource Deve-lopment in Asia: Thriving on Dynamism and Change* 发表"*The Strategy of Chinese Government for Developing Human Resources*""*Problems in the Talent Development of Leading Cadres and the Corresponding Solutions*"等论文；2007年成为第一个担任国际人力资源开发研究会亚洲年会执行主席的大陆学者，主编出版英文文集 Global Human Resource Development Theories and Practice；2008年在国际期刊 *Human Resource Development International* 上发表"*Human Resource Development Issues in the Implementation of the Western China Development Strategy*"等论文；2009年主编并且在中国劳动社会保障出版社出版了《区域人才开发的理论与实践》论文集；2010—2011年担任"国家高等教育自学考试国际人力资源管理专业双证书项目"教材主编，把《人力资源开发》列入2011自学考试课程；2012年在高等教育出版社出版了《人力资源开发的理论与方法（第2版）》；2013年主编并且在人民出版社出版了《中国领导人才的开发与管理》；2014年在北京大学出版社出版了《人力资源开发概论》；2015年在中国人民大学出版社出版了《人力资源开发——方法与技术》。

由此不难看出，自20世纪90年代以来，我们为建立具有中国特色的人力资源开发学科及其国际化交流做出了不懈的努力，一直都在为人力资源开发学科体系的研究、教学与拓展贡献自己的一点力量。

三、教学参考与编写说明

为满足与服务于经济管理、工商管理与公共管理学科中人力资源方向的教学需要，我们在《人力资源开发——方法与技术》一书的基础上编写了本书。与《人力资源开发——方法与技术》相比，《培训与人力资源开发：理论与方法》（第 2 版）特别注意了培训在人力资源开发中的特殊与重要地位，详细阐述了培训的相关理论与方法。在增加理论性的同时，突出了方法的专业性、技术性、应用性与融合性。针对人员培训与人力资源开发的关系阐述了相关的原理与理论，增加了“战略性人力资源开发”一章，删除了配置与选拔等内容，丰富与突出了培训与人力资源开发方法体系中各种方法与技术的内容，重新调整了全书的内容结构。每一章包括学习目标、本章内容、本章小结、进一步阅读文献、本章习题、案例与分析，最后提供参考答案。

对于本书的教学，我们的建议如下：

对于管理学本科生选用本书开设专业必修或者限选课程，第 3 篇可以不讲。整个课程为 30～36 课时：第 1～3 章 12～15 课时；第 4～7 章 18～24 课时。

如果选用本书在人力资源管理专业研究生中开设选修课，则讲授全部内容，30～36课时：第 1～3 章内容适当扩展，15 课时；第 4～7 章，12～15 课时；第 8～9 章，6 课时。

在本书的编写过程中，张睿超在萧鸣政教授指导下参加了第 1 章至第 3 章部分内容的初稿编写工作，最后全部文稿由萧鸣政教授加工完成。在此，对于张睿超以及其他为本书编写工作做出贡献的同仁表示真诚的感谢！

由于我们对于培训与人力资源开发的研究水平有限，许多实践问题与理论问题国内外还处于探索之中，有待大家共同努力。特别欢迎广大读者对本书的不足进行批评指正。

萧鸣政

目 录

第1篇 理论篇

第2篇 方法篇

第 1 篇

理论篇

第1章 培训与人力资源开发概述

学习目标

1. 掌握培训的定义，培训、教育、训练、学习与人力资源开发的关系。
2. 了解人力资源开发对于组织发展的实际作用与意义。
3. 重点掌握人力资源开发的概念、类型、特点、内容、价值与基本功能。
4. 明确人力资源开发与人力资源开发学的区别与联系。
5. 明确培训与人力资源开发的区别与联系。

作为开篇，本章概要阐述什么是培训，什么是人力资源开发，以及培训与人力资源开发的关系。

第1节 培训概述

一、培训的定义

培训是一种有组织的知识传递、技能传递、标准传递、信息传递、信念传递、管理训诫行为。一般来说，员工培训是指组织有计划地实施有助于提升员工学习与工作能力的活动。①

组织为了实现统一的科学技术规范、标准化作业，通过目标规划设定、知识和信息传递、技能熟练演练、作业达成评测、结果交流公告等现代信息化的流程，让员工在一定的教育训练后，有效提高绩效以及对组织目标的贡献。

① 萧鸣政．人力资源开发与管理．北京：科学出版社，2009.

员工培训是人力资本再生产的重要方式。人力资本理论创始人、1979年诺贝尔经济学奖获得者舒尔茨（T. W. Schultz）20世纪60年代在大量实证分析的基础上得出一个突破性结论：在现代社会，人的素质（知识、才能和健康等）的提高，对社会经济增长所起的作用，比物质资本和劳动（指非技术性劳动）的增加所起的作用要大得多；而人的知识才能基本上是投资，特别是教育投资的产物。按照这种理论，组织不应把人力资本的再生产仅仅视为一种消费，而应视为一种投资，这种投资的经济效益远大于物质投资的经济效益。而且人力资本投资并不遵循边际收益递减规律，而是边际收益递增的。

二、教育、训练、学习

教育通常有广义和狭义之分。广义的教育泛指一切传播和学习人类文明成果——各种知识、技能和社会生活经验，以促进个体社会化和社会个性化的社会实践活动，产生于人类社会初始阶段；狭义的教育专指学校教育，即制度化教育。上述对教育的定义既反映了教育的本质，又将教育活动同其他活动，如训练、学习、宣传等区别开来。传统上，人们把教育培养、训练培养、学习培养、资助培养等都看作教育。而宏观的教育概念，既包括基本概念的教育、训练、学习等可以直接影响人的素质、能力的一类活动，也包括那些虽然不能直接影响人的素质、能力，却可以对前一类活动的进行起到帮助、促进作用的活动，这也就是人们所说的培养活动。①

训练是指有计划、有步骤地通过学习和辅导而掌握某种技能的活动，例如军事训练、电脑训练等。训练和培训的区别在于：训练主要是通过指导和练习使学员掌握或提升某种能力，即把理念、知识变成一种能力；培训不只是传播知识和传授技能，还涉及传播价值观、观念和态度。但在实际当中两者又有密切的联系，两者的侧重点不一样。

学习一般从受教者角度而言。学习一词最早可追溯至孔子在《论语》中所言："学而时习之，不亦说乎？"按照孔子和其他中国古代教育家的看法，"学"就是闻、见与模仿，是获得信息、技能，主要是指接收感官信息（图像信息、声音信息及触觉和味觉等信息）与书本知识，有时还包括思考的含义。"学"是自学或有人教你学。"习"是巩固知识、技能的行为，一般有三种含义：温习、实习、练习。"学"偏重思想意识的理论领域，"习"偏重行动实习的实践方面。学习就是获得知识，形成技能，获得适应环境、改变环境的能力的过程。实质上就是学、思、习、行的总称。学是指知识和经验的累积，习是指知识和经验的实践。

三、培训与教育的关系

培训与教育既有联系又有区别。培训是侧重对专业性和实践性的培养训练，

---

① 萧鸣政．人力资源开发．北京：北京大学出版社，2011.

它尤为重视知识与实际应用的关系；教育一般侧重对思想的传播、理论的研究和文化的传承。培训一般为短期行为，在一定时间内达到某种比较明确的目的；而教育一般为长期行为，不具有明确的短期目的。培训带有明确的目的，如某人能力不够需加强技能培训使其能上岗，或是新员工入职需要知识培训。教育意在引导，培训意在提升技能。教育往往是按照惯例和习惯执行，如义务教育与某些公司的例行教育。培训一般是实践性的，教育一般是理论性的。教育可以改变观念，逐渐影响行为，培训能直接改变行为。

四、培训的内容与对象

为提高培训质量、达到培训目的，组织应根据培训对象、培训方式、培训内容选择不同的培训方法。现代的培训活动按其性质可划分为三个层次：知识培训、技能培训、观念与态度培训。这三个层次的培训是由表及里逐步深入的，不同性质的培训其深度也有所不同，但这三个层次的培训并不是截然分开的，有时是多种性质融合在一起的。不同层次的培训对应的主要目标不一样，培训的方法也不一样。①

（一）知识培训

知识培训的主要任务是对参训者的知识进行更新，主要目标是解决“知”的问题。现代社会的主要特征是知识的爆炸与知识的老化几乎同时出现。人才是知识的载体，更确切地说，人才是一个动态的知识载体。身处现代社会的环境之中，知识的老化与知识的更新在同一个人头脑中循环交替，当知识更新速度快于老化速度时，人才就保持了其竞争优势，当老化速度快于更新速度时，人才就逐渐落伍于时代，被后来者赶上。现代培训不断地延长人的发展期，使人不断适应新的工作，适应社会的变化，并开拓新的局面，达到新的水平。知识更新的任务就是不断地维持人类的继承与发展。这类培训任务既是最基本的，也是最大量的。

（二）技能培训

技能培训的主要任务是对参训者的能力加以补充，主要目标是要解决“会”的问题。随着时代的前进，每个行业、每个岗位都会有新的能力要求。此外，现代产业结构的不断调整使大量的旧行业消失、新行业兴起，必然会产生大量的转岗培训。新的形势对技能培训提出了许多新要求，这些要求包括质与量两个方面。所以，以胜任岗位工作能力为基础的培训越来越受欢迎。这种能力不是指简单的技能，而是对人的综合能力的一种表述。

---

① 萧鸣政．人力资源开发．北京：北京大学出版社，2011.

（三）观念与态度培训

观念与态度培训包括很多方面，涉及思维方式、价值观念、职业道德、行为规范和工作态度等。其中，思维方式培训的主要任务是使参训者固有的思维定式得以创新，主要目标是要解决“创”的问题。如果我们的培训仅仅是灌输知识、传授技能，那么就只能培训人的一种“重现”能力，而不是一种可以予以重新“整合”的创新能力。所以，我们虽然可以继承，却难以发展。近年来，一类名为“创造性思维训练”的培训项目在我国火热兴起。通过训练，参训者对自己原有的思维定式提出挑战，学会以一种崭新的视角来看问题，这本身就是一种创造。人的思维定式往往是自己固化的，改变思维定式，就要战胜自己，那必然会很困难。现代培训就是要勇敢地探索对人的思维方式的训练，使获得创新思维成为现代人一种新的追求，从而使社会科学与自然科学得到更快发展。价值观念培训的主要任务是使参训者持有的与外界环境不相适应的价值观念得到改变，主要目标是要解决“适”的问题。有了知识，有了技能，也有较好的思维方式后，下一个层次就是价值观念的问题了。如果价值观念是落后的，行动也必然是落后的。对人这一个体来说，价值观念是一种在生活中沉淀下来的惯性，落后的价值观念则产生于长期遵循的社会惯性。现代培训就是要认真地引导参训者实现价值观念的转变，以适应社会环境的急剧变化。特别是在改革开放的今天，人的价值观念对环境变化的适应度直接关系到自身的生活质量。

五、培训的作用与意义

培训可以直接影响和改变员工的知识、技能、观念与态度和潜能，进而影响员工在工作中的动机、行为和效率，最终改变组织绩效。具体来说，培训具有以下作用和意义：

（1）提高员工的职业能力。对员工培训的目的就是提高员工的职业能力，更好地胜任现在及将来的工作，取得好的工作绩效，为员工晋升和增加收入提供机会。

（2）改善组织的工作质量。工作质量包括生产过程质量、产品质量、客户服务质量等，培训能使员工素质、职业能力提高，改善工作态度和提高劳动技能水平，增强岗位意识和责任感。这些都将直接提高和改善组织的工作质量。

（3）增强组织的竞争优势。通过培训与开发工作，员工能及时掌握新知识和技术，为组织创造更多的效益，更好地为组织服务，增强组织的竞争优势。

（4）满足员工实现自我价值的需求。培训可使员工更好地胜任现有的工作，提高对自身价值的认识，更深刻地理解工作目标；可使员工更能接受具有挑战性的工作和任务，实现自我价值、满足成就感；可使员工感受到组织的重视，满足归属感。

图 1－1 为培训的作用模型。

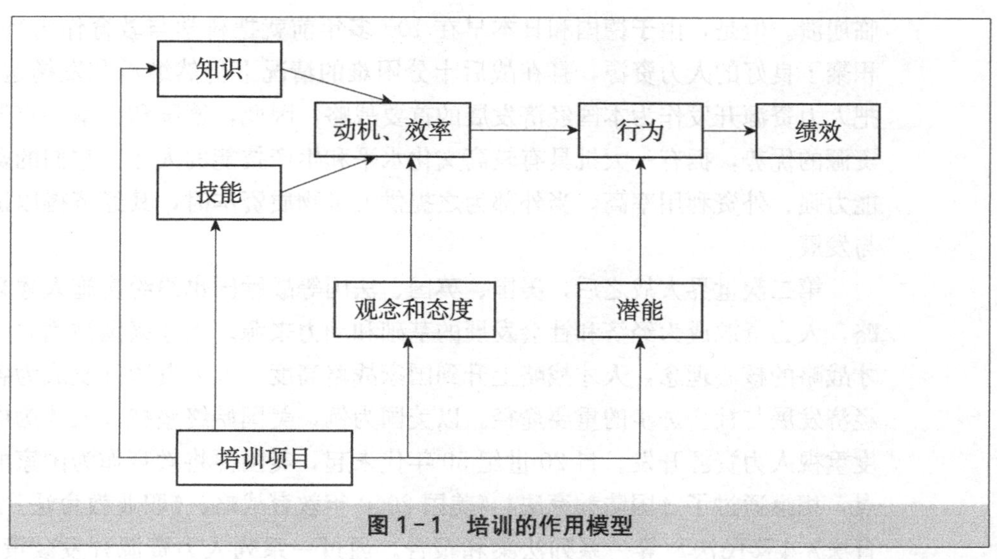

图 1-1　培训的作用模型

六、培训的发展与趋势

人力资源的培训是为了满足组织不断发展的需要，提高员工的知识和技能，改善员工的工作态度，使员工胜任本职工作并不断有所创新，在综合考虑组织的发展目标和员工的个人发展目标的基础上，对员工进行的一系列有计划、有组织的学习与训练活动。

培训作为科研课题首先兴起于心理学和科学管理领域。随后，随着管理理论的发展，培训大致经历了传统理论时期的培训、行为科学理论时期的培训、系统理论时期的培训三个发展阶段。在传统理论时期，培训以发展个人技能与态度为主，较少考虑个人与他人，或个人与团体的相互关系；行为科学理论阶段的培训，除了延续传统理论时期重视个人技能与态度的发展以外，更重视员工个人与他人之间的关系；20 世纪 60 年代以后，培训进入系统理论时期，系统理论最重要的基本假设是系统对于外在环境的开放性，亦即将组织视为一个开放的系统，并且特别重视系统与系统之间的适应与沟通。90 年代以后，组织培训工作可以说已进入到没有固定模式的独立发展阶段。

第 2 节　人力资源开发概述

一、人力资源开发的客观基础分析

（一）不同国家经济发展的结果为人力资源开发奠定了经济基础

众所周知，第二次世界大战后，德国与日本均沦为战败国，当时两国经济濒临崩溃。但是，由于德国和日本早在 100 多年前就把科学与教育作为兴国之本，积聚了良好的人力资源，且在战后十分困难的情况下仍然继承和发扬这一传统，把人力资源开发作为本国经济发展的首要战略，因此，德国和日本一直保有人力资源的优势，拥有一大批具有较高文化水平和生产技能的人才。它们的资本吸收能力强、外资利用率高，当外部为之提供大量物质资本时，其经济得以迅速恢复与发展。

第二次世界大战之后，美国、英国、法国等战胜国也纷纷实施人才兴国的战略，人力资源成为经济和社会发展的基础和动力来源。人才兴国被确立为各国人才战略的核心理念，人才战略上升到国家战略高度，人力资源开发成为各国谋求经济发展与社会进步的重要途径。以美国为例，美国始终坚持以人才为中心，高度重视人力资源开发。自 20 世纪 50 年代末起，美国便将教育作为国家的战略重点，相继通过了《国防教育法》《美国 2000 年教育战略》《职业教育法》《成人教育法》《移民法》等一系列法案和报告。通过一系列人力资源开发政策与活动，美国培养了大量高素质人才。人类工业史上许多重大发明，包括通用零件、工业生产线、飞机、电灯泡、电话，以及曼哈顿原子弹计划、阿波罗登月计划和人类基因组计划等均源自美国。自 20 世纪初至今，美国经济总量始终位居世界第一位。

同样，韩国、菲律宾、斯里兰卡、新加坡等为了发展经济，积极吸引外资，注重人力资源开发，对人力资源开发的投入量是对物质资本投入量的 7 倍，大力发展教育，有机会接受中等教育的人数超过其人口总数的 60%，其结果是外资利用率显著提高，经济迅速发展，实现了预期的目标。

相反，20 世纪四五十年代的一些发展中国家，在经济发展方面采取了与上述国家和地区不同的战略，最后导致不同的结果。例如，巴基斯坦、巴西、哥伦比亚、墨西哥等国家，为了发展本国经济，都做出了大量引入外资的决策。但这些国家只注重物质资本积累，忽视人力资源开发，对物质资本的投入是对人力资源开发投入的 20 倍。由于人力资源开发力度不够，有机会接受中等教育的人数只是其人口总数的 1/4，经济发展过程中缺乏高水平的人力资源支持，其结果是外资利用率极低，浪费严重，经济发展未能达到预期效果。

20 世纪 60 年代后，人们从正反两方面总结历史经验和教训，得出了一个有价值的结论：要发展经济，必须优先开发人力资源。人力资源开发的两种不同战略与行为产生了两种截然不同的经济效果的事实，揭示了当前国家经济社会发展过程中进行人力资源开发的必要性与重要性。

（二）人口大国现状和可持续发展的理念为人力资源开发奠定了战略基础

1987 年，联合国世界环境与发展委员会提出了可持续发展的概念。这一概念一经提出，立即得到国际社会的广泛认同，成为各国经济发展的重要理念。

所谓可持续发展，当时的定义是指我们的经济发展与资源开发行为，应该既满足当代人的需求，又不损害子孙后代发展的需求。在这里，可持续发展仅仅是指经济发展要在时间上与速度上保持连续性，实际上是为了保证经济发展在空间上与时间上的平衡性、在生产诸要素组合上的协调性。发展是一个有机的综合系统，经济的发展必须依靠和带动人口、资源、环境与社会的整体发展。某一地区的经济发展不能以影响与损害其他地区的发展为代价，并且只有带动周边地区的发展，这一地区才能保持自己后续的长期发展势头。在经济的可持续发展中，人力资源的开发具有关键性与先导性作用。

中国是个人口大国，总人口约占世界的 1/5，人均自然资源与经济资源却远远低于世界平均水平，其中耕地只有世界人均占有量的 1/4，石油只有世界人均占有量的 1/8，森林不及世界人均占有量的 1/6，淡水不及世界人均占有量的 1/4。自然资源的发展与人口的增长存在极大的反差，自然资源与经济资源的人均占有量日趋减少。中国人均自然资源的相对贫乏决定了中国必须走集约型、资源节约型的经济发展道路，走可持续发展道路。然而，中国能否实现可持续发展，既取决于人力资源、自然资源与经济资源的相互协调与作用情况，又取决于人力资源、自然资源与经济资源本身的可持续发展状况。在三大资源的可持续发展中，人力资源居于主导性与决定性的地位。人力资源在与自然资源、经济资源的相互作用中，不但不会被消耗掉，反而会得到更大的增值，创造出新的价值。人力资源的开发，不但能提高人力资源自身的价值，而且能降低与减少人类对自然资源和经济资源的消耗与浪费，用有限的资源创造出更多更好的新资源与新财富。

对于那些人口偏少或者不足的国家来说，其社会经济的发展，仍然需要借助人力资源开发，提高人力资源的质量，提高人才的素质，以少胜多，以优补差，提高经济社会生产水平与管理水平；仍然需要人力资源开发战略与方法的指导，引进外部人力资源，提高引进人力资源的质量与效能；仍然需要人力资源开发，物化人才的智力与成果，提高生产效率、效能与效果。

（三）人才强国战略与知识经济兴起为人力资源开发奠定了政治基础

1. 人才强国战略的确立

随着世界科技进步日新月异，全球经济一体化的趋势凸显，未来的竞争不再单纯局限于技术和市场的竞争。人才是知识的拥有者、传播者和创造者，各国之间的人力资源将成为各国社会发展的最重要战略资源，同时体现着一个国家的核心竞争力和社会发展原动力。《2002—2005 年全国人才队伍建设规划纲要》首次明确提出实施“人才强国战略”。2010 年，我国颁布的《国家中长期人才发展规划纲要（2010—2020 年）》，把人才培养和开发工作上升到国家战略高度，提出要加快推进人才强国战略，并指出“到 2020 年中国要进入世界人才强国行列”。

人才强国战略就是把人才资源作为推进事业发展的关键因素，是一种主张通过人才资源与能力开发来谋求和平发展的新理念。

人才强国战略包括两方面的含义。一方面，人才强国战略是指所要达到的战略目标。从这个意义上说，人才强国是指中国通过人力资源开发，要在人才资源发展水平、发展能力、发展潜力和发展共享的综合指数方面，处于世界前 20 的国家行列。另一方面，人才强国战略是指实现强国目标的路径和机制。中国的崛起，不是靠战争和侵略其他国家，而是通过人力资源开发造就高素质劳动者、专业人才、创新人才，建设规模宏大、结构合理、素质较高的人才资源队伍，加快我国从人口大国转化为人才强国的步伐，进而迅速提升国家核心竞争力和综合国力，最终依靠人才资源完成全面建设小康社会的历史任务，实现中华民族的伟大复兴。

我们在实施和实现人才强国战略的过程中，必须进行人力资源开发，把人口转变为人员，把人员转变为人力，把人力转变为人才，最终把人口大国转变为人才大国，把人才大国转变为人才强国。

2. 知识经济社会的特点

知识经济是一种以知识的生产、交换、使用与分配为基础的经济形态。与过去的农业经济和工业经济相比，知识经济具有以下特点：

（1）人力资源成为经济的主导要素。农业经济时代，土地是主导要素。工业经济时代前期，矿产资源成为主导要素；工业经济时代后期，资本成为主导要素；知识经济时代，人力资源成为主导要素，谁拥有优秀的人力资源，谁就拥有了财富。

（2）高素质人才成为竞争对象。农业经济时代，土地是竞争对象；工业经济时代，矿产等自然资源成为竞争对象。知识经济时代，人才成为竞争对象。谁拥有了人才，谁就能在竞争中取胜。

（3）投资重点发生重大转移。工业经济时代，投资重点是机器设备、生产线等有形资产；知识经济时代，投资重点变成人才培养、企业信誉等无形资产，在高科技企业中有形资产与无形资产之比达到 1∶2，甚至 1∶3。

（4）资源形态无形无限。知识经济的资源形态是知识技能、发明专利、思想谋略、技术等，它蕴藏在人体之中，具有无形性，其使用价值具有无限性，不受地域、国界的限制。

知识经济的上述特点，决定了人力资源特殊的经济价值与广阔的开发前景。美国经济学家丹尼森和美国劳工部对 1948—1989 年间美国经济增长源泉的估算表明，教育与知识进步对经济增长的贡献率达到 42%，超过了物质资本的贡献率；若把投入生产的劳动力的数量贡献也包括进去，则人力资源对经济增长的贡献率高达 63%。我国有关专家认为，目前中国人力资源对国民经济的贡献率高达 73%。随着知识经济的发展，人力资源的贡献率将进一步提高。

由于知识经济是靠人推动的，是靠大批高素质的人才推动的，因此随着知识经济时代的到来，人力资源开发将成为最重要的发展产业与最有效益的事业。

二、人力资源开发的基本概念

（一）关于人力资源开发的不同观点及其比较

1. 人力资源开发的不同观点

人力资源开发一词最早在 20 世纪 50 年代提出。随着西方人本管理思想的出现，行为科学研究的不断深入以及人力资本理论和人力资源学说的形成，人力资源开发这一概念逐渐为人们所接受。与此同时，国内外学者关于人力资源开发的概念却存在不同的观点，在使用人力资源开发一词时，其内涵和所指实际上差异较大，比较有代表性的观点有以下几种。

(1) 国外学者的观点。

第一种观点认为人力资源开发的目的在于改进工作能力、提升组织绩效。理查德·斯旺森（Richard A. Swanson，1995）认为，人力资源开发是一个以提升绩效为目的，通过组织开发、员工培训与开发来培养和释放劳动者专业技能的过程。莱昂纳德·纳德勒（Leonard Nadler，1989）认为，人力资源开发是在一段特定的时间内由雇主提供的有组织的学习体验，其目的是为提高工作绩效与促进个人发展提供可能性。

第二种观点认为人力资源开发的目的在于提升个人能力。兰迪·德西蒙（Randy L. Desimone，2003）认为，人力资源开发是由组织为其员工提供的一系列系统的、有计划的活动，使员工有机会学习必要的技能以满足当前和未来工作的需要。沃特金斯（Watkins，1989）认为，人力资源开发既是一个学术领域，又是一个实践领域，其功能是在多个层次培养长期的、与工作相关的学习能力。

第三种观点认为人力资源开发的目的在于同时满足组织发展和个人的职业生涯发展需求。美国人力资源专家罗斯维尔（Rothwell，1985）认为，人力资源开发是指由组织开展的所有有计划的教育、培训、开发活动，他把实现组织的战略目标和满足组织中个人的需求与职业理想结合起来，从而既提高了劳动生产率，又提高了个人对工作的满意度。琼斯（Jones，1981）认为，人力资源开发是立足于组织和个人目标的实现，对劳动者的各种工作能力的系统性拓展。麦克拉根（McLagan，1989）认为，人力资源开发是通过开发和训练进而对其进行认证、评估，并通过有计划的训练帮助其获得（或具备）完成目前和未来工作的关键能力，认为人力资源开发是对训练与发展、职业生涯发展和组织发展三者的综合运用，重点关注的是训练、开发、组织发展和个人发展。

(2) 国内学者的观点。

第一种观点认为人力资源开发是一种挖掘人的潜力、提升人才素质的活动。鄂万友（1989）认为，人力资源开发包括两个方面，不仅要从降低成本的角度来提高人才投资效益，同时要注意挖掘人的潜在能力，即以提高人才的素质为基础，挖掘人的体力、智力、技术、积极性、创造性、工作态度等各方面的潜在能量。①

第二种观点认为，人力资源开发是一种对全社会成员的合理使用，并通过一系列开发措施达到启智的目的。潘金云（1991）认为，人力资源开发的基本内容是提高人的素质、挖掘人的潜能、合理配置和使用人力资源，通过人力资源开发使人具备有效参与国民经济发展所必需的体力、智力、技能及正确的价值观和劳动态度。人力资源的质量不仅要以教育和技能来度量，还应按健康、营养标准、生命周期及分配管理资源和进行合理经济决策的能力来度量。② 陈远敦，陈全明（1995）认为，人力资源开发主要是指国家或企业对所涉及的所有人员进行正规教育、智力开发、职业培训和全社会性的启智服务，包括教育、调配、培训、使用、核算、周转等全过程。③

第三种观点认为，人力资源开发是对既定的人力资源进行利用、塑造、改造与发展的活动。萧鸣政（1994，2002）认为，人力资源开发是对知识、技能、才能、品德等素质、能力与潜力的一种利用、塑造、改进与发展的过程④，是开发者通过学习、教育、培训、管理、文化制度建设等有效方式为实现一定的经济目标与发展战略，对既定的人力资源进行利用、塑造、改造与发展的活动。开发者可以是政府、机关、学校、团体、协会、私有机构、公共组织等，也可以是企业雇主、主管、个人、被开发者自我等。⑤ 胡春、仲继银（1998）认为，人力资源开发是提高人力资源质量、提高经济效果的一切活动。也就是采取各种切实有效的手段，充分挖掘人力资源的潜力，提高人力资源的质量，改变人力资源的结构，改善人力资源的组织与管理，以便使人力资源与物力资源的结合处于最佳状态，从而取得最大经济效果的一切活动。⑥

第四种观点认为，人力资源开发是人力资源管理的一部分，涉及人力资源的教育、发展和职业生涯规划。余凯成（1997）认为，人力资源开发是对职工实施培训并提供发展机会，指导他们明确自己的长短处与今后的发展方向和道路的活动，不仅指人力资源的教育，还包括人力资源的发展机会以及对于他们职业生涯的规划。⑦

2. 人力资源开发的宏观、中观与微观层面

人力资源开发可以从宏观、中观与微观三个层面进行理解。宏观人力资源开发，主要是从一个国家或地区的宏观层面来开发全社会的人力资源；中观人力资源开发，则是从党政机关、企业、军队、事业单位与非营利组织的层面来开发组织的人力资源；微观人力资源开发，主要是根据个人意愿或者需要来开发个人层

---

① 鄂万友．人力资源开发战略研究．北京：经济日报出版社，1989.
② 潘金云．中国第一资源：人力资源开发利用理论与实践．北京：机械工业出版社，1991.
③ 陈远敦，陈全明．人力资源开发与管理．北京：中国统计出版社，1995.
④ 萧鸣政．对人力资源开发问题的系统思考．中国人力资源开发，1994（6）.
⑤ 萧鸣政．人力资源开发与管理：在公共组织中的应用．北京：北京大学出版社，2005.
⑥ 胡春，仲继银．企业人力资源开发．贵阳：贵州人民出版社，1998.
⑦ 余凯成．人力资源开发与管理．北京：企业管理出版社，1997.

面的人力资源。

宏观人力资源开发包括政府人力资源开发[1]，主要是指一个国家或地方政府对所管辖范围内的全社会人员进行优生优育、迁移流动、教育、调配、使用、培训、保障等一系列素质提升与人力资源促进的行为活动过程。宏观人力资源开发旨在提高全社会人员的整体素质水平，为社会发展和经济活动提供足够数量和质量的现实劳动力资源和潜在劳动力资源储备。中观人力资源开发是对组织内部（范围内）全体员工的人力资本投资，对员工的能力与素质进行培训和开发的活动，为组织内部各个岗位提供足够数量和质量的现实劳动力资源和潜在人才资源储备。微观人力资源开发则是指通过各种方式使个体或者个人具备完成现在或者将来工作所需要的知识、技能、智力、体力、品德素质、工作态度以及创造力的过程，改善个人现有或将来职位上的工作业绩，最终实现组织整体绩效提升的一种计划性和连续性的开发活动。无论是宏观人力资源开发、中观人力资源开发还是微观人力资源开发，都具有两个基本特征：(1) 人力资源开发具有人力资本投资的基本特征，各种人力资源开发活动都存在成本支出；(2) 人力资源开发的结果是社会、组织和个人的人力资本水平或存量的提高。

3. 人力资源开发不同观点的比较

关于什么是人力资源开发，虽然不同专家的解释各不相同，但归纳起来，大约有如下几种观点（见表 1-1）：

表 1-1　关于何为人力资源开发的不同观点

种类	观点
第一种	人力资源开发即人力资本投资，把人力资源开发看作一种有组织、有目的的人力资本投资活动。
第二种	人力资源开发是提高素质、挖掘潜能的过程。
第三种	人力资源开发是使全社会人员合理使用与充分发挥其潜力的过程。
第四种	人力资源开发是对特定人员进行教育与培训的活动。
第五种	人力资源开发是从胎教到成年使用，直到退休后余热开发的全过程。
第六种	人力资源开发是组织与个人双重发展的过程。

纵观关于人力资源开发的各种观点，不难发现，目前人们对人力资源开发概念的界定存在目的、对象、手段与持续时间等不同的维度与视角。

(1) 人力资源开发的目的。关于人力资源开发的目的，大约有以下几种观点（见表 1-2）：

表 1-2　关于人力资源开发目的的不同观点

种类	观点
第一种	投资观：为提高人力资本服务。
第二种	双重发展观：为组织与个人发展服务。
第三种	功效观：为实现特定的组织发展目标与战略服务。

① 萧鸣政．中国政府人力资源开发概论．北京：北京大学出版社，2004.

（2）人力资源开发的对象。关于人力资源开发的对象，大约有以下几种观点（见表1-3）：

表1-3 关于人力资源开发对象的不同观点

种类	观点
第一种	素质观：对知识、技能、品德、性向、体力、智力等的开发。
第二种	个体观：让全社会或整个组织人员充分就业，充分发挥作用。
第三种	群体观：进行合理配置、优化组合、科学规划的过程。
第四种	社会观：对全社会或者某个地区的人口与人员进行教育与培养的过程。

（3）人力资源开发的手段。关于人力资源开发的手段，大致有以下几种观点（见表1-4）：

表1-4 关于人力资源开发手段的不同观点

种类	观点
第一种	培训
第二种	教育
第三种	就业与使用
第四种	学习
第五种	规划、配置
第六种	管理过程

（4）人力资源开发的持续时间。关于人力资源开发的持续时间，大致有以下几种观点（见表1-5）：

表1-5 关于人力资源开发持续时间的不同观点

种类	观点
第一种	人口观：从婴儿到56岁为止。
第二种	人员观：从16岁到56岁为止。
第三种	在职人员观：从在岗工作到依法退休为止。
第四种	终生观：从胎前准备到退休以后的终身过程。

（二）人力资源开发概念的界定

通过上述对人力资源开发概念的分析与比较，我们把人力资源开发界定为开发者通过学习、教育、培训、管理等有效方式，为实现一定的组织目标与发展战略，对既定的人力资源进行利用、塑造、改造与发展的活动。在这里，开发者既可以是政府、机关、学校、团体、协会、私有机构、公共组织等，也可以是企业雇主、主管、个人、被开发者本人等。

当开发者为被开发者本人时，开发方式是学习，开发目的是力求发展；当开发者为学校、教育机构与家庭时，开发方式是教育、教学、转化、宣传，开发目的是提高人才的素质，促进个人发展与社会发展；当开发者为企业时，开发方式一般是培训、管理与文化制度建设等，开发目的是提高企业竞争力、生产力，增加经营利润，实现经营目标与战略；当开发者是机关、团体、事业单位时，开发方式一般是培训、管理与文化制度建设，开发目的是提高工作效率与质量，实现组织目标与战略；当开发者为政府与社会当权者时，开发方式一般是移民、教育、医疗、保障制度建设与人口发展政策的制定等，开发目的是提高全民素质，使每个公民具备各种有效参与国民经济发展所必需的体力、智力、技能及正确的价值观与劳动态度，满足国家与社会经济持续发展的需要。

在这里，我们认为，任何一种人力资源开发活动，都具有开发主体、开发客体、开发对象、开发手段、开发方式、开发规划与计划等要素。

开发主体，即从事开发活动的领导者、策划者与组织实施者。

开发客体，即接受人力资源开发活动的组织或个人，是开发活动的承受者。

开发对象，是指人力资源开发活动所指向的素质与能力，包括体质、品德、智力、技能、知识、其他心理素质等。

开发手段，是指人力资源开发活动中所采用的工具与支持行为。

开发方式，是指人力资源开发活动中对各种要素及其表现的组织方式。

开发规划与计划，是指人力资源开发活动实施前的准备工作与实施过程的书面描述。

（三）人力资源开发与人力资源开发学的关系

1. 人力资源开发学的研究对象

一门学科的研究对象是指它所研究的主体和范围。无论从人力资源开发学的产生和发展的历史过程来看，还是从它所研究的具体问题来看，人力资源开发学都是围绕对人力资源的形成、使用和发展过程的现象分析及规律研究展开的。当我们将人力资源开发当作一种工作或者实践活动进行研究时，内容涉及人力资源是什么，如何进行人力资源开发，关心的主要是方法与实践方面的问题。而当我们把人力资源开发当作一门学科来研究时，内容涉及人力资源开发是什么，它与人力资源管理有什么区别，人力资源开发的对象是什么、具有什么结构和特点，人力资源开发有什么意义和作用，人力资源开发的理论基础是什么，人力资源开发有哪些途径、方法，人力资源开发的主体、客体是什么。因此，我们应区别人力资源开发与人力资源开发学，明确人力资源开发学的研究对象和内容，明确人力资源开发学与其他相关学科的关系。

2. 人力资源开发学的特征

人力资源开发学是专门研究人力资源开发现象，包括个人、组织与社会中各种人力资源开发活动现象及其规律的科学，它主要回答什么是人力资源开发，人力资源开发的运行机制是什么，人力资源开发开发什么，以及如何有效地进行人力资源开发等理论与实践的问题。它涉及人口学、教育学、文化学、社会学、经济学、心理学、管理学、政治学、生理学、卫生学等多种学科、多个领域的理论与方法，因此属于多学科交叉的边缘学科与应用学科，是社会科学体系中一门新兴的学科。

与其他学科相比，人力资源开发学虽然是新兴学科，还不够成熟，但它是有生命力的，有着广阔的生存与发展空间。21 世纪是新技术经济、知识经济发展的时代，人力资源开发学有着特殊的社会价值与经济价值，有着重要的理论意义与实践意义。人力资源开发学概念提出的目的在于抛砖引玉，唤起大家对人力资源开发现象及其规律研究的重视，希望人们重视对中国最丰富的特殊资源——人口及其内在人力资源的优化形成、充分利用与发挥、科学发展，变人口负担为人力优势，为中华民族的伟大复兴做出应有的贡献。

人力资源开发学的学科性质，决定了它具有以下一些相关的学科特征：

（1）综合性。人力资源的载体与主体是人，而人是多学科研究的共同对象。经济学把人当作生产、分配与交换的主体，对其经济行为予以专门研究；人口学把人当作生命与活动的主体，专门研究人口变动现象与规律；教育学把人当作教育活动的主体，专门研究社会的教育、教学行为现象与规律；心理学把人当作心理活动的主体，专门研究人的行为背后的心理活动现象与规律；社会学把人当作一切社会行为的主体，专门研究人的行为社会化过程与规律；文化学把人当作文化活动的主体，专门研究人的文化过程与规律；人力资源开发学把人当作社会经济与生产力的主体，专门研究人的素质与工作能力的开发现象与规律。作为一门新兴的边缘与交叉学科，人力资源开发学应该吸取原有基础学科的现有成果。同时，人的素质与工作能力的形成、开发与发展，会受到教育、心理、社会、文化、政治与经济等多方面因素的制约与影响，人力资源开发学也必须全面综合分析这些学科的现有相关成果，并综合运用这些学科的观点与方法，建构人力资源开发学的新体系。如果单纯从某一学科的角度对人力资源开发现象及其规律进行研究，会存在一定的片面性，因为人力资源的形成与开发，是社会、政治、经济、管理、教育、心理、生理等多方面因素综合作用的结果。因此，关于人力资源开发学的建设，从客观上说，只有多学科、多角度地参与和合作，才能更好地推动人力资源开发及其学科的发展。

（2）应用性。人力资源开发学是一门应用性较强的社会科学。虽然任何一门学科乃至哲学都是有用的，但是有用性与应用性并不是同一个概念。我们说人力资源开发学的应用性，是指它所揭示的理论与方法，可以直接地、普遍地应用于社会生产与经济管理的各个方面。社会中的个人与组织，都可以应用人力资源开发中的相关理论与方法，指导自己的发展与战略目标的实现。人力资源开发中的有关原理、方法、途径等内容，对于个人、组织与社会的人力资源开发都具有直接的指导与参考价值。

（3）经验性、实证性、描述性与技术性兼而有之。经验研究与实证研究，必须依据客观实际，并从反映客观实际的事实与数据出发，从事实与数据中发现问题，找出规律，从中归纳出自己的理论与方法，最终达到认识客观世界并改造客观世界的目的。从这一点上看，人力资源开发学特别尊重并依据客观事实与客观数据，力求把其分析和依据的理论与方法，严格地建立在对客观事实的分析与归纳基础上，而不是建立在其他抽象的逻辑推理基础上。

实证与经验并不是相同的概念。实证强调确定的实在，反对思辨；经验则强调感性的知识与实践，强调主体的自我体验。但两者都强调尊重客观的事实与实际。经验强调的是自我体验的事实与客观实际，而实证强调的是他人认同的事实与客观实际。值得注意的是，确实存在的客观事实，既需要感性经验事实的证明，也需要自我体验事实的支持。例如，对于人力资源开发基本点和关键链的分析与确认，就往往需要进行大量的调查研究与统计，进行一定范围的对比与实验研究。对于人力资源的结构、因素与存量，对于人力资源开发的过程与环节、本质与现象的揭示，我们往往需要进行定量或定性的描述与说明。然而，对于如何进行人力资源开发，包括需求分析、课程设计、效果评估等内容，又有许多技术性的问题与环节，因此，人力资源开发学经验性、实证性、描述性与技术性兼而有之。

总之，人力资源开发学的目标与任务就是告诉个人、组织与社会，什么是人力资源开发，人力资源开发的机制与动力是什么，人力资源开发应遵循什么法则，如何进行人力资源开发，从哪些方面进行人力资源开发。人力资源开发学教会个人如何形成与发展自己的相关素质，实现自己的理想；教会组织如何利用与开发组织内外的人力资源，实现组织的经营目标与经营战略；教会政府与国家，如何使用与开发社会与国际的人力资源，实现国家与政府的施政战略与目标。

3. 人力资源开发学与人力资源开发的区别

人力资源开发学与人力资源开发工作本身是有区别的。人力资源开发工作一般包括开发需求分析、开发系统与课程设计、开发方法选择、开发方案设计、开发过程组织与实施、开发效果评估。人力资源开发学是研究有关个人、组织与社会人力资源开发理论与方法的科学，包括有关人力资源形成、利用与发展的理论与方法。它既是一种管理方法论，又是一种管理战略论。它来自人力资源开发与管理工作的实践，并对人力资源开发与管理实践工作起着指导作用。它采取系统分析的方法，综合运用教育学、人口学、文化学、心理学、经济学、生物学和政治学等的观点与方法，研究有关个人、组织与社会中人力资源开发的现象及其规律性，形成有关人力资源开发的理论与方法，从而提高我们对人力资源开发与管理的有效性与科学性的认识，以便有效地实现个人、组织或社会的发展目标。

总之，人力资源开发是一种实践活动，是一个发展过程。人力资源开发的研究内容主要是方法技术与实施组织问题；而人力资源开发学是一门学科，是一种内容体系。人力资源开发学研究的内容，主要是人力资源开发活动本身及其理论方法，它比人力资源开发研究的内容要广、视角要高。它要研究人力资源开发现象本身及其运行规律，而不仅仅是人力资源开发的方法、技术与实践问题。

三、人力资源开发与人力资源管理的区别与联系

（一） 人力资源开发与人力资源管理的区别

1. 客体方面

从客体上看，人力资源开发面对的是所有人员，时空范围比较广阔，涉及组

织周围所有相关人员及每个人的整个生命周期；人力资源管理面对的是组织内部的人员，时空范围仅仅涉及组织内的工作空间，即工作中的人员，涉及的时间一般是工作内的周期。

2. 内容方面

从内容上看，人力资源开发更多地侧重于宏观与战略层面，侧重于未被发现的人力资源，侧重于未来的效果；人力资源管理更多地侧重于微观与技术层面，侧重于对现有人力资源的利用与维护，侧重于当前的效果。

3. 工作方面

从工作上看，人力资源开发是对从业人员及尚未从业人员的教育和开发，包括对人的一生能力的发现、激发、培养与配置使用，是人的能力的发挥与促进，包括教育、培养、升迁、发掘等；人力资源管理是对从业人员的招聘、培训、上岗、使用、考评、调配、保障直至退休的管理，侧重于实务，侧重于操作与运用。

4. 目的方面

从目的上看，人力资源开发是发现未知的人力资源，是创造新的人力资源；人力资源管理主要是充分利用已知的人力资源，维护好现有的人力资源，保证当前组织工作对人力资源的需求。

（二）人力资源开发与人力资源管理的联系

从实践的角度看，人力资源开发要求不断地改进现实中的人力资源管理工作，人力资源管理要求以人力资源开发为指导，有时，人力资源开发与人力资源管理互为目的与手段。人力资源开发的目的与价值，要通过人力资源管理来落实、监控与实现；而人力资源管理工作需要人力资源开发来指导与优化，以便不断改进人力资源管理中的不足与缺点，合理配置和使用人力资源，充分发挥工作者的积极性。从理论与发展趋势的角度来看，人力资源开发与人力资源管理相互关联，相互促进，趋于融合。

四、人力资源开发的类型

人力资源开发的类型，从不同角度可以划分为不同的形式。

（一）基于时间形式的分类

从时间形式上划分，有前期开发、使用期开发与后期开发。所谓前期开发，是指人力资源形成期间与就业前的开发活动，包括家庭教育、学校教育、就业培训等；所谓使用期开发，是指人力资源使用过程中的开发活动，比如在职培训、职业生涯设计等；所谓后期开发，是指法定退休年龄后的开发活动。

（二）基于对象的分类

从对象上划分，有品德开发、潜能开发、技能开发、知识开发、体能开发、能力开发、智力开发等。

（三） 基于客体的分类

从开发客体上划分，有管理者开发、技术人员开发、普通职员开发、新员工开发与老员工开发等。

（四） 基于空间形式的分类

从范围和空间形式上划分，有行为开发、素质开发、个体开发、群体开发、组织开发、区域开发、国家开发、国际开发等。

所谓行为开发，是指为改变某一种行为方式而进行的训练或激励活动。

所谓素质开发，是指培养、提高与改进某一素质的教育、教学、培训、学习与管理活动。例如，不良遗传基因控制与改进，防止近亲结婚，提倡不同民族、不同种族的人通婚，接种疫苗，通过改变饮食习惯使儿童普遍增加身高等，均属于身体素质开发的范畴。

所谓个体开发，是指从既定的个人特点出发，对其人力资源进行合理的使用、充分的发挥、科学的促进与最优的发展的活动。例如因材施教、人尽其才、才尽其用等，均体现了个体开发的思想。

所谓群体开发，是指从既定的群体特点出发，采取优化组合、优势互补等人力资源配置手段进行结构上的调整，以达到群体人力资源结构优化、整体生产功能与生产力水平提高的目的的活动。

所谓组织开发，是指在组织范围内所进行的一切人力资源开发的活动，其主要手段是文化建设、组织建设、制度建设与管理活动。

所谓区域开发，是指为提高一定区域内人力资源数量、质量与生产力而进行的活动，例如西部人力资源开发、移民等。

所谓国家开发或者社会开发，是指一个国家为提高其人力资源数量与功效而进行的开发活动，例如中国的人才强国战略、计划生育政策、普及九年制义务教育、劳动人事制度、医疗卫生制度与人力资源保障制度改革等。

所谓国际开发，是指联合国或世界各国为全球经济一体化发展或者政治协同化发展而有组织、有计划进行的人力资源开发活动，例如联合国开发计划署进行的人力资源开发活动等。

五、人力资源开发的特点

人力资源开发具有多方面的特点，下面就其主要特点进行阐述。

（一） 特定的目的性与效益中心性

无论哪一种类型的人力资源开发，都有其特定的目的。国际性人力资源开发的目的是保持世界各国人力资源对整个世界经济发展与需要的持续促进作用；国家性人力资源开发的目的是实现充分就业、高效合理利用现有人力资源、实现社会经济效益与社会稳定的最大化以及提高全民素质，包括提高健康卫生水平与文化教育水平，造就各种专业技术与创新性人才，促进国民经济健康持续发展，提高国家竞争力；教育部门与学校的开发目的是面向当前及未来社会的需要，培养与提高学生的基础素质，使每个人的优势得到最大发挥，每个人的缺点与不足得到有效控制与改进，成为自己满意与社会欢迎的人才；体育、卫生医疗部门与机构的开发目的是通过组织宣传动员与提供各种医疗保健服务，提供体育运动指导，增强人的身体素质，使人们具有旺盛的精力与健康的体质，使现有的人力资源得到顺利的发挥与进一步的发展；企事业组织开发的目的是提高员工整体的生产力、竞争力，提高工作效率与效益，实现组织的经营目标和战略发展目标；人力资源开发特定的目的性，最终都体现在为实现一定的经济目标与战略目标的服务上，都是以获取经济效益、社会效益与政治效益为中心。总之，综合效益最大化是人力资源开发追求的最终目的。

（二）长远的战略性

培训是实现开发目标的一种手段，是人力资源开发的一种方式，但培训本身绝不是人力资源开发。培训是针对现实工作需要而进行的活动。当人力资源开发方案的实施到达近期目标时，往往需要培训活动的支持。然而，在制定人力资源开发方案的时候，我们的目标一定是面向未来改革的需求，面向战略规划与发展的需要。人力资源开发如果缺乏战略眼光与战略措施，就没有价值。从这种意义上说，人力资源开发是实现人力资源中长期规划的手段与途径。我们国家目前面临经济发展与政治改革的双重机遇与挑战，为了保证中国经济与政治的稳定，保证中国经济的持续发展，必须制定切实可行的人力资源开发战略规划，进行全方位的人力资源开发活动。

（三）基础的准备性

任何开发都是建立在一定的对象基础上的，毫无基础的对象是无法进行开发的。人力资源开发也不例外，只有在开发的客体或对象具有一定的人力资源数量或质量时，才有可能对他们进行有效的开发，这时的开发才有意义。人力资源开发的基础，具有客观实在性。例如，胎儿开发的生理基础是父母；中学生开发的基础是小学时期形成的兴趣爱好、知识技能与思想品德；员工开发的基础是员工原有的知识、能力、经验、品性与职业性向等；老年人开发的基础是他们在工作期间所积累的知识、经验、能力、品性与职业兴趣等。

（四）开发的系统性

人力资源本身就是一个系统，其中包括要素结构子系统、数量分布子系统、要素作用相互影响子系统、要素相互生存与发展子系统。就一个企业内人力资源系统来说，有年龄结构子系统、学历结构子系统、职务职称结构子系统、性别结构子系统、工龄结构子系统、工资类别结构子系统。就个体内人力资源系统来说，有知识结构子系统、技能结构子系统、品德素质结构子系统、能力结构子系统，有岗位、部门、组织、家庭、社会环境活动子系统，还有素质横向结构平衡发展子系统。我们如果只注意对其中一个子系统或子系统中某个要素的开发，最后所取得的开发效果就十分有限。

例如，我们欲对某一科研人员的创新能力进行开发，那么应该首先对与创新能力有关的因素系统包括相关知识、相关方法、相关意识、相关障碍、相关品德素质与相关环境支持、相关条件支持等进行分析，抓住其中的主导因素与子系统进行重点开发，同时对其他辅助系统进行全面性相关开发，这样对创新能力的开发才能取得明显的成效。当然，这里有一个投入与产出的效益问题，需要具体情况具体分析。

因此，人力资源系统的特点决定了人力资源开发活动必须具有系统性，否则将事倍功半，甚至劳而无功。

（五）主客体的双重性

除个体自我开发外，任何人力资源开发都具有主客体的双重性，这是人力资源开发区别于其他资源开发的重要特点之一。开发的主体是人或组织，开发的客体也是人或组织。在人力资源开发活动中，人力资源开发的客体具有主观能动性。开发主体的目的性，必须通过被开发客体的能动接受性，才能产生预期的效果。

人力资源开发主客体的双重性，决定了人力资源开发活动的复杂性。开发主体要注重与开发客体的相互沟通，与其在开发目的、开发计划与开发措施上达成共识，不能进行强制性开发；要激发开发客体在人力资源开发活动中的积极性，发挥其主观能动性，达到开发主体与客体双赢的目的。

（六）开发的动态性

人力资源开发客体的主观能动性、开发过程的长期性以及开发活动本身的复杂性，决定了人力资源开发必须具有动态性。人力资源开发必须根据开发过程中出现的各种不确定因素及其变化，不断调整开发的阶段性目标、内容与措施；根据人力资源个体的差异，采取不同的开发方式与方法；根据开发取得的阶段性成果与发现的问题，调整与优化下一阶段的开发计划与方案。人力资源具有可塑性，不进则退，人力资源开发还必须具有持续性与一致性。

六、人力资源开发的内容

由于对人力资源开发的不同理解，关于人力资源开发的内容有不同的解释。

国际劳工组织认为，人力资源开发应该针对职业技术教育和就业培训，以增强自谋职业的能力，并消除可以避免的结构性失业。

联合国教科文组织认为，人力资源开发主要针对人的能力与潜能进行，包括四个方面：健康，即身体健康和心理健康；生存，即防御和保护自己；自主，即选择的能力，没有依靠性，不受压抑；个性，即与他人进行沟通的能力，适应社会环境的能力等。

联合国经济和社会理事会认为，人力资源开发主要针对就业与劳动力开发、科学与技术发展、生活质量改善三个范畴。

本书认为，人力资源包括社会、组织、群体与个体的人力资源，其开发的对象主要是身体健康素质、文化科技素质、品德素质、职业技能素质、潜能素质等。

（一） 身体健康素质

身体健康素质开发方面的内容，包括遗传基因、医疗卫生、营养保健、生理机制、神经系统等。身体健康素质表现为一个人的寿命、力量强度、耐久力、反应速度（指人体对刺激产生反应的快慢）、动作速度（完成单个动作时间的快慢）、位移速度、灵敏度（受到刺激后迅速行动的反应能力）、柔韧性、精力和生命力的各项活动行为。身体健康素质是人力资源系统的客观基础。

（二） 文化科技素质

文化科技素质开发方面的内容，包括学科知识水平、生产知识水平、管理知识水平、社会知识水平、生活知识水平、科技知识水平、文化知识水平、外语知识水平等。文化科技素质，既可以通过学校教育获得，也可以通过家庭、社会活动、工作实践与自我学习和观察获得。

（三） 品德素质

品德素质开发方面的内容，包括思想素质、政治素质、道德素质和心理素质等。这些素质对其他素质具有整合与统领作用，主要通过学校教育、家庭教育、自我教育和社会交往活动获得。

（四） 职业技能素质

职业技能素质开发方面的内容，既包括专门的生产知识、生产操作方法、工作技巧、职业规范与准则，也包括就业前的职业能力开发与就业后的职业能力开发。

（五） 潜能素质

潜能素质开发方面的内容，包括潜意识分析与开发，如潜在动机分析与开发、潜在经验分析与开发、潜在知识分析与开发、潜在背景分析与开发、潜在欲望和需求分析与开发等。

七、人力资源开发的价值

所谓价值，从哲学的角度看，它是现实的人同满足其某种需要的客体属性之间的一种关系。价值同人的需要有关，但它不是由人的需要决定的。价值有其客观基础，这种客观基础就是各种物质的、精神的现象所固有的属性。但价值不单是对这种属性的反映，还标志着这种属性对个人、组织和社会具有一种积极意义，即满足人们对某种属性的需要，成为人们的兴趣和目的所追求的对象。

那么，什么是人力资源开发的价值呢？人力资源开发的价值就是它对人、对组织与对社会的作用。首先，人力资源开发具有提高人的素质、改变人的能力与引导人的期望和需要的作用。这种作用是人力资源开发的本质属性，是客观的。其次，人力资源开发能满足个人自我发展、自身修养、适应社会生活、获取社会职业的需要。最后，人力资源开发能够促进社会生产、发展社会经济、巩固社会政治、传播组织文化等。对于组织来说，主要表现为以下几方面的具体作用。

（一）有助于人力资源管理的战略性转变

在现代组织中，人力资源管理已由过去的事务性管理上升为战略性管理。人力资源管理人员不仅要参与组织战略目标的制定，更重要的是要保证人力资源能够满足未来战略目标实现的需求，因此人力资源管理部门及其人员，必须通过人力资源开发工作来满足这一战略目标的要求。组织战略对人力资源开发与管理活动的要求如表 1－6 所示。

表 1－6　组织战略对人力资源开发与管理活动的要求

组织战略	相应的人力资源开发与管理活动
设立分公司	招聘新员工 选拔管理人员，确定其待遇 组织员工岗前培训 根据人力资源状况，提出新公司发展方向的建议
添置新设备	组织员工技术培训 根据技术人员的专长，任用新设备技术负责人
开辟新市场	选聘新市场的营销人员，确定其待遇 根据营销人员市场供求状况，对新市场的营销手段提出建议
开发新产品	选聘新产品的开发人员 组织新产品生产的技术培训 选聘新产品的营销人员 根据新产品所涉及人员的供求状况，提出具体开发建议
采用降低成本的竞争战略	调整奖酬制度 向员工解释采取新措施的原因 开展技术培训，使员工掌握节料、节能、增效的新技术

（二）有助于组织竞争力的提升

现代市场经济的特点是自由公平的竞争。组织之间的竞争，表面上看是产品与服务质量的竞争，是组织物力、财力及综合实力的竞争，实际上是员工实力的竞争。目前企业之间竞争力的比较，不是看经营的规模，不是看现有多少厂房设备等固定资产，也不是看有多少先进技术与设备，而是看实际产品中的高新技术含量，看其中人力资本的附加值。因此，组织之间的竞争，实际上是人才的竞争。众所周知，从一般的人转变为人才，需要经过人力资源的开发。具体模式如图1-2所示。

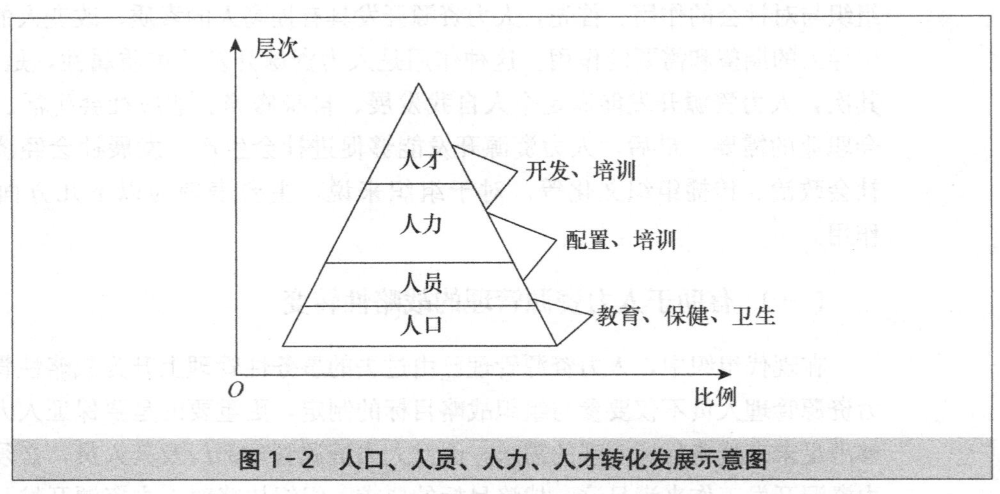

图1-2 人口、人员、人力、人才转化发展示意图

在一个组织中，无论是取得了一定成就的显性人才，还是尚未取得成就的一般人才，都需要对他们进行持续不断的人力资源开发。一方面要保持显性人才资源的优势；另一方面要增强潜在人才的开发力度，从一般人力资源中开发出大量的人才资源。因此，从一定意义上说，组织之间人才实力的竞争，实际上是组织内部人力资源开发水平的竞争。谁的人力资源开发水平高，谁的产品技术含量高、更新换代快，谁就能在激烈的市场竞争中占据优势。如果不进行人力资源开发，墨守成规，陶醉在已有的成绩之中，凝结在产品中的知识技术就会越来越陈旧，并最终在激烈的市场竞争中被淘汰。

（三）有助于知识经济条件下的组织发展

自然经济与农业经济时代，由于生产力水平低，社会经济的增长更多地依赖于劳动力的多寡和自然资源的丰歉。20世纪50年代前的工业时代，社会经济的增长主要取决于自然矿产资源的占有和配置。60年代以后，随着高新技术的发展，社会经济的发展越来越多地依靠高新技术产业。最近十年，西方发达国家高新技术在制造业和出口中所占的份额已达20%～25%。知识密集的服务业包括教育、通信、信息等行业，高新技术的占比更大。有专家预言，随着全球信息化及其交流的全面开通，技术知识对经济增长的贡献，将由20世纪初的5%提高到

90%。美国哈佛大学教授罗伯特·巴罗（Robert Barro）认为，影响不同国家经济增长率差异的主要因素，并不是自然资源与物质资本，而是各自所拥有的人力资源数量与质量。穷国赶不上富国的原因，主要是缺乏高质量的人力资源，是人才与知识不足，而不是有形资本缺乏。不同国家的经济发展差异，取决于所拥有的人力资源及其发展的水平。一个组织能否发展以及发展到什么水平，完全取决于它所拥有的人力资源水平及其开发的水平。

（四） 有助于转型时期人力资源管理战略的实现

现代社会生产力的发展，强调以知识与信息为基础，这就赋予员工不断发展的使命。员工只有掌握新知识、新技术，才能成为生产力中最积极、最活跃的因素。如果没有及时掌握现代科技知识与生产技能，员工就不可能在生产力系统中发挥能动性与主动性，也就不能提高劳动生产率。从这个意义上说，只有高水平的人力资源开发系统才能保持组织员工的高生产力水平。

随着高新技术革命的深入发展，知识更新的速度越来越快。自然科学、社会科学及其分支学科纵横交错，边缘学科林立，纳米技术、计算机网络技术、生命科学技术、空间技术等前沿学科已广泛渗入生活工作的各个领域，员工的知识技能需要更新与开发。这个时代，一方面要求员工思维系统化、知识全面化、交流立体网络化，成为复合型人才与通用型人才；另一方面又要求员工成为自己领域与业务中的专才与特才，能够独当一面，解决专业技术中的难题。因此需要每个员工的知识技能都呈 T 形，而这就要求我们对每个员工进行经常性的人力资源开发。

随着高新技术的迅猛发展，新技术转化为现实生产力的周期日益缩短，产业结构发生了根本性变化，正如邓小平同志所指出的，“随着现代科学技术的发展，随着四个现代化的进展……直接从事生产的劳动者，体力劳动会不断减少，脑力劳动会不断增加，并且，越来越要求有更多的人从事科学研究工作，造就更宏大的科学技术队伍。”① 目前，世界各国正处于产业结构大调整、企业人员大流动、岗位人员大变动的时代，亟待加大人力资源开发的力度，以帮助下岗、转岗的员工以及转产调整的企业尽快适应市场结构的变化。

八、人力资源开发的基本功能

上述人力资源开发价值与作用的发挥，主要是基于下列人力资源开发的功能。

（一） 政治功能

提高人口质量、控制人口数量是我国近几十年来人力资源开发的基本国策。

① 邓小平．邓小平文选：第 2 卷．北京：人民出版社，1983.

目前，总人口的增长速度得到了有效控制，人力资源开发实现了由粗放型向集约型的转变。

再就业培训工程是我国长期以来对下岗与待业人员实行的人力资源开发政策。国家一方面促进下岗、转岗人员进行再就业，另一方面开拓了多元化的就业渠道。据不完全统计，在国有经济单位新就业者的比重不断下降，而在其他民营经济单位与个体组织新就业者的比重不断上升。这些人力资源开发策略，有效地化解了社会矛盾，减轻了就业压力，保证了社会的安定。

此外，我国人才强国战略的确立与实施，需要人力资源开发来实现。

（二）经济功能

做好人力资源开发工作，可以为社会经济的协调发展提供最基本的保证。对一个国家来说，提高人力资源的整体素质，是促进经济发展和社会进步的重要措施。对一个企业组织来说，能否搞好人力资源开发工作，关系到整个组织的生存与发展。人力资源开发工作做好了，可以使员工增强主体意识，使员工由被动和自我贬抑的观念，转向自主、自信、自强的主体观念，增强市场调节的意识，让自我的价值与利益关系通过市场运行来实现，通过平等竞争来实现，积极主动地在岗位工作中实现自身价值，创造社会财富。

学校教育可以使人口转变为可能的劳动力，在职培训可以使可能的劳动力转变为现实的劳动力，而提高性的培训与开发可以保持现实的劳动力并发展其现有的劳动能力。联合国教科文组织的研究结果表明，劳动生产率与劳动者的文化程度有高度正相关关系。与文盲相比，小学毕业生可提高43%的生产率，初中毕业生可提高108%的生产率，大学毕业生可以提高300%的生产率。因此，包括教育、培训在内的人力资源开发系统，具有显著的经济功能。

（三）发展功能

人力资源开发具有促进组织发展与社会经济可持续发展的作用。具体表现为以下几个方面：

第一，人力资源开发是协调人口与资源关系的重要措施，是改善人口与生态环境关系的根本，对于中国未来的发展具有十分重要的意义。

(1) 人力资源开发有利于提高自然资源的利用率。由于我国人口基数过大，人均自然资源短缺的现象势必长期存在，因此，我们一方面要提高资源利用率，节省资源，另一方面要使资源利用的规模由粗放型转变为集约型，减少不必要的开发。目前，我国浪费自然资源的现象比较严重，主要原因之一就是人力资源质量相对落后，人力资源开发水平低下，技术水平较差。因此，开发人力资源、提高劳动者素质、普及与推广科学技术，对于提高自然资源的利用率具有重要意义。

(2) 人力资源开发有助于以人力资源替代不足与贫乏的自然资源。日本、新加坡等地主要通过人力资源开发，提高劳动者的科学技术素质，通过出口消耗自然资源少、高附加值的新技术产品赚取大量外汇，然后购买所需要的自然资源。显然，通过人力资源开发，人力资源弥补了自然资源的不足。

(3) 人力资源开发后的物化高新技术，可以实现自然资源之间的相互转化，解决自然资源稀缺的问题。例如，细胞工程技术的开发使得日益短缺的粮食问题得到了彻底改变，核能技术的开发使热能资源的短缺得到彻底解决，再生资源技术大大提高了自然资源的利用率。

第二，人力资源开发是促进经济与社会发展的决定性因素。一方面，人力资源开发可以造就一大批高素质的科技人员队伍，促进科学技术水平的提高与普及，促进社会生产力的发展；另一方面，人力资源开发推动科技水平的发展，科技水平的发展又将成功推动社会产业结构的变化。18 世纪下半叶、19 世纪末与 20 世纪 50 年代爆发的产业革命，都是科学技术革命的结果，都是物化的人力资源开发的成果。只有培养更多、更好的科技与管理人才，才能推动科技的发展，促进产业结构的变化。然而，产业结构变化与调整之后，又需要通过人力资源开发帮助人们去适应这种新变化。目前，劳动者素质低下是制约我国城镇化、产业结构向多元化与高效化发展的瓶颈因素，要消除这一屏障，只有依靠对人力资源的开发。

第三，人力资源开发能为国家的经济转型与持续发展奠定一个良好的基础。人力资源开发既可以提高人力素质与能力，又可以提高国民的收入水平、消费水平与消费需求。目前，我国经济发展过程中所出现的劳动生产率低、资源消耗大、经营质量不高等问题，究其深层的原因，都是劳动者素质不高、人力资源开发不到位造成的。因此，要想实现国家经济的有效转型与可持续发展，加强人力资源开发是根本。

第 3 节　培训与人力资源开发的关系

人力资源开发与培训的关系较为密切，它们的相同之处是各种活动所涉及的客体和对象基本一样，都是个人及其身体内的人力资源，但也存在较多的差异性。本节将对培训与人力资源开发的关系进行比较，以找出它们之间的区别和联系。

一、培训与人力资源开发的区别

（一）目的侧重不同

人力资源开发面向未来，其目的在于满足未来组织与个人发展目标的需要，为适应未来变化服务，提高人力资源的经济功效性与发展促进性；培训则指向组织与个人当前的实际工作需要，侧重于满足知识与技能提高方面的需要。

（二）对象侧重不同

培训与人力资源开发两种活动的对象都是知识、技能、能力、行为方式、态度、品性、潜能等，都是心理素质与生理素质，但它们的侧重点不同。人力资源开发更侧重潜能的挖掘与现有能力的充分发展和发挥；培训侧重知识与技能方面的掌握与提高。

（三）内容要求不同

人力资源开发中的学习内容不一定与目前工作相关，可以针对未来与整个社会的需要而设计，重在培养人的综合素质，如创造力、抽象思维、领导能力与问题解决能力等，企业中的人力资源开发还会帮助员工更好地适应由新技术、工作设计、顾客或产品市场带来的变化，需要学习的内容更为广泛。培训中的学习内容是直接与目前的工作相关的，重在人员职业技能、职业道德的掌握，要求精通与熟练掌握，具有立竿见影的效果。

（四）效用时间不同

人力资源开发由于关注未来，具有长期性，因此效用时间较长。培训更加注重满足当前的工作需要，效用时间较短。

（五）对经验的需求不同

尽管人力资源开发有时需要好的培训项目加以强化，但它还是经常来自工作经验的积累。例如，刚刚毕业的大学生可能具有很大的潜力，但要将其培养成为合格的管理人员，还必须具备足够的经验积累，而培训则不必要求其有太多经验。

（六）参与程度不同

人力资源开发是以未来为导向的活动，与人员发展的意愿相关，属于一种自愿的行为；而有些培训活动是要求必须参加的，具有一定的强制性。

二、培训与人力资源开发的联系

（一）培训是人力资源开发的基础性工作

在一个组织中，大部分中高层管理者必须先熟悉基本工作技能流程才能进行有效的管理，许多管理者都是从基础培训开始，逐步接受相应的培训和开发活动之后走向管理岗位的。以知识和技能为主要内容的培训在很大程度上是人力资源开发的基础性工作。

（二）二者趋于相互结合与互补

在技术水平日益发达的今天，培训与人力资源开发的技术手段或方法有日益融合的趋势，二者趋于相互结合与互补。组织结构日益扁平化、网络化和无边界化，各项工作更具挑战性，对人员的综合素质要求更高，一个岗位会有不同的工作能力和素质要求，有的能力可以直接培训而来，有的能力则需要专门的人力资源开发来进行潜移默化。因此，培训与人力资源开发很难截然分开，在现代社会中，随着人力资源战略性地位的凸显，培训与人力资源开发工作将越来越重要。一方面，培训与人力资源开发也越来越在其关注近期和未来的发展目标中各展身手；另一方面，培训与人力资源开发也日益相互融合与互补，共同促进人力资源的提升与发展。基于此，本书后面的内容并不严格区分培训与人力资源开发的概念。

（三）两者都注重当前和未来发展的需要

随着培训战略性地位的增强，各类从业人员必须学会分享知识，创造性地运用知识来改变产品以向顾客提供服务。很多组织建立了与战略目标相统一的高层次培训的观念，并不断鼓励持续学习，构建学习型组织，使培训与人力资源开发一样关注当前和未来的发展需要。因此，有时人力资源开发可以看作由一系列相互连接与持续递进的培训活动所组成的人力资源发展过程。人力资源开发如果只是关注未来，不去着眼当前的人力资源改变与改进目标，那么，人力资源开发长远战略目标的实现也就无法保证。

本章小结

本章概括介绍了培训的概念、内容与对象、作用与意义、发展与趋势，以及人力资源开发的客观基础、基本概念、类型、特点、内容、作用、基本功能等内容，并基于此对培训与人力资源开发的关系进行了分析，目的在于使大家对培训与人力资源开发有一个全面的认识。

总的来说，培训是一种有组织的知识传递、技能传递、标准传递、信息传递、信念传递、管理训诫行为。一般来说，员工培训是指组织有计划地实施有助于员工学习与工作相关能力的活动。培训可以直接影响和改变员工的知识、技能、观念与态度和潜能，进而影响员工在工作中的动机、行为和效率，最终改变组织绩效，提高员工的职业能力，改善组织的工作质量，增强组织的竞争优势，满足员工实现自我价值的需求。

本章在对人力资源开发的客观基础进行分析的基础上，阐述了人力资源开发的一些基本概念。通过对国内外关于人力资源开发观点的比较与分析，本书将人力资源开发定义为：开发者通过学习、教育、培训、管理等有效方式，为实现一定的组织目标与发展战略，对既定的人力资源进行使用、塑造、改造与发展的活动。并在这一定义的基础上，将人力资源开发与人力资源开发学进行了比较。接下来详细描述了人力资源开发的类型、特点、内容、价值、基本功能。从时间形式、对象、客体、空间形式等角度，将人力资源开发划分成多种形式。人力资源开发具有特定的目的性与效益中心性、长远的战略性、基础的准备性、开发的系统性、主客体的双重性和开发的动态性等特点。人力资源开发有助于人力资源管理的战略性转变、有助于组织竞争力的提升、有助于知识经济条件下的组织发展、有助于转型时期人力资源管理战略的实现。人力资源开发的基本功能包括政治功能、经济功能和发展功能。

最后，分析了培训与人力资源开发的关系，从目的侧重、对象侧重、内容要求、效用时间、对经验的需求以及参与程度等方面比较了二者的差异，阐明了二者的联系。

◆ 进一步阅读文献

[1] 萧鸣政．人力资源开发概论．北京：北京大学出版社，2014.

[2] 沃纳，德西蒙．人力资源开发：第5版．北京：清华大学出版社，2010.

[3] 赵永涛．人才强国战略下的人力资源开发．合作经济与科技，2012（14）.

[4] 李燕萍，吴绍棠．人才强国战略与中国特色的人才资源开发．北京：科学出版社，2010.

[5] 彭剑锋．人力资源管理概论．上海：复旦大学出版社，2005.

[6] 萧鸣政．中国政府人力资源开发概论．北京：北京大学出版社，2004.

[7] 徐杰，杨建龙．中国人力资本及其对经济增长的贡献．教育与经济，2010（3）.

[8] 谢辛．人力资本与人才开发的历史纵深及传承：基于人才强国战略．改革，2011（8）.

[9] 德斯勒．人力资源管理：第12版．北京：中国人民大学出版社，2012.

[10] 石金涛，颜世富．培训与开发．4版．北京：中国人民大学出版社，2019.

[11] 屠巧平，赵睿．企业员工培训理论与实践．北京：中国经济出版社，2012.

◆ 本章习题

一、单项选择题

1. 关于员工培训，下面说法不正确的是（　　）。

A. 员工培训对企业来说是一种成本　B. 员工培训是人力资本再生产的重要方式

C. 员工培训有利于提高组织绩效　D. 员工培训有利于提高个人绩效

2. 企业进行培训的最终目的是（　　）。

A. 员工技能的提高　B. 企业绩效的提高

C. 员工行为的改变　D. 企业文化的形成

3. 以下属于知识经济社会的特点的是（　　）。

A. 土地资源成为经济的主导因素　B. 矿产资源成为经济的主要因素

C. 人力资源成为经济的主导因素　D. 资本成为经济的主导因素

4. 以下不属于人力资源开发与培训的联系的是（　　）。

A. 培训是人力资源开发的基础性工作　B. 二者的边界趋于模糊

C. 两者都注重当前和未来发展的需要　D. 人力资源开发比培训更加重要

5. 以下不属于人力资源开发的功能的是（　　）。

A. 政治功能　B. 经济功能　C. 发展功能　D. 战略功能

6. 以下不属于人力资源开发的内容的是（　　）。

A. 身体健康素质　B. 文化科技素质　C. 历史知识素质　D. 职业技能素质

7. 以下不属于人力资源开发的手段的是（　　）。

A. 培训　B. 教育　C. 规划、配置　D. 交流

8. 以下不属于人力资源开发与培训的区别的是（ ）。

A. 执行成本不同 B. 目标侧重不同 C. 对象侧重不同 D. 内容要求不同

9. 从时间角度来看，以下属于人力资源开发的前期开发类型的是（ ）。

A. 就业教育 B. 在职培训

C. 职业生涯设计 D. 退休后的人力资源开发活动

10. 以下不属于人力资源开发的特点的是（ ）。

A. 特定的目的性与效益中心性 B. 开发的静态性

C. 基础的准备性 D. 开发的系统性

二、多项选择题

1. 以下关于培训的说法正确的是（ ）。

A. 培训是企业员工的福利之一

B. 岗位培训制度是企业培训制度最基本、最重要的组成部分

C. 企业培训制度的内容必须服从于企业的整体发展战略

D. 效益差的企业一般不需要培训

2. 现代的培训活动按其性质可划分为（ ）。

A. 知识培训 B. 技能培训 C. 观念与态度培训 D. 经验培训

3. 组织开展培训活动的意义在于（ ）。

A. 提高员工的职业能力 B. 改善组织的工作质量

C. 增强组织的竞争优势 D. 满足员工实现自我价值的需求

4. 以下属于人力资源开发对象的观点的是（ ）。

A. 素质观，对知识、技能、品德、性向、体力、智力等的开发

B. 个体观，让全社会或整个组织人员充分就业，充分发挥作用

C. 群体观，进行合理配置、优化组合、科学规划的过程

D. 社会观，对社会人员进行教育与培养的过程

5. 人力资源开发的手段包含（ ）。

A. 培训 B. 教育 C. 就业与使用 D. 交流

6. 人力资源开发学具有的特征包括（ ）。

A. 综合性 B. 经验性、实证性、描述性与技术性兼而有之

C. 实践性 D. 理论性

7. 从开发对象上划分，人力资源开发主要划分为以下类型（ ）。

A. 品德开发 B. 知识开发 C. 体能开发 D. 智力开发

8. 以下属于人力资源开发的特点的是（ ）。

A. 特定的目的性与效益中心性 B. 长远的战略性

C. 开发的系统性 D. 主客体的双重性

9. 对于组织而言，人力资源开发具有的作用包括（ ）。

A. 有助于人力资源管理的战略性转变 B. 有助于提升组织的竞争力

C. 有助于知识经济条件下的组织发展 D. 有助于转型时期人力资源管理战略的实现

10. 人力资源开发的功能包括（ ）。

A. 政治功能 B. 经济功能 C. 发展功能 D. 战略功能

三、简答题

1. 人力资源开发的客观基础有哪些？
2. 人力资源开发的基本功能有哪些？
3. 人力资源开发的类型有哪些？
4. 人力资源开发的内容有哪些？
5. 培训对组织发展的意义和作用有哪些？

四、论述题

1. 试论述人力资源开发与人员培训之间的异同。
2. 试论述人力资源开发与人力资源管理之间的异同。
3. 试论述培训对象和内容的三个层次以及相互之间的关系。

案例与分析

人力资源开发与经济发展——以美国和日本为例①

从人口经济学的角度来看，人力资源作为最重要的经济资源，对经济发展具有举足轻重的作用。因而加强人的教育培训，提高人的素质，挖掘人的潜力，合理配置和使用劳动力，以及引进外国人才等人力资源开发，受到美国、日本等经济发达国家的重视。

一、美国的人力资源开发与经济发展

为了提高人力资源的素质，美国开展了形式多样的员工培训和职业教育，如新雇员的入门培训、在职员工的在职培训、管理人员和优秀雇员的升级培训、离职进修的脱产培训以及被解雇工人的再培训等。科技部门和企业更把员工培训看作提高产品质量、开发高科技产品、确保竞争力、保持科技领先的关键，从而不断加大对雇员的职业培训力度。如通用汽车公司成立了全美最大的人力资源开发中心，福特汽车公司每年开设2 000项人才培训课程。美国每年接受各种员工培训和职业教育者高达2 300万人。培训的内容极其广泛，除了员工培训和职业教育外，还扩展到文化、科学、艺术、体育、生活等各个方面的闲暇教育。由于重视国内人才培养，美国劳动力的文化教育程度和国民素质日益提高。

在正规教育方面，一是不断增加对教育的投资。1983年美国的教育经费为2 265亿美元，1990年增至3 530亿美元，占美国国民生产总值的6.8%。克林顿总统上台后，更是把美国的教育放在优先发展的地位，提出在21世纪的知识经济中，教育领先比以往任何时候更为重要，美国政府的头等大事是确保每个美国人享有世界上最好的教育。由于美国将优先发展教育视为重要的国策，对教育的投入巨大，近年美国年教育投入高达数千亿美元，成为世界上教育经费支出最多的国家。二是不断增加入学人数和提高入学率，1997年大学适龄人口净入学率达到81%，居世界第一位，中学适龄人口入学率达到96%以上。

在研究开发方面，注重培养本国的科技人才。20世纪90年代美国先后提出了《为21世纪而教育美国人》和《美国为21世纪准备师资》的报告，面向21世纪培养科技后备军。为开发人才资源，美国设立了“诺贝尔热身运动奖”和“科学家摇篮”等科学奖，促使本国高科技人

① 李仲生．日本的人力资源开发与经济发展．人口与经济，2007（3）；李仲生．美国的人力资源开发与经济发展．中国人力资源开发，2006（2）.

才脱颖而出。美国政府还专门成立了调查研究社会需要的机构，以促进大学、企业和政府科研机构等方面的相互交流。大学已成为美国培养科技人才和从事研究的最大基地。目前美国大学拥有全国 60% 左右的科学家和工程师，近 20 年美国的自然科学领域诺贝尔奖和经济学领域诺贝尔奖几乎全部为在大学工作的科学家所获，占所获奖项的 90%。大学通过培养大批训练有素的劳动力，特别是高素质的科技人才和高级管理人才，为美国的经济发展和科技创新提供了庞大的生力军。这些强有力的人才开发战略，使美国的人才资源库不断扩大，特别是在自然科学领域和经济学领域获得诺贝尔奖的世界顶级科学家的人数迅速增长，为振兴美国经济、推动科学技术发展做出了巨大贡献。

在加强培养国内人才的同时，美国还十分注意在世界范围内引进、利用外国人才资源。面对世界性人才资源开发的争夺战，美国采取各种手段从国外吸引人才，主要利用其经济发达的优势招揽高层次人才，扩充本国的科技人才库。过去美国以其现代化的设备、优厚的工作待遇和宽松的移民条件吸引了大量的外国精英到美国留学、工作。其中包括闻名于世的物理学家爱因斯坦，核物理学家、氢弹之父费米，航天工业专家冯・卡门和电子计算机奠基人诺伊曼等。欧洲的许多著名科学家被吸引到美国，为美国在自然科学领域和人文社会科学领域获得诺贝尔奖。现在美国又利用其优越的物质生活条件和无可比拟的科学研究优势，吸引全世界的优秀科技人才，对高层次人才实行"绿卡制"，允许大学和研究院及大公司直接留用外国人才，并给予入籍优惠。美国对亚洲和非洲等地发展中国家的人才争夺，更使这些国家的高学历、高素质人才流向美国。据联合国的统计，1960—1987 年，移居到美国的发展中国家科学家和工程师有 80 多万。另据美国科学基金会的调查，美国 50% 以上的高科技公司的外籍科学家和工程师占公司科技人员的 70%。在美国加利福尼亚州硅谷工作的高科技研究人员和高级工程师有 33% 以上是外国科学家，从事高科技研究工作的工程学博士后中有 66% 为外国人。美国还利用其优越的研究开发、创新条件和生活环境，通过提供科研资助、合作研究、学术和讲学等各种形式邀请外国专家学者到美国从事研究工作。在美国 750 多个联邦研发实验室中，不少单位招聘和引进了众多国外著名科学家。法国报界指出，全世界科技"移民"总人数的 40% 被吸引到美国。显而易见，科技创新能力高居世界第一的美国在很大程度上依赖于全世界的人才。

据美国经济学家测算，1900—1957 年，物质资本投资增加 4.5 倍，利润只增加 3.5 倍；人力资本投资增加 3.5 倍，利润却增加 17.5 倍，利润增加幅度是人力资本投资增加幅度的 5 倍。美国在经济发展过程中，始终把开发和利用人力资源放在首位，拥有世界上最高素质的充足的人力资源对经济发展产生了巨大的倍数效应，使美国的经济规模始终保持占世界经济规模的 30% 左右，这正是美国的经济发展处于世界领先地位的本质原因。

由此可见，美国的人力资源开发与经济发展密切相关，它既是推动经济增长的重要因素，又需要通过经济发展进行人力资本投资来实现。

二、日本的人力资源开发与经济发展

长期以来，日本的人力资源开发与经济发展是密切相关的。人力资源作为最重要的经济资源，造就了日本经济的奇迹，对日本的经济发展具有举足轻重的作用。

日本人力资源开发的主要特点是以人为本，重视通过教育培养人才和加强员工系统的在职培训。在员工的培训中，主要是进行企业精神教育，企业精神教育强调性格开发，如在困难时刻的忍耐力、承受的心理压力以及承担的社会责任等，培养他们对企业忠诚的"公司主义"、集体主义和团结合作的作风；在管理知识教育方面，除了让新员工了解企业的规则和管理体系外，还重视对他们进行战略意识、自主管理意识和尊重人性的管理观念教育，传授基本的工作技能和专业知识。此外还注重教育与企业发展、市场需求变化、国际化经营需要相结合，要求在职员工不断接受新知识和新技能，强化电子学、英语及电脑应用技术等方面的学习，并通过对在职员工进行终身教育培训，把企业的未来与员工的未来紧密地联系起来。注重挖掘员工的工作潜力、进取精神、与人合作的能力以及小组集体智慧等。日本在员工的培训中，坚持一般教育培训和重点教育培训相结合，迅速提高现职员工的基本素质。它使日本企业以相对较低的代价，培养了大量符合本企业需要的经营管理人才。这些人才既精通本企业的传统经营管理方法，又在接受教育培训的过程中很快掌握了先进的经营管理理论与方法。这就使企业原有的经营管理人才通过不断的知识更新，转变为更高层次的人才资源，企业的现代经营管理人才不断得到补充。

日本企业一直把对在职员工的教育培训放在首要地位。他们对企业各级领导层的教育培训尤为重视，并坚持中层以上管理人员全员参加（从科长、部长到经理、董事都参加）。世界著名企业家松下幸之助的信条是“松下公司是造就人才的地方，同时也是造电器产品的企业”。他认为，办企业首先要有优秀的经营管理人才，而这种高素质的人才主要靠企业本身的教育培训培养出来，否则事业就不能成功。日本企业通过对员工的教育培训，提高了国际竞争力。

在教育方面，一是通过大力发展正规教育来开发人力资源，实行九年制义务教育，现在日本义务教育的范围和质量都处于世界领先水平。二是不断增加对人力资源的教育投资和科研经费。据世界银行的统计，1996—2002 年间，日本每百万人口中从事研究与开发的研究人员平均每年达到 5 095 人。

此外，日本为了保持其经济大国的地位，在有效开发本国人力资源的基础上，加强国际交流与合作，通过提供良好的研究环境和生活环境，吸引和利用外国的优秀人才。

第二次世界大战后，日本强有力的人力资源开发措施，使日本的人力资源素质不断提高，刺激了日本的经济发展。据统计，2002 年日本人力资源总量仅占世界人力资源总量的 2.2%，但由于劳动力的科学技术素质和文化素质的提高与智力资源的增长，人力资源总量也相应增长，因而日本的经济规模位居世界第二位多年。2013 年，世界经济排名中，日本以 4.7 万亿美元的经济总量排名世界第三。由此来看，劳动力的科技水平和劳动技能的提高等人力资源开发，对一国的经济发展具有决定性意义。

［讨论题］

1. 试分析美国、日本在经济发展过程中对人力资源开发采取了哪些类似的措施。
2. 你认为美国和日本的人力资源开发经验对我国的人力资源开发有哪些启示？

第2章 培训与人力资源开发的原理

学习目标

1. 掌握培训与人力资源开发的基本原理。
2. 掌握培训与人力资源开发的基本原则。
3. 了解学习的基本概念与类型。
4. 重点掌握经典学习理论流派的代表人物及主要观点。

本章主要介绍培训与人力资源开发的理论基础，首先介绍培训与人力资源开发的基本原理与基本原则，提取并总结培训与人力资源开发实践的经验，阐述运用与促进素质发展的实践过程中需要遵循的基本规律。此外，学习是培训与人力资源开发活动的基础，掌握经典的学习类型和学习理论能够指导培训与人力资源开发实践工作。

第1节 培训与人力资源开发的基本原理

培训与人力资源开发原理，在这里指在运用与促进素质发展的实践过程中我们应该遵循的基本规律。

一、使用开发原理

使用开发原理，在这里指在人力资源使用与配置中应该注意的基本规律与现象。

（一）用进废退原理

达尔文考察人类进化过程时发现，身体器官如果在劳动过程或生活中得到有效的使用，就可以得到进一步的发展与分化，反之就会衰退与萎缩。这就是用进废退原理。例如，经常用右手的人，其右手总比左手粗一些，更有力量一些。用进废退原理同样适用于对心理素质的开发。我们不难发现，菜市场中商贩的心算能力比我们普通人强许多；纺织厂染色工人对颜色的辨别能力比我们普通人高出许多倍。其实，并非商贩的智商比我们高，主要是因为他们每天都要进行大量的价钱结算；也并非纺织厂染色工人天生辨色能力就比我们强，只是他们在工作中经常要辨别各种颜色，辨色能力得到了充分的开发。

用进废退原理，是指人力资源通过使用开发会得到进一步发展，闲置不用则会退化与贬值，甚至丧失其使用价值与经济价值。这个原理告诉我们，在培训与人力资源开发过程中，我们要尽可能让每个员工的每种素质都得到有效使用。进行人才储备时，如果对人才长期养而不用，那么所储备的人才将会贬值，因此要量力而行并尽量控制。

（二）扬长避短原理

俗话说："人无完人，金无足赤。"人的素质是多方面的，任何人都有其优势与不足，有其长处与短处，我们在对人力资源的使用与开发过程中，应该针对工作需要扬其长避其短，用其优控其劣。如果处于紧急与非常时期，我们甚至要只取其长不计其短，只问其优不问其劣。否则，就可能既误事又误人。

例如，20世纪40年代中期，斯大林为了尽早扭转苏联在试制原子弹方面落后于美国的被动局面，被迫起用了一位持不同政见的核物理专家，给予他优越的工作条件和生活条件，让他组建科研班子，着手试制原子弹工作。这位核物理专家果真为苏联研制核武器做出了卓越的贡献。又如早年受过"胯下之辱"的韩信，投靠刘邦后，因嫌官小而私自出走。公元前203年，刘邦与项羽交战，不幸中箭受伤，处于危难之际。韩信这时在山东不但不出来救援，反而野心十足，欲自立为王。这些行为表现，刘邦一清二楚。然而，为了维护本集团的最高利益，刘邦顾全大局，善用人才，对提出"汉中对策"的韩信委以重任，使他为自己的统一大业做出了重要贡献。

由此可见，在特殊情况下，在培训与人力资源开发的过程中，要能够取其之长不计其短起用人才，以此达到培训与人力资源开发的目的。所谓特殊情况，通常是指以下几种情况：(1) 事关国家、民族的根本利益和长远利益；(2) 决定整体和全局命运的关键时刻；(3) 两军对垒、拼死搏杀的危急关头；(4) 权衡利弊，利大于弊；(5) 在可供选择者中，无人能够取代；(6) 其他可以理解的复杂情况。

（三）用人适中原理

在人力资源配置过程中，培训与人力资源开发人员要注意把合适的人配置在合适的岗位上，做到这两个合适即为"适中"。二流岗位配备一流人才，或把二流人才配备到一流岗位，都是与用人适中原理相违背的。小材大用会误事，大材小用同样会误事。一流的人才虽然可以造就一流的企业，但如果配置不当，一流的人才甚至还不如三流的人才有用。任何职务与岗位，都有其客观的任职要求；任何一个求职应聘人员，也都有其成熟的任职条件。只有当求职者的任职条件与招聘职务的任职资格相互匹配时，才能产生最佳的配置效果。配置之后才能继续相互促进，相互发展，产生最大的经济效益与最佳的培训与人力资源开发效益。

用人适中原理告诉我们，在人才招聘与人才配置时，不要盲目追求一流人才，而要对每一个岗位进行科学的工作分析，确定所需要的任职资格条件，然后根据所确定的任职资格要求去招聘适合的人才。在培训与人力资源开发的过程中，要以人岗匹配为基本目的，提升人才素质水平和胜任力水平，达到人才和岗位的匹配，优化人才配置，实现培训与人力资源开发的经济效益。

二、促进开发原理

促进开发原理，在这里指在进行人力资源改进与提升活动中应该关注的基本规律与现象。

（一） 生态限制因子改变原理

1840 年，尤斯图斯·冯·李比希（Justus von Liebig）研究了各种化学物质对植物的影响。他发现，各种作物的产量通常不受它所需要的大量营养元素的限制，而是受那些只是微量需要的元素的限制。只要稍微加入所缺的微量元素，如硼、镁、铁等，作物产量马上明显提高。据此，李比希认为，当植物所需要的营养物质降低到该植物最小需要量以下时，这种营养物质就会限制该种植物的生长，这被称为李比希最小因子定律。后来泰勒（Taylor）将这个定律扩充到营养以外的温度和时间等生态因子。1954 年奥登（Odum）又把泰勒的限制因子概念进一步扩大，认为限制因子是达到或超过生物耐受限度的那些因子。

生物系统存在限制因子，人力资源系统也存在限制因子，这些限制因子严重地影响着人力资源的开发及其效用的发挥。一个非常有能力、有水平的国内著名专家，之所以难以成为世界级的著名专家，并非其知识、能力和水平与国外专家有差距，而主要是受他本人英语听说能力的限制；又如某企业研制的产品之所以不如另一个企业的好，其差距并非在研究人员的结构与水平上，也不是手段与技术方面存在问题，而是在于该企业研发部门的实验人员比较粗心，实验数据上有差距。

生态限制因子改变原理告诉我们：（1）在培训与人力资源开发与管理实践中，要注意借助科学的人员素质测评手段，发现与确定个人或组织培训与人力资源开发系统中的限制因子，针对限制因子进行开发；（2）在工作分析基础上，建立组织、部门、职务与岗位配置条件的最低限制标准体系，在招聘与配置时，宁缺毋滥，严把进人质量关；（3）实行人员动态考评制度，每隔一定时期，对工作人员进行工作考评，对低于最低限制标准的人员进行及时培训或淘汰。

（二）成长环境的整体性原理

1911 年，谢尔福德（Shelford）认为，一种生物能够出现，并且成功地生存下来，必然有它所适应的一种复杂环境系统，而且这种复杂的环境系统必须全盘地整体性存在。复杂环境系统整体中任何因素的破坏，都将影响生物的正常发展。

成长环境的整体性原理同样存在于培训与人力资源开发系统中。一个人之所以能够在某一组织中做出杰出的贡献，成为人才，显然有着适合他成长的特定环境系统。当我们引进一个人才时，应该同时引进或建立他所适应的环境系统，否则所引进的人才很可能无法正常发挥作用。任何人力资源的形成与发挥，都有其生存的合适环境。当人力资源主体生存的合适环境不够完备时，所形成的人力资源的作用也就难以完全有效地发挥。

这一原理启示我们，当以高价位猎取了一个重要人员后，应该尽量分析与把握他所适合的生存环境，营造一种有利于他发挥人力资源效用的优良环境，促进其人力资源的进一步发展。

（三）富集原理

1974 年，板滕（Benton）和沃纳（Werner）根据生物放大作用，绘制了 DDT 在生态系统中的富集过程图，发现了生物系统的富集现象。例如，DDT 在海水中含量甚微，只有 5×10^{-11}，即一千亿分之五，被浮游植物吸收富集，放大 800 倍增加到 4×10^{-8}，后为螺类所食，又一次吸收富集，再放大 15 倍，成为 6×10^{-7}，再通过几个食物链环节，到银鸥时，已富集到 7.55×10^{-5}。至此，从海水中的 DDT 含量到银鸥中的 DDT 含量，通过几次生物的富集作用，增加了 150 万倍。

在培训与人力资源开发系统中，这种富集现象同样存在。例如，幼儿园老师教给孩子用十个手指进行十以内的加法，到小学一年级便富集为十以上加法的运算经验与能力，这些经验到了小学二年级便又富集为乘法运算的经验与能力，再后来乘法的经验与能力又富集为乘方开方运算的经验与能力。有些管理经验能力的形成，也是一个富集的过程。

富集原理告诉我们，进行培训与人力资源开发之前，我们应该对知识、技能、品性与经验的富集过程及其内在机制进行分析，准确把握各种人力资源因素的富集链，在培训与人力资源开发过程中，致力于建设各种富集链及其形成机制。有了富集链及其形成机制，人力资源主体在各种途径与渠道中获得的知识、技能、品性行为与经验能力，将会有效地得到富集与发展，迅速形成我们所需要的人力资源。

（四）竞争开发原理

在人力资源系统中，不同的人力资源主体存在于不同的位置。当人力资源主体 A 处于人力资源主体 B 之前时，则 A 为 B 的前位，而 B 是 A 的后位；当人力资源主体 A 处于人力资源主体 B 之上时，则 A 为 B 的上位，而 B 是 A 的下位。人力资源主体只有在同位之间才存在竞争关系，也只有同位之间的竞争才是平等的竞争，才是有开发意义的竞争。上下位与前后位的竞争是不平等的竞争，不平等的竞争是一种无意义的竞争。同位之间的人力资源主体通过竞争获得发展，通过发展产生进一步的竞争。然而，同位之间的竞争也必须注意公道与善意，适度有序，有助于达成组织目标。

竞争开发原理告诉我们，培训与人力资源开发的主体之间应当处于相同位置，只有这样，主体之间才具有培训与人力资源开发意义上的竞争，也只有这样，才能够真正实现在开发中引入竞争，在竞争中实现发展的目的。

三、群体开发原理

群体开发原理，在这里指在进行群体培训与人力资源开发活动中应该关注的基本规律与现象。

（一）结构优化原理

结构是系统中各要素之间的关系和联系的形式。结构形成了系统的组织特征，决定着组织的功能。结构不同，组织的功能也不同；同样，结构不同又决定着组织系统中不同的要素发挥作用的不同，决定着要素之间的关系和联系。许多有才华、有能力的人，在不正常的人事结构系统中，能力得不到正常发挥。许多人才具有某一方面的特长，但是因为缺乏与之相适应的知识结构、能力结构与品性结构，这些特长不但没有得到发挥与增长，反而逐渐被削弱。这些现象都说明，培训与人力资源开发必须遵循结构优化原理。

实际上，结构现象在自然科学中表现得最为明显，结构化学是专门研究同物异构现象与同素异构物质的学科。例如：

```
               H  H
               |  |
乙醇的结构式： H—C—C—OH
               |  |
               H  H
               H     H
               |     |
甲醚的结构式： H—C—O—C—H
               |     |
               H     H
```

上述两种物质中的元素相同，都是 1 个氧原子，2 个碳原子，6 个氢原子，但由于结构方式不同，乙醇为无色透明液体，有特殊香味，易挥发；甲醚是无色具有轻微醉香味的气体，具有惰性、无致癌性但有神经毒性。二者的性质存在较大差异。

结构现象在培训与人力资源开发与管理实践中同样存在。企业中有同样的人员、同样的原材料与同样的设备，但是如果在不同的组织体制下生产，最后所得到的产出效益会大不一样。

结构优化原理，是指在群体培训与人力资源开发过程中，首先，要注意从众多不同的组织结构中选择出最优秀的一种，然后针对所选定的组织结构，从众多的人员或人力资源要素的配置中选择最有效的一种，即达到结构优化与配置优化的“双优标准”。

在培训与人力资源开发过程中，涉及四种结构的优化，即组织结构优化、人员结构优化、职责权力结构优化与智能素质结构优化等。宏观的组织结构表现为纵向的层次与横向的幅度。幅度一般是部门数或职务数、岗位数；微观的组织结构是指岗位在组织中所处的地位以及一个岗位与其他岗位间的相互作用与相互关系。它们之间存在从属、协作、协同、配合等关系。人员结构是指所有人员的年龄、性别、学历、意愿、职称、人际关系等。每个人的个性、兴趣、爱好等的不同，造成人与人之间心理上的关系不同，产生人与人之间情感上的亲疏、远近、交往与认同态度的不同，这种人际关系直接影响组织中每个人的工作水平与工作效果。人员结构的存在是客观的，对它的分析与把握是必要的。职责权力结构是指职务或岗位内的规定关系。智能素质结构是指个人内部的素质结构。

结构优化原理启示我们，在培训与人力资源开发过程中，首先，要注意进行工作分析与组织设计工作，根据行政效率、人员特点以及市场环境预测，设计出最优秀的组织结构，建立科学的权责利结构、协作关系、制约机制与激励机制；其次，要注意同素异构，进行优化配置、动态配置；最后，对于个体内的人力资源，要注意对知识结构、技能结构、能力结构、品性结构与经验结构的塑造、改造与再造，使人力资源主体及时生成对应职务与岗位的最优素质结构，最适当地满足任职资格的各种要求。

砖头、钢筋、水泥、沙子堆在一起并不是建筑物，大量知识、技能、品性与经验的堆积同样不是人力资源，因此对人员素质结构的测评与对工作任职条件的分析不容忽视。

（二） 层序能级对应原理

物理学中原子的电子层结构分析表明，在不同电子层上的电子具有不同的势能。如果具有高能量的电子处于低位电子层上或具有低能量的电子处于高位电子层上，那么相应的物质结构就会不稳定；只有当具有不同能量的电子各在其位时，才能形成稳定的物质结构。这种现象告诉我们，电子层位结构必须与电子的能量结构相对应，整个物质结构才会稳定。能量按其大小形成的结构、秩序、层次叫作能级或能位，而电子层按其不同的距离形成的位置势能关系叫作层序。这种能级与层序的关系在培训与人力资源开发关系中同样存在。我国古代的韩非提出了法、术、势的学说。他认为，君王之所以具有君王的作用，是因为他处在君王的地位；如果不处在君王的地位，他就不具有君王的作用。无论君王聪明与否，只要处在君王的地位，就可以发号施令。如果他是一位贤君，就能做许多利国安邦的大事；如果是个昏君，则会败坏这个国家，使人民遭到涂炭。

层序能级对应原理是指具有不同人力资源能量的人，应配置到组织内不同的部门与职位上，给予不同的责任、权力与待遇，实行能量与职责的对应、品性与权位的对应。

层序能级对应原理告诉我们：

(1) 任何组织都应该根据组织目标、外部环境与组织规模划分为上、中、下的不同层序。一般来说，组织结构的高层负责决策，其管理职责关系到全局；中层负责贯彻，对上负有执行、协助和参谋的责任，对下要发挥指导、服务和监督的责任；基层亦称操作层，是组织行为的终端，负责把中高层决策与要求落实到具体的产品与服务上来，具有基础性、群众性与效果性的特点。根据所确定的层序，建立部门与岗位的责任制度。

(2) 根据所建立的层序职责权力，配备具备相应能量的人力资源。

(3) 定期进行人员考评，根据职务与能量的变化，及时调整层序与职级的对应关系，以保证有合适能量的人配置在合适的层序职位上，优化组织结构。

（三） 互补增值原理

每个人都不可能十全十美，都各有所长，各有其短。因此，就单个人来说，短就是短，难以取长补短。但培训与人力资源开发往往是在群体中进行的，人力资源配置也是在群体中进行的，因此就整个人力资源群体来说，单个人的长与短可以在群体中得到协调平衡，进行取长补短，实现整体优势，满足层序要求。这就是互补增值原理。互补增值的科学依据是系统理论。其数学表示即1＋1＞2。如果1＋1＝2，则没有增值；如果1＋1＜2，则说明发生了内耗。

互补的维度，包括知识上的专与博、广与深的互补，包括能力上的强与弱、全面与专长的互补，包括年龄上的大小互补、老少互补与性别上的男女互补，包括经验上的多少互补、性格上的内外互补以及品质上、维度上的互补。例如，日本的松下幸之助在人员配置上，一般遵循三个1/3原则。即任何一个部门的人员配置，都要保持1/3的人员为善于思考的“文人型”，1/3的人员为勇于拼搏的“运动员型”，1/3的人员为富于进取的“武士型”。在这里，文人代表智者，运动员代表韧者，武士代表勇者，智勇韧者，无往而不胜。这种1/3原则的配置实际上是一种性格互补的增值现象。

互补增值原理告诉我们，对个体的人力资源进行开发是必要的，但是我们更需要注意从互补增值的角度进行群体培训与人力资源开发，进行整体培训与人力资源开发。这种开发往往投入少、见效快、产出大。

四、组织开发原理

组织开发原理，在这里指在进行组织人力资源活动中应该关注的基本规律与现象。

（一） 信息催化原理

信息催化原理是指在组织培训与人力资源开发过程中，要注意给员工不断地注入新信息，激活、改造与促进原有的人力资源。信息是人才成长的营养液，是人们发展智力与培养品性的基本条件，它对人力资源具有催化作用。任何一个人才，不论原有素质结构有多好，原有知识基础有多厚实，如果没有适宜的信息刺激与催化，那么最好的素质和最厚的基础也无法转化为现实的生产力，也难以发挥出它的作用。

信息催化原理告诉我们，在组织培训与人力资源开发过程中，我们要不断地用最新的科学技术知识、最新的生产工艺与操作方法和最先进的管理理论与思想去武装员工、开发员工，建立学习型组织，始终保持组织人力资源的优势性与先进性。

（二） 需求导向原理

需求导向原理是指在培训与人力资源开发过程中，首先，要注意组织的需求与岗位的需求，有针对性地进行开发。针对不同的职业、不同的职务、不同的职位与不同的个人，确定不同的开发方向、开发内容与开发形式。其次，要注意被开发者的需求，把个体的需求科学地引导到组织的需求上来，两者相互结合，相互统一。组织没有需求，开发就没有价值；被开发者没有需求，开发就没有动力。

需求导向原理告诉我们，在组织培训与人力资源开发过程中，首先，要进行需求评估，发现与把握组织与个人的需求；其次，要根据未来组织发展的战略进行需求预测；最后，要因势利导，进行需求创造与引导，让被开发的员工产生正确的需求。

（三） 利益对称原理

利益对称原理是指在组织培训与人力资源开发过程中，应该首先注意投入与收益的平衡，充分考虑开发者与被开发者在开发过程中的直接投入与间接投入，组织在报酬体系中确立人力资源的合理收益；此外，要注意保护培训与人力资源开发过程中主体与客体双方的利益，保证组织与员工个人的双赢。

利益对称原理告诉我们，组织人力资源报酬体系中不能忽视人力资本的价值，要对培训与人力资源开发过程中客体方的投入予以合理的考虑；不能过于强调岗位工资，见事不见人。同时，在培训与人力资源开发过程中，不能只要求被开发者对组织需要绝对服从、对集体需要绝对奉献，也要考虑对被开发者客体需要的适当满足，考虑被开发者的正当权益与收获。

（四） 持续开发原理

组织培训与人力资源开发的出发点与目的，是解决人与事的矛盾，使人适其事，人尽其才。然而，人与事的矛盾是永远存在的。因为人与事的适应是暂时的、相对的，而不适应是长期的、绝对的。随着社会发展的不断变化，科学技术的创新与转化，以及人员素质系统的变化，人与事之间的关系总是由适应到不适应，由不适应再到适应，由此循环往复以至无穷。培训与人力资源开发工作永远没有完结，无论对于个体的人力资源还是组织的人力资源，都必须进行持续开发。人力资源一旦形成，其稳定性也是有条件的。如果开发后所形成的人力资源得不到外界环境的支持与促进，就会不进则退。尤其在知识经济与科技不断创新的今天，人力资源的折旧速度更快。因此，必须适应新要求、新形势，进行适时开发与持续开发，以保持人力资源对不断变化的组织需求的适用性，保持对不断变化的市场要求的竞争力。

（五）文化凝聚原理

组织文化是指一个组织在长期发展过程中，把组织内部全体成员结合在一起的行为方式、价值观念和道德规范。组织文化建设所追求的，是一种组织的整体优势和组织成员的良好集体感受。

文化凝聚原理是指在培训与人力资源开发过程中，要重视与发挥组织文化建设的作用，增大组织的凝聚力、吸引力与影响力。工资、奖金、住房、良好的工作条件、福利待遇等，都是组织的物质条件，是进行培训与人力资源开发的物质基础。没有这些物质条件，一切都是空谈，持久不了。然而，只有这些条件，缺乏正确的组织目标、良好的职业道德、组织氛围与文化建设，也无法满足员工社交的需要、自我实现的需要与超越自我等精神的需要。事实表明，随着组织物质条件建设的改善，人们的物质生活条件不断提高，而对精神生活与组织文化的渴求却越来越强烈。因此，如何加强组织文化建设，提高员工的思想意识，形成共同的组织价值观，是摆在每个培训与人力资源开发工作者面前的重要任务。

实际上，每个人生长在不同的环境中，受教于不同的学校与家庭，思想、品性、能力、知识、价值观都不尽相同。要把这些价值观不同的人统一起来，形成组织所需要的价值观念与行为，光靠制度与强制是不行的，仅依赖纪律的约束也是难以长久的。人的价值观形成于文化教育，也只能靠文化教育来改造、塑造与创造。

第 2 节　培训与人力资源开发的基本原则

我们从古今中外著名教育家的思想中，提取有关培训与人力资源开发的基本原则。这些原则既是对培训与人力资源开发经验的总结，又是指导培训与人力资源开发实践的理论。

一、以事实为基础，以自然顺应为法则进行培训与人力资源开发

这一原则认为，应从组织日常管理的事实、现象出发，以被开发者日常所

见、所闻、所思的事实问题与现象作为基础，顺应被开发者形成与掌握某一技能的自然过程进行培训与人力资源开发。

这一原则比较适合培训与人力资源开发的初级阶段。所谓培训与人力资源开发的初级阶段，是指形成某一理念、知识、技能或品性的初期。例如，新进员工的上岗培训、对高层领导新观念的灌输等。

这一原则的依据是夸美纽斯的大教学论。夸美纽斯认为："一切知识都是从感官的知觉开始的。""感官可以比作密使与间谍。灵魂得到了它们的帮助就可以支配身外的万物。"因此，他主张利用感官去开发人的先天素质。他认为："在可能范围以内，一切事物都应该尽量地放到感官的跟前。一切看得见的东西都应该放到视官的跟前……尝得出和触得着的东西应该分别放到味官和触官的跟前。假如有一件东西能够同时在几个感官上面留下印象，它便应当和几种感官去接触。"① 如果事物的本身得不到，则应该用模型或范本去替代。

遵循自然的原则是夸美纽斯教育思想中最为根本的东西。因此，培训的法则应当从自然中去找，应该使培训的步骤与自然的步骤相适应，和自然相符合。自然的规律是从容易的进到比较困难的，培训也应由易至难；自然的事情是无须强迫的，水往低处流，小鸟出笼而飞，培训与教学也应无须强迫，激发被开发者的求知欲望。因此，每门科目都应该先用最简单的原理，使被培训者对它有一种概略的观念；接着就可以把规则和例子放在被开发者的跟前，进一步去发展他们的知识；然后就可以要求被开发者系统地学习那门科目，并学习它的例外的与不规则的地方；最后，可以给被开发者一种评估。

这一原则的应用与操作流程如图2-1所示。

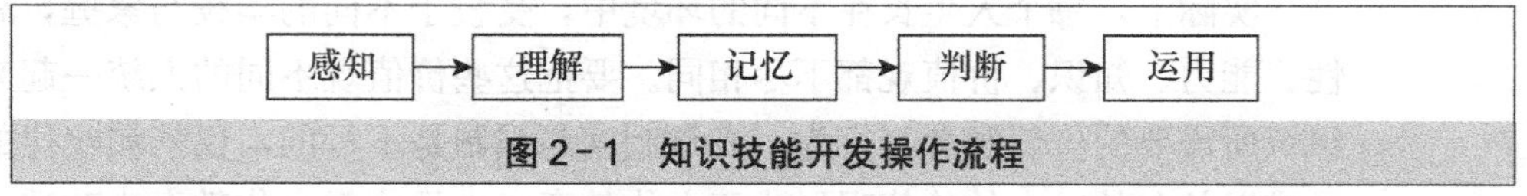

图2-1 知识技能开发操作流程

上述操作流程所反映的，是经验主义与实验主义。但是，并非一切知识、技能、品德行为的掌握都是始于感官知觉的，实际上许多知识与技能的掌握可以建立在其他已经掌握的知识与技能基础上。如处长的管理技能可以建立在他先前任科长的管理技能基础上。许多创新性思维的形成也表明，了解与熟悉既有的知识与技能很重要，但并非所有的知识与技能开发都要始于感官知觉。

二、以开发促发展，让培训与人力资源开发活动走在被开发者素质发展之前

这一原则认为，以现有的知识经验为基础，通过感知到表象再到新的知识与经验的形成，这种开发过程效率较低，不太适合当前知识、科技不断创新与变革

① 夸美纽斯．大教学论．北京：教育科学出版社，1999.

的时代。培训与人力资源开发应建立在借助先进的方法手段所达到的解决问题的水平与在独立活动中所达到的解决问题的水平之间的差异上，以最优秀的开发形式，来实现被开发者最好的发展，以开发促发展，而不是仅仅让开发活动顺应被开发者现有的发展水平。

这一原则适用于技能开发、能力开发与思想品德开发。

这一原则的依据是赞可夫的教育思想。他认为教学需要根据学生心理某些已经完成的程序，但那只是起码的条件，不能停留于此，教学要走在发展的前面。教学与发展是因果关系，教学结构是因，学生的发展进程是果。学生的发展，不仅是智力的发展，而且包括生理与心理素质的发展。

赞可夫认为，量力而行原则、直观教学原则和分解式教学原则，制约了学生的发展速度，因而提出了高难度教学原则、理论知识起主导作用原则与整体性教学原则。

这一原则的应用操作流程如图 2－2 所示。

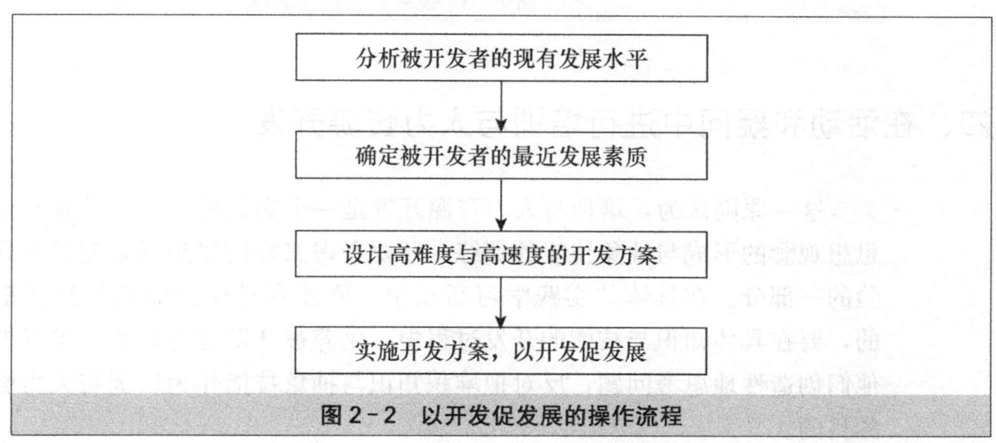

图 2－2　以开发促发展的操作流程

三、系统化进行培训与人力资源开发

这一原则认为，在培训与人力资源开发过程中，必须注意培养被开发者的相关兴趣，引起被开发者对开发对象的注意，并围绕让被开发者掌握某一知识、技能与品德行为，建立相对完整的培训与开发系统。

这一原则适用于培训与人力资源开发过程中的任何阶段，适合培训与人力资源开发的任何客体与对象。

这一原则的教育学理论依据是赫尔巴特的教育思想。赫尔巴特认为："津津有味地学习的东西，能够很快地学会和巩固地掌握。"在培训过程中，要把所培训的东西，从它所联系的一切东西中分离开来，让被开发者对它有一个清楚的认识。关系不会存在于混合体之中，它只存在于既分离又重新联合的各部分之中。系统化是让被开发者在新知识与旧观念发生了联合关系的基础上去寻找结论、定义与规律。

这一原则的应用与操作流程如图 2-3 所示。

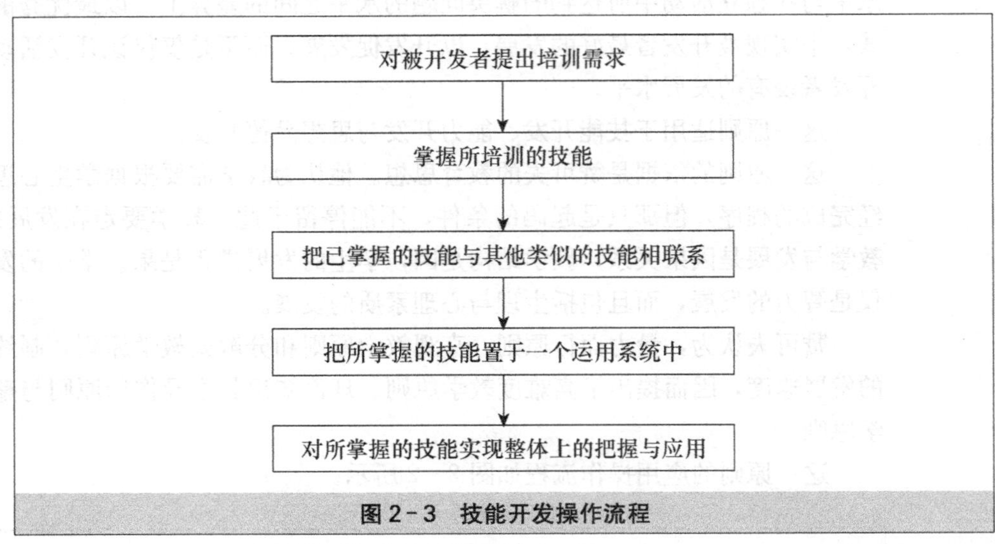

图 2-3 技能开发操作流程

四、在活动和疑问中进行培训与人力资源开发

这一原则认为，培训与人力资源开发是一个实践过程，开发者不能仅限于思想观念的形成与抽象技能的训练，还要考虑怎样使思想观念变成被开发者经验的一部分。在具体的实践学习活动中，要注意具体的知识与技能是学不完的，要在具体知识与技能的开发过程中，培养被开发者良好的思维习惯，引导他们创造性地思考问题，反对把堆积知识与抽象技能作为培训与人力资源开发的目的。

这一原则适合技能开发与智力开发。这一开发原则的依据是杜威的教育思想。杜威认为，思维起于疑难，疑难产生于活动，没有活动就没有疑难。因此，在培训与人力资源开发中，要注意以下几点：第一，要让被开发者有一个真实的经验情境，有一个对开发本身感兴趣的活动；第二，在这个情境内部要产生一个真实的问题，作为思维的刺激物；第三，要让被开发者占有知识资料，从事必要的观察，为解决问题做好准备；第四，要让被开发者负起责任，一步步地提出他的解决问题的方法；第五，要让被开发者有机会通过应用来检验自己的想法，并判断自己的想法是否有效。

这一原则的应用操作流程如图 2-4 所示。

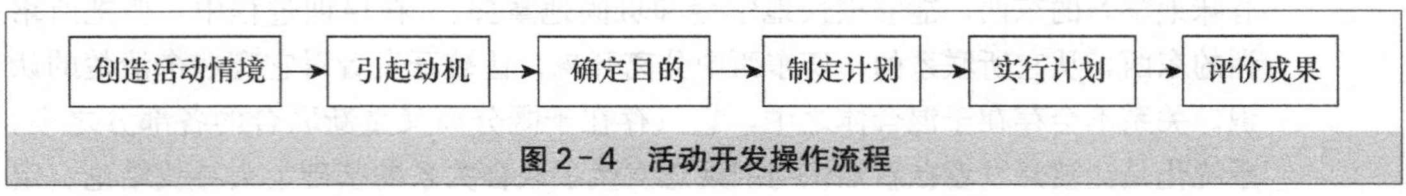

图 2-4 活动开发操作流程

五、在知识技能与品德的形成过程中进行培训与人力资源开发

这一原则认为，当我们欲培养或发展被开发者的某一技能与品性时，最有效的方式是让被开发者重复面对前人当时形成相同技能与品性的情景，让被开发者处于一个积极主动的学习与掌握过程中。当然，这种重复不是原始的重复，而是一种优化与提炼后的重复，以减少不必要的曲折与浪费。

这一原则适用于培训与人力资源开发的任何阶段与任何对象，特别适用于智力开发过程与研究能力开发。

这一原则的依据是布鲁纳的发现学习理论。布鲁纳认为，学生的学习是一个积极的主动过程。教学中为了使学生提高对所学事物的掌握、转换、评价和迁移能力，就要求学生主动参加到学习的过程中去。他认为，学习中的发现对学生最具诱惑力。他认为，学生的学习过程也可以看作科学家的探索过程，二者之间没有本质上的区别。因此，他要求每一门学科的教学都要使知识的获得过程体现出来。例如数学，就要让学生像数学家那样思考数学。他说，发现人类尚未知晓的事物，也包括用自己的头脑来亲自获得知识的一切方法。

这一原则的应用操作流程如图 2－5 所示。

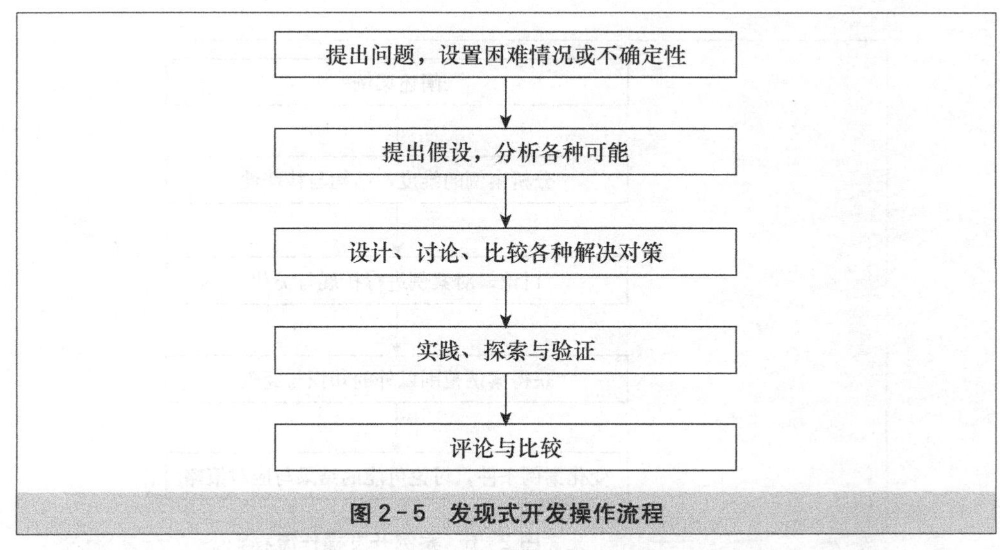

图 2－5　发现式开发操作流程

这一原则的特点在于：(1) 它能以少胜多，讲清基本原理，引导被开发者自己去探索；(2) 激发被开发者探索并进行实践的积极性与热情；(3) 在形成相应知识、技能、能力和品性的同时，有助于培养其探索能力、掌握学习方法，有利于被开发者进一步的自我开发。

六、在典型案例学习中进行培训与人力资源开发

这一原则认为，尽管目前人类的知识浩如烟海，实际上，真正起作用的还是

少数，80%的知识技能来源于20%的精华知识。如果精选那些包括本质因素、根本因素与基础因素的典型相关事例，通过它们进行培训与人力资源开发，将能达到事半功倍的效果。因为传统的培训与人力资源开发过于强调系统性，有许多可有可无的东西含于其中，不精练。应该去粗取精，选择最基本的东西，使之可以迁移，触类旁通。通过案例进行培训与人力资源开发，可以使有关的知识技能保持原汁原味，保持其与原有的实际情况相联系，有助于被开发者对知识技能的正确理解、正确把握与正确运用，这就好像将花木连根带土移植到新土地中，比去净原有土壤的植物更容易成活。通过案例进行培训与人力资源开发，还有助于被开发者了解相关知识技能形成与发展的背景与过程，了解它们的应用价值。

这一原则适用于培训与人力资源开发的各种对象与客体。

这一原则的依据是德国的范例教学理论。第二次世界大战后，德国为培养有真才实学的人，强调教材改革，要充实根本的、基础的、本质性的内容。把这样一些内容组织成范例进行教学，就能达到以上目的。范例教学理论认为，学生学习这种范例内容，可以使学习知识同掌握科学方法结合起来，使实质训练同形式训练结合起来，使解决问题同系统知识的学习结合起来，在运用范例过程中使学生的主动性与和谐性统一起来。

这一原则的应用操作程序如图2-6所示。

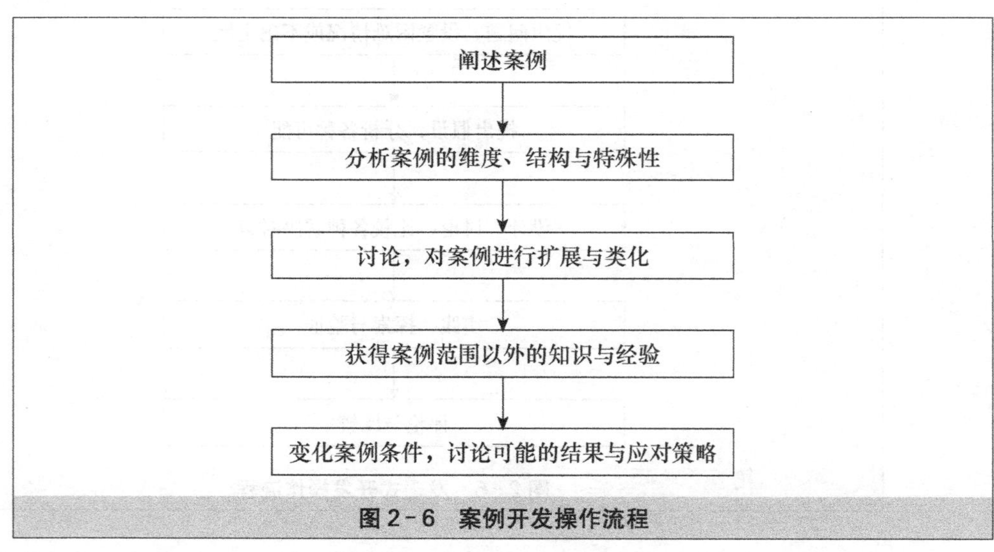

图2-6 案例开发操作流程

总之，上述有关培训与人力资源开发的各种原理主要是从培训与人力资源开发的理论与实践、教育学与心理学的相关理论引申出来的，还有待培训与人力资源开发实践的进一步检验。

七、在不同对象与客体之间进行适应性的培训与人力资源开发

这一原则认为，不存在适用于所有情景与对象的固定与万能的培训与人力资

源开发模式。培训与人力资源开发是一个综合的整体系统，虽然开发的目的有时是单一的，开发者的设计却必须具有整体性与综合性，应该综合规划对各方面开发的相关影响、效果、方法途径以及所需条件，从系统完整性的观点来实施与调整培训与人力资源开发的各个环节，以提高开发的辐射效应与整体效果。此外，这一原则认为，实践中形成的各种开发方式与模式，具体到不同的对象与客体身上，其应用的具体方式不尽相同，要具体情况具体分析，追求开发效果的最优化，以提高培训与人力资源开发的针对性与适应性。

这一原则适用于培训与人力资源开发的各个阶段与各个方面，它是一种方法论的思想。它告诉我们，某一培训与人力资源开发方案在一定条件下可以取得成功，而在另一条件下也许难以完全成功，在第三种情况下也许毫无效果。

这一原则的依据是巴班斯基的教育思想。巴班斯基认为，要把教学过程作为一个系统，全面地研究各种要素、结构、功能以及其他有关方面，进而提出一整套使各要素足以充分发挥其功能的原则、措施和要求。由于培训与人力资源开发过程是一个复杂的综合系统，开发者应针对具体的环境条件与被开发者的特点，选择最优化的开发方案。

这一原则的应用操作程序如图 2－7 所示。

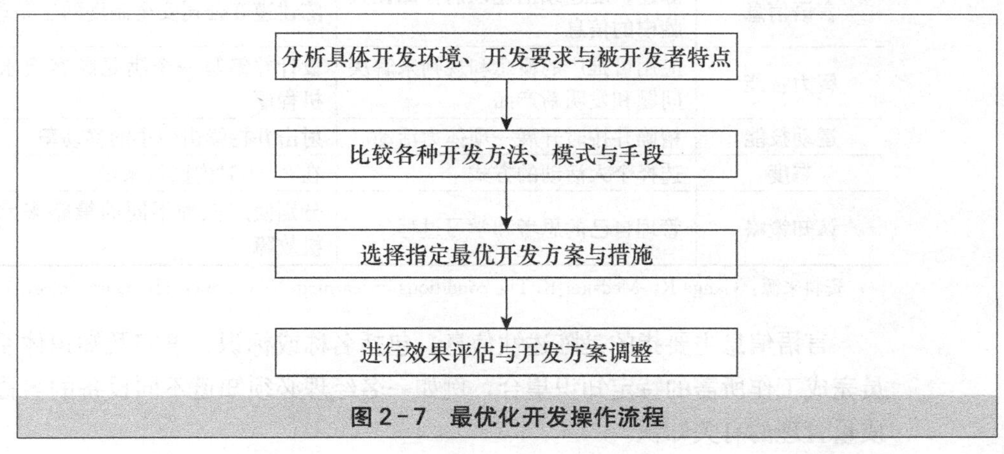

图 2－7　最优化开发操作流程

第 3 节　学习理论

学习是培训与人力资源开发的基础，有效的培训与人力资源开发实践应以学习理论为核心，不同理论流派有不同的学习观。本节从学习和学习理论的基本概念入手，在介绍学习类型的基础上回顾和梳理了行为主义、认知主义、建构主义、人本主义等经典学习理论流派。最后，作为一种特殊类型的学习，成人学习对于培训与人力资源开发而言非常重要，与此同时也受到了一些挑战和质疑。

一、学习与学习理论的概念

（一）学习的含义

学习是个体在一定情景下由经验产生的行为或行为潜能的比较持久的变化。这一概念包含以下三个要点：(1) 学习以行为或行为潜能的改变为标志，是有机体获得新的个体行为经验的过程；(2) 学习引起的行为变化是相对持久的，无论是外显行为的变化还是行为潜能的变化，只有行为改变的持续时间较长，才可以称为学习；(3) 学习是由经验引起的，在个体与环境的交互作用中产生（彭聃龄，2012）。[①]

（二）学习的成果

学习的成果一般包括言语信息、智力技能、运动技能、态度和认知策略等，如表2-1所示。

表2-1 学习成果

学习成果类型	能力描述	举例
言语信息	陈述、复述或描述以前存储在大脑中的信息	陈述遵守公司安全制度的三条理由
智力技能	应用可推广的概念和规则来解决问题和发明新产品	设计并编写一个满足顾客要求的计算机程序
运动技能	精确并按时开展一项体力活动	射击并持续击中小的移动靶
态度	选择个人活动的方式	在24小时内回复来函
认知策略	管理自己的思考和学习过程	分别使用三种不同的策略来判断发动机故障

资料来源：Gange R，Medsker K. The conditions of learning. New York：Harcourt-Brace，1996.

言语信息主要指的是陈述性信息，包括名称或标识、事实及知识体系，是雇员完成工作所需的特定知识集合，例如一名经理必须知道不同设备的名称和全面质量管理的有关知识。

智力技能主要指的是程序性信息，包括对各种概念和规则的掌握，例如一名经理必须知道绩效评估的过程，才能对雇员进行评价。

运动技能指的是身体运动的协调能力，这是一种习得性的能力，关键因素是反复练习和反馈，例如一名电信修理工必须具备爬梯子和电线杆所需的身体协调性和灵活性。

态度指的是人偏好某种行为方式的信念和情感的综合，包括认知成分（信念）、情感成分（感情）和目的成分（个人根据自己的学习态度而采取的行为方式），如工作满意度、敬业度和参与度等。

认知策略能够调整学习的过程，会影响学习者的下列决策：关注（或注意）

---

① 彭聃龄．普通心理学．4版．北京：北京师范大学出版社，2012.

什么样的信息，如何记忆，如何解决问题。例如，在时间管理时更倾向于重视早晨的时间安排，正所谓“一日之计在于晨”。

（三） 学习理论体系

学习理论是对学习规律和学习条件的系统论述，主要研究人类和动物的学习行为特征，解释学习什么，为什么学习和怎样学习（彭聃龄，2012）。① 学习理论是一个非常复杂的体系，不同的学习理论对于培训与人力资源开发具有不同的指导作用。就学习动机而言，经典的学习理论流派包括行为主义、认知主义、建构主义、人本主义等，如表 2-2 所示，这里只做简单介绍，我们将在后面对各流派进行进一步的说明。

表 2-2 关于学习的理论流派

理论流派	行为主义	认知主义	建构主义	人本主义
代表人物	巴甫洛夫（Pavlov） 桑代克（Thorndike） 斯金纳（Skinner）	科勒（Kohler） 托尔曼（Tolman）	杜威（Dewey） 皮亚杰（Piaget）	罗杰斯（Rogers） 马斯洛（Maslow）
学习过程观	行为的变化	内部心智过程（领悟、信息处理、记忆、感知）	从经历中构造意义	实现潜能的个人行动
学习焦点	环境中的刺激物	内在的认知结构	个人的内在现实建构	情感与认知需要
教育目的	创造期望的行为变化	学习发展的能力和技巧	建构知识	使人变得自主并追求自我实现
教师角色	安排适当环境引发期望的反应	组织学习的内容	帮助学习者发现新的意义	促进个人全面发展
理论局限	将学习视为被动依赖 忽视了个人见解和领悟的作用	过于生理化	忽视了概念的重要性	动机成为行为比较直接的能力
对培训与开发的启示	目标明确 反复练习 及时反馈 综合实践 适用于技能类培训开发	通过发现而学习 引导外部动机向内部动机转化 关注兴趣的意义 适用于知识类培训开发	自主决定学习的起点、入口、时间和深入度 由不同的情景引发概括 适用于研究和知识创新类培训开发	从真实问题引发 提供学习资源 建立学习团队 自我评价 适用于人际关系技能类培训开发

资料来源：梅里安，凯弗瑞拉．成人学习的综合研究与实践指导．北京：中国人民大学出版社，2011.

二、学习的类型

学习的过程非常复杂，学习的内容非常广泛，学习的类型多种多样，因此我

① 彭聃龄．普通心理学．4 版．北京：北京师范大学出版社，2012.

们难以对学习进行统一的分类。下面将介绍三种经典的学习类型理论：塞尔的学习类型理论、阿吉里斯的单环双环学习理论和科尔布的学习圈理论，以期根据不同的标准对学习进行分类。

（一）塞尔的学习类型理论

爱德华·塞尔（Edward Cell）根据人们学习思考的方式，把学习分为四类：反应式学习、情景式学习、跨情景式学习、超越式学习。

反应式学习，指的是针对某种特定情景做出的反应性变化，比如“死记硬背”和斯金纳提出的“操作性条件反射”式学习，都属于反应式学习的范畴。这种学习常用于行为模式训练，需要学习者同时掌握多种技能，且具备应对突发情况的能力。

情景式学习，指的是学习者对情景的认知改变，即“反应式学习能力的改变”。塞尔认为反应式学习离不开情景学习，因为我们对情景的理解决定了我们对它的反应方式。

跨情景式学习，指的是学习如何改变我们对情景的理解，即对个体特有的学习过程本身进行反思和改变，这种学习方式也被称为“学会学习”。

超越式学习，指的是修正或创造新概念，利用这些新概念促进学习者观念和思维方式的转变。

（二）阿吉里斯的单环双环学习理论

克里斯·阿吉里斯（Chris Argyris）用一个温度计的例子来说明单环学习和双环学习的区别：假设目标温度是26℃，通过升温或降温的行动策略来将温度保持在目标值。当行动未能达到预期的结果时，我们根据当前的实际温度来调整行动策略，但不会改变对26℃这一目标温度的预先判断，这是单环学习；但当对认识局势的制约性可变因素提出质疑时，如认为目标温度应设置为23℃而不是26℃时，我们不仅会调整行动策略，还会调整预设的前提条件，此时的学习称为双环学习。

在双环学习中，学习者会进一步反思组织行为的前提设置是否恰当，谋求从前提假设上实现根本性的改善。双环学习是观点和思维习惯改造不可缺少的部分，有利于组织成员提出突破性的想法，实现巨大的飞跃。

（三）科尔布的学习圈理论

戴维·科尔布（David Kolb）的学习圈理论强调学习的过程，认为学习的起点来自具体经验，经过观察思考对已获得的经验进行反思，接下来是抽象概念化，形成新概念并进行归纳，最后一个阶段的工作是积极试验，在新情景中应用和巩固已有知识（见图2-8）。

学习圈理论展示了体验式学习的四个阶段，由于学习者偏好的阶段不同，科尔布提出了四种学习风格：发散思维、同化思维、聚合思维、协调思维（见

图 2 - 9)，不同个体之间存在学习类型的差异。

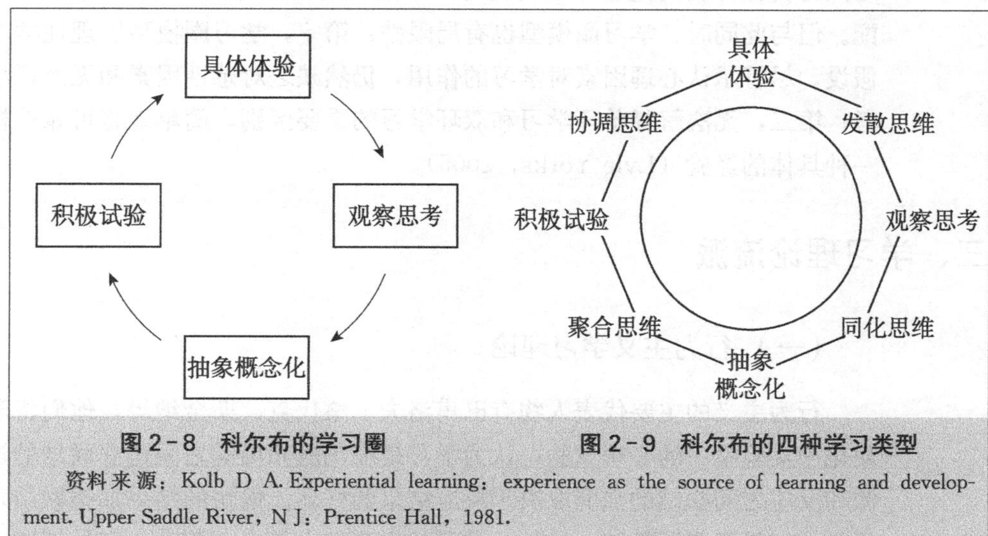

图 2 - 8 科尔布的学习圈 **图 2 - 9 科尔布的四种学习类型**

资料来源：Kolb D A. Experiential learning：experience as the source of learning and development. Upper Saddle River，N J：Prentice Hall，1981.

发散思维产生于具体体验和观察思考，利用态度学习，适合需要丰富想象力、对不同观点有敏感性的学习。

同化思维产生于观察思考和抽象概念化，利用知识学习，适合综合不同的观点、形成解释框架的学习。

聚合思维产生于抽象概念化和积极试验，利用习惯学习，适合理论指导实践的学习。

协调思维产生于积极试验和具体体验，利用技巧学习，对信息主动加工，适合通过试错法开展的实践和学习。

表 2 - 3 归纳了四种学习风格的主要学习阶段和特征。

表 2 - 3 科尔布的四种学习风格

学习类型	主要学习阶段	主要特征
发散思维	● 具体体验 ● 观察思考	● 善于产生想法，多角度审视环境，并且能够了解它们的意义和价值 ● 对人、文化和艺术感兴趣
同化思维	● 观察思考 ● 抽象概念化	● 善于归纳推理，形成理论模型，并且综合各种不同的观点形成统一的解释 ● 注重想法和抽象的概念，较少关注人
聚合思维	● 抽象概念化 ● 积极试验	● 善于决策，将想法应用于实践，并且善于假设、推理、归纳 ● 更偏好技术处理类的任务而不是人际交往方面的事务
协调思维	● 具体体验 ● 积极试验	● 善于将决策应用于实践，制定计划，并且投入新的试验 ● 倾向于与人交往，但是可能会显得缺乏耐心并且急功近利

资料来源：Kolb D A. Learning style inventory，version 3. 1. Boston：Hay/McBer Training Resources Group，2005.

学习圈理论启示我们，可以把学习看作一个四阶段的动态过程，在进行培训与人力资源开发的过程中要考虑学习类型的影响，将学习指导与学习偏好相匹配。但与此同时，学习圈模型也有局限性：第一，学习圈模型以理性学习为基本假设，尽管承认心理因素对学习的作用，仍然缺乏对感性因素和无意识学习的思考；第二，无法解释单环学习和双环学习的重要区别，简单地将可靠性检验看作一种具体的经验（Lyle Yorks，2005）。

三、学习理论流派

（一）行为主义学习理论

行为主义的主要代表人物有巴甫洛夫、桑代克、斯金纳等，他们将学习活动简化为实验室中的心理试验，认为学习是在刺激和反应之间建立联结的过程，刺激和反应之间联结的强弱取决于反应结果的好坏。愉快的结果加强联结，而令人厌恶的结果则削弱联结。另外，学习的主要动力是内部驱动力和外部驱动力，强化的反应会重复出现。

巴甫洛夫在对狗的研究中发现，刚开始给狗喂食时，狗吃到食物，就会分泌唾液；后来狗只要看到食物，就会分泌唾液；再后来狗只要听到他的脚步声，似乎就意识到马上可以吃到食物了，于是开始分泌唾液。巴甫洛夫将这一现象定义为“条件反射”（conditional reflex），后人称之为“经典条件反射”（classical conditional reflex）。他认为将一个刺激和另一个带有奖赏或惩罚的无条件刺激多次联结，可使个体在单独呈现该刺激时，也产生类似无条件反应的条件反应。

桑代克设计了著名的迷笼实验：将饥饿的猫放入一个迷笼中，笼外放有食物。猫进入迷笼后本能地做出许多反应，其中的一次偶然动作触发了机关，打开了迷笼，获得了食物。如果将猫再次放入迷笼，猫在笼中的紊乱动作将明显减少。最后，猫一进入迷笼就能立刻触发开关，获取食物。桑代克的尝试-错误（trial and error）学习理论认为，学习的实质是通过盲目试误来建立刺激与反应的联结。在尝试中，个体可能会出现各种各样的错误，并通过环境给予的反馈对错误进行修正，进而建立起正确的联结。桑代克认为，行为的后果是影响学习效果的最关键因素，如果个体的行为得到了强化，证明尝试是正确的，那这种行为就会予以保留，反之则被视作错误尝试而放弃。桑代克将其归纳为“效果律”（law of effect），即正强化会促进行为，负强化会削弱行为。

斯金纳在桑代克迷笼的基础上进行了改进，设计了“斯金纳箱”。实验中，小白鼠在初始的混乱动作中无意间触碰到机关并得到了食物，因此习得了触碰机关与获得食物之间的联结。进一步的实验结果表明，动物还可以学会更复杂的行为：当灯亮起时触碰机关才能获得食物，而当灯熄灭后触碰机关无法得到食物。一段时间后，小白鼠只会在灯亮时触碰开关，而在灯熄灭后不再执行相同的动作。斯金纳提出了两种不同类型的学习模式：一种是由刺激情景引发的应答性反应，另一种是未经情景刺激而自发形成的操作性条件反射。另外，斯金纳认为，个体利用行为与其所带来的后果之间关系的经验来调整自己的行为，影响行为巩固或再次出现的关键因素是行为的后果，即强化。

综上所述，行为主义的焦点在于行为，关注外部环境如何影响个体的学习行为，奖励和刺激在学习动机的形成过程中起到了关键作用。行为主义对培训与人力资源开发活动的发展起到了很大的支持和推动作用，尤其在技能培训、行为指导和管理开发等方面应用比较广泛。但行为主义的批评者认为，行为主义忽视了人的见解和领悟在学习中的作用，把学习看作一个被动依赖的过程。

（二）认知主义学习理论

认知主义学派的代表人物包括科勒、托尔曼等，他们认为思维活动是大脑中的记忆痕迹恢复的结果，学习不是一个习惯问题，如果不想学习，即使进行无数的强化，也不会学好。相较于经验，当前问题的结构是找出答案的关键所在。

科勒深入研究了猩猩解决问题的方法，并于 1925 年出版了《猩猩的智慧》一书，而其中的“取香蕉”实验最为著名：房间的顶部悬挂着一串香蕉，地面上有若干个箱子。开始时猩猩试图跳起来抓取香蕉，在几次失败后猩猩开始观察地面上的箱子。过了一段时间，猩猩突然把箱子移到香蕉下面，然后跳到箱子上抓香蕉；发现一个箱子不够高，于是把两个或者更多箱子叠放在一起来抓香蕉。在科勒的研究中，猩猩似乎不是通过试误来学习如何抓到香蕉的，而是突然学会如何解决问题的。可见学习是一个顿悟而非试误的过程，学习并不是盲目的尝试、偶然的成功，而是在认知结构中将已有知识经验进行重新组合，即“知觉重组”，从而产生解决问题的新方法。科勒认为，学习的实质在于构造一种完形而非简单的刺激-反应联结，是对于目的和手段之间关系的一种认知。

托尔曼认为，学习是有目的的，刺激与反应之间的联系不是直接的，而是以意识、观念为中介而间接进行的。托尔曼理论的主要贡献在于位置学习和潜伏学习两个方面：位置学习实验的结果表明，学习的实质在于认识环境条件，形成“认知地图”。所谓认知地图，即某一局部环境的综合表象，其中不仅包括事物的简单顺序，而且涵盖方向、距离，甚至时间关系等。而位置学习就是根据对情景的认知，在当前情景与达到目的的手段、途径间建立一个完整的符号系统。潜伏学习（latent learning）指的是由于缺少强化而没有在外显行为变化中表现出来的学习。外部强化并不是学习所必需的，在学习过程中，学习者可以形成预期。预期被证实也是一种强化，称为内在强化。

认知主义学派关注洞察和领悟，把人看作有能力积极改造环境的主体，因此他们的研究主要集中于学习者获得、理解和保持学习内容的内在过程，广泛应用于职业生涯开发和组织开发领域，但批评者认为认知学派将大脑看得过于机械和呆板。

（三）建构主义学习理论

建构主义学派的代表人物包括杜威、皮亚杰等。这一理论认为信息本身并没有意义，意义是由人构建的。即使面对同一事物，不同的人由于已有经验不同，对其的理解也不完全相同。所有的知识都受背景的局限，不同的学习者在学习过程中有不同的领悟，因此不能简单地将学习过程与所处背景割裂开来。因此，需要重视学习的积累性，建立新获取的信息与已有信息之间的联系。

建构主义认为：（1）知识不是对现实的准确描述，它只是一种解释、一种假设；知识不是问题的最终答案，会随着人类的进步而不断被改造。（2）学习的过程是学生自主构建知识而非教师向学生传递知识的过程，建构是学习者通过在新旧知识经验间反复的、双向的交互作用，来形成和调整自己的经验结构的。（3）面对没有接触过的问题，即使没有可以直接借鉴的经验，学习者也可以基于以往的经验和自己的认知能力进行解释。

建构主义对于我们理解非正式学习、偶然性学习、自我导向型学习和观念转变等问题具有重要作用，其进步意义在于关注了学习者对知识的创造，但过度强调学习的非结构性可能会忽视概念的重要性。

（四）人本主义学习理论

人本主义学派的代表人物包括罗杰斯、马斯洛等，代表性理论包括需求理论（needs theory）、成就动机理论（success motivation theory）等。作为心理学的一般理论，人本主义反对将人等同于动物，而是把人看作一个整体，关注人的全面发展，倡导在设计学习活动时要充分考虑学习者自身的发展和提高的动机。人本主义学习理论重点研究如何为学习者创造良好的环境，关注人的全面发展，引导其从自己的角度感知世界，发展对世界的理解，达到自我实现的最高境界。

人本主义理论对学习者的本质持积极乐观的态度，主张设身处地为其着想，重视其内心世界的发展和完善，人自身发展和提高的动机是培训与人力资源开发领域的重要基础。但人本主义过分强调学习者的中心地位，片面关注天赋潜能的作用而忽视了教育和环境的影响。

（五）成人学习理论

成人学习理论关注成人学习的特殊性。由于学习者是成人，且大多没有接受过长时间的正规教育，因此需格外关注学习过程的参与性与互动性。即培训者和学习者都应深入参与到学习过程中，以问题而非主题为中心，通过共同计划、互相启发、合作指导，根据学习者的已有经验、兴趣和能力有针对性地进行培训与开发活动，并且在完成学习后及时将所学内容应用和转化。

Knowles（1995）提出了成人学习过程设计的12个步骤[①]，包括使学习者做好准备，建立引导学习的氛围，让学习者参与制定其教学计划，让学习者参与判断其学习需求，让学习者参与形成其学习目的，帮助学习者实施其学习计划，让

① Knowles M S. Designs for adult learning. Alexandria，VA：American Society for Training and Development，1995.

学习者参与评估其学习结果等。成人学习理论在培训与人力资源开发中的应用如表 2－4 所示。

表 2－4　成人学习理论在培训与人力资源开发中的应用

设计问题	应用
自我观念	共同计划和合作指导
经验	将学习者的经验作为范例和应用的基础
准备	根据学习者的兴趣和能力进行培训和开发指导
时间角度	立即应用培训内容
学习导向	以问题为中心而不是以主题为中心

资料来源：Knowles M. The adult learner. 4th ed. Houston：Gulf Publishing，1990.

对成人学习理论的批评在于：一方面，学习是一个连续的过程，没有必要单独区分为儿童阶段和成人阶段；另一方面，成人学习者存在个体差异，不能一概而论。因此 Jonassen and Grabowski（1993）提出了一个关于学习者个体差异的分类框架：认知差异（包括认知能力、认知控制和认知风格）、个性差异、既有知识差异。①

本章小结

本章主要介绍了培训与人力资源开发原理，包括培训与人力资源开发的基本原理、培训与人力资源开发的基本原则、学习理论。

培训与人力资源开发的基本原理部分，主要介绍了使用开发原理（用进废退原理、扬长避短原理、用人适中原理）、促进开发原理（生态限制因子改变原理、成长环境的整体性原理、富集原理、竞争开发原理）、群体开发原理（结构优化原理、层序能级对应原理、互补增值原理）、组织开发原理（信息催化原理、需求导向原理、利益对称原理、持续开发原理、文化凝聚原理）。

培训与人力资源开发的基本原则包括，以事实为基础，以自然顺应为法则进行培训与人力资源开发；以开发促发展，让培训与人力资源开发活动走在被开发者素质发展之前；系统化进行培训与人力资源开发；在活动和疑问中进行培训与人力资源开发；在知识技能与品德的形成过程中进行培训与人力资源开发；在典型案例学习中进行培训与人力资源开发；在不同对象与客体之间进行适应性的培训与人力资源开发。

学习是个体在一定情景下由经验而产生的行为或行为潜能的比较持久的变化，学习的成果一般包括言语信息、智力技能、运动技能、态度和认知策略等。塞尔认为，学习的类型包括反应式学习、情景式学习、跨情景式学习、超越式学习；阿吉里斯认为，学习包括单环学习和双环学习；科尔布的学习圈理论认为，学习包括观察思考、抽象概念化、积极试验、具体体验四个阶段，并由此衍生出发散思维、同化思维、聚合思维、协调思维四种学习类型。就学习动机而言，经典的学习理论流派包括行为主义、认知主义、建构主义、人本主义等。

① Jonaseen D H，Grabowski B L. Handbook of individual differences，learning and instruction. Hillsdale Erlbaum，1993.

◆ 进一步阅读文献

[1] 萧鸣政．人力资源开发．2 版．北京：北京大学出版社，2017.

[2] 萧鸣政．人力资源开发概论．北京：北京大学出版社，2014.

[3] 沃纳，德西蒙．人力资源开发：第 5 版．北京：清华大学出版社，2010.

[4] 彭聃龄．普通心理学．4 版．北京：北京师范大学出版社，2012.

[5] 罗宾斯，贾奇．组织行为学：第 14 版．北京：中国人民大学出版社，2012.

[6] 徐芳．培训与开发理论及技术．上海：复旦大学出版社，2005.

[7] 诺伊．雇员培训与开发：第 6 版．北京：中国人民大学出版社，2015.

[8] 张丽华．人力资源开发与管理．北京：中国人民大学出版社，2017.

◆ 本章习题

一、单项选择题

1. 人力资源使用开发原理不包括（　　）。

A. 用进废退原理　　B. 扬长避短原理

C. 用人适中原理　　D. 文化凝聚原理

2. 针对人力资源群体开发，可以达到“1＋1＞2”的整体优势功效，这体现了（　　）。

A. 持续开发原理　　B. 互补增值原理

C. 需求导向原理　　D. 文化凝聚原理

3. 夸美纽斯认为，“一切知识都是从感官的知觉开始的”，主张利用感官去开发人的先天素质。这体现了培训与人力资源开发的（　　）原则。

A. 以事实为基础，以自然顺应为法则进行培训与人力资源开发

B. 在知识技能与品德的形成过程中进行培训与人力资源开发

C. 在活动和疑问中进行培训与人力资源开发

D. 在典型案例学习中进行培训与人力资源开发

4. 根据学习的定义，下列现象属于学习的是（　　）。

A. 蜜蜂采蜜　　B. 病症导致的行为改变

C. 猴子练习攀爬　　D. 儿童模仿他人行为

5. 塞尔认为，“修正或创造新概念，利用这些新概念促进学习者观念和思维方式的转变”属于（　　）。

A. 反应式学习　　B. 情景式学习　　C. 跨情景式学习　　D. 超越式学习

6. 科尔布的学习圈理论认为，同化思维涉及的学习阶段包括（　　）。

A. 具体体验和观察思考　　B. 观察思考和抽象概念化

C. 抽象概念化和积极试验　　D. 具体体验和积极试验

7. 对黑猩猩做“顿悟实验”的是（　　）。

A. 科勒　　B. 托尔曼　　C. 桑代克　　D. 巴甫洛夫

8. 下列不属于行为主义学习理论流派代表人物的是（　　）。

A. 巴甫洛夫　　B. 桑代克　　C. 皮亚杰　　D. 斯金纳

9. 下列说法中，不属于行为主义学习观点的是（　　）。

A. 学习是在刺激和反应之间建立联结的过程

B. 需要重视学习的积累性，不能简单地将学习过程与所发生的背景割裂开来
C. 刺激和反应之间联结的强弱取决于反应结果的好坏，愉快的结果加强联结，令人厌恶的结果则削弱联结
D. 学习的主要动力是内部驱动力和外部驱动力，强化的反应会重复出现
10. 下列关于人本主义学习理论的说法，错误的是（　　）。
A. 人本主义学派的代表性理论包括需求理论、成就动机理论等
B. 人本主义理论对学习者的本质持积极乐观的态度，主张设身处地为其着想
C. 人本主义反对将人等同于动物，把人看作一个整体，关注人的全面发展
D. 人本主义强调教育和环境对学习的影响，奖励和刺激在学习过程中起到了重要作用

二、多项选择题

1. 下列关于培训与人力资源开发原理的说法，正确的是（　　）。
A. 人力资源通过使用开发会得到进一步发展，闲置不用则会退化和贬值，甚至丧失价值
B. 在人力资源的使用与开发过程中，应该针对工作需要扬其长避其短，用其优控其劣
C. 当工作需要处于紧急与非常时期，可以只取其长不计其短，只问其优不问其劣
D. 可以为二流岗位配备一流人才，但不能把二流人才配备到一流岗位
2. 下列说法体现了需求导向原理的是（　　）。
A. 利用最新的科学技术、生产工艺与操作方法以及先进的管理理论与思想开发员工
B. 进行需求评估，发现与把握组织与个人的需求
C. 根据未来组织发展的战略进行需求预测
D. 因势利导，进行需求创造与引导，让被开发的员工产生正确的需求
3. 根据结构优化原理，在培训与人力资源开发过程中涉及的结构优化包括（　　）。
A. 组织结构优化　　B. 人员结构优化
C. 职责权力结构优化　　D. 智能素质结构优化
4. 根据文化凝聚原理，下列说法正确的是（　　）。
A. 在培训与人力资源开发过程中要重视与发挥组织文化建设的作用
B. 组织文化建设所追求的，是一种组织的整体优势和组织成员的良好集体感受
C. 工资、奖金、良好的工作条件等物质条件，是进行培训与人力资源开发的物质基础
D. 组织所需要的价值观念与行为需要通过对员工的文化教育来培养
5. 下列关于培训与人力资源开发基本原则的说法，正确的是（　　）。
A. 以事实为基础，以自然顺应为法则进行培训与人力资源开发
B. 以开发促发展，让培训与人力资源开发活动走在被开发者素质发展之前
C. 系统化进行培训与人力资源开发
D. 在活动和疑问中进行培训与人力资源开发
6. 下列关于学习的说法，正确的是（　　）。
A. 学习是以行为或行为潜能的改变为标志，是有机体获得新的个体行为经验的过程
B. 学习引起的行为变化的持续时间可长可短，一般外显行为持续时间较短，行为潜能持续时间较长
C. 学习的成果一般包括言语信息、智力技能、运动技能、态度和认知策略等
D. 学习是由经验引起的，在个体与环境的交互作用中产生

7. 塞尔根据人们学习思考的方式，把学习分为（　　）。

A. 反应式学习　B. 情景式学习　C. 跨情景式学习　D. 超越式学习

8. 下列属于认知主义学习理论流派代表人物的是（　　）。

A. 科勒　B. 桑代克　C. 马斯洛　D. 托尔曼

9. 下列说法中，属于建构主义学习观点的是（　　）。

A. 知识不是对现实的准确描述，它只是一种解释或假设

B. 学习的过程是学生自主构建知识而非教师向学生传递知识的过程

C. 即使没有可以直接借鉴的经验，学习者也可以基于已有的认知能力和相关经验，对所观察到的新现象进行解释

D. 学习不是一个习惯问题，而是一个洞察和领悟的过程

10. 下列关于成人学习理论的说法，正确的是（　　）。

A. 成人学习需格外关注学习过程的参与性与互动性

B. 成人学习倡导以主题而非问题为中心进行学习

C. 成人学习倡导培训者与学习者共同计划、互相启发、合作指导

D. 批评者认为，学习是一个连续的过程，没有必要单独区分为儿童阶段和成人阶段

三、简答题

1. 学习的成果有哪些？
2. 根据塞尔的学习类型理论，学习有哪几种类型？
3. 根据科尔布的学习圈理论，学习有哪几种类型？
4. 培训与人力资源开发的基本原则是什么？

四、论述题

1. 试论述培训与人力资源开发的基本原理。
2. 试列举行为主义、认知主义、建构主义、人本主义学习理论的主要代表人物。
3. 试比较行为主义、认知主义、建构主义、人本主义学习理论流派主要观点的区别。

案例与分析

通用电气的六级人才培训系统

世界500强公司中排在前列的通用电气公司之所以历史悠久而强大，很重要的原因在于人才培训，尤其是在培训管理人员上的一贯投入。通用电气每年花在培训方面的费用超过6亿美元，约为它研究与开发费用的一半。通用电气的培训体系可概括为“六级人才、五大法则”。

通用电气的管理发展学院是公司最重要的“领导者培养基地”，公司每年向该学院拨款10亿美元，每年在此接受培训的超过1万人，包括新任经理和高级管理人员。韦尔奇曾说：“通用电气是由人才经营的。我最大的成就就在于发现了一大批这样的人才。他们远比大多数公司的总裁更优秀、更精明。这些一流的领导人才在通用电气如鱼得水。”

第一级是“领导基础”课程。参加培训的是在通用电气工作了6个月至3年、有培养前途的20来岁的年轻职员。该课程每年举办16次，有800多人参加，具体内容有答辩技巧、与不同国籍的学员组成小组顺利开展教学活动的方法、财务分析方法等。

第二级是以未来经理为培养对象的“新经理成长”课程。参加者都是具有较高潜力、在公

司内达到“A”级的 30 岁左右的职员。这一阶段主要学习经营决策的方法、成功案例分析、评价下属的方法、财务知识等。

第三级是进入由通用电气首席执行官亲自参与执教的现任经理培训队伍。这个课程每年举办 7 次，由六七十人组成一个班，进修期为 3 个星期。参加学习的是在通用电气工作 8～10 年、有本公司股份购买权资格的职员，其中大约 30% 是美国以外的员工。主要学习经营战略的制定方法、如何管理国际性集团、为解决目前通用电气面临的问题提供思路等。

第四级是以来自世界各地的通用电气下属企业负责人为对象的“全球性经营管理”课程。每年举办 3 次，每届 3 个星期，一个班级 40 人，学员至少要在通用电气工作 8 年。通用电气在全世界拥有几十万名员工，每个人平时都会随身携带一张卡，名为“通用电气价值观”卡。卡中对管理人员的警诫是：(1) 痛恨官僚主义；(2) 开明；(3) 讲究速度；(4) 自信；(5) 高瞻远瞩；(6) 精力充沛；(7) 果敢地设定目标；(8) 视变化为机遇；(9) 适应全球化。这些价值观都是通用电气进行培训的主题，也是决定公司职员能否晋升最重要的评价标准。

第五级是在领导者培训中最受重视的“在实践中学习”课程。这种学习差不多就是一种共同探究通用电气面临的问题及解决方法的智囊团活动。学员们同奋战在海外第一线市场的经理们对话，具体的学习课程有企业领导方法、通用电气所处的竞争环境、组织变革、企业伦理学、财务分析以及战略运作方式等。

第六级是以高级企业负责人为对象的“经营发展”课程。每年举办一次，一个班级 40 人，历时 3 周。学员都是在通用电气有 10 年以上工龄的高级经营管理者。这项培训由通用电气所属集团 CEO 提供赞助资金，将自己行业发展的某个设想提交给这个班级进行研讨，提出实施方案。

［讨论题］

1. 通用电气的培训体系体现了哪些培训与人力资源开发的基本原理和原则?
2. 试比较通用电气针对不同员工群体设计的培训方法以及学习类型的差异。

第3章 战略性人力资源开发

学习目标

1. 掌握组织战略、人力资源战略的基本概念以及二者的关系。
2. 了解各级战略对培训与人力资源开发工作的影响。
3. 重点掌握培训与人力资源开发战略的特点、作用和内容。
4. 明确战略性人力资源开发的含义、作用和目标。
5. 重点掌握战略性人力资源开发的过程。
6. 了解战略性人力资源开发的方法。

本章主要介绍战略性人力资源开发，具体阐述了组织战略与人力资源战略的基本概念以及二者的关系，培训与人力资源开发战略的特点、作用和内容，以及战略性人力资源开发的含义、作用和目标，战略性人力资源开发的过程与方法。

第1节 组织战略与人力资源战略

一、组织战略的含义与结构

“战略”这一概念有悠久的历史，最早产生于战争和外交实践中，具有鲜明的成功导向，是行动的总体框架。德·鲁克弗（De Kluyver）认为战略是关于如何给一个组织定位以使其保持持续的竞争优势的决策，要对下列事情做出选择：进入哪个行业，提供哪些产品和服务，以及如何分配公司资源来持续获得这样的竞争优势。[①] 明茨伯格提出了战略 5P 模型[②]，认为战略是一种计划（plan），是一种有意识、有预见、有组织的行动程序，以解决一个企业如何从现在的状态到达将来位置的问题；战略是一种计策（ploy），是在特定环境下行动的手段策略，以及在竞争博弈中战胜对手的工具；战略是一种模式（pattern），表现为企业一系列的具体行动和现实结果；战略是一种定位（position），反映了企业在所处环境中的位置；战略是一种观念（perspective），表达了企业对客观世界固有的认知方式和价值取向。

组织战略具有层次性，性质上包括战略层次、战术层次与操作层次，范围上包括总体战略、系统战略与职能战略。例如，企业战略可分为公司战略、经营战略和职能战略三个层次。

公司战略的重点是选择行业和业务的范围，包括扩张型和收缩型两种类型，其中扩张型战略包括一体化战略（前向一体化、后向一体化、横向一体化）、密集化战略（市场渗透、市场开发、产品开发）、多元化战略（相关多元化、不相关多元化），收缩型战略包括紧缩战略、剥离战略、清算战略，每种战略的定义如表 3-1 所示。

表 3-1　公司战略的类型及其定义

类型	定义
前向一体化	取得分销商和零售商所有权或者增加控制权
后向一体化	取得公司的供应商所有权或者增加控制权
横向一体化	取得竞争者所有权或者增加控制权
市场渗透	通过加大市场营销力度，努力提高现有产品或服务在当前市场条件下的份额
市场开发	将现有产品或服务引入新地域
产品开发	通过改善现有产品或服务水平，或者开发新产品努力增加销量
相关多元化	增加新的相关产品或服务
不相关多元化	增加新的不相关产品或服务
紧缩	通过降低成本、裁员或资产重组，扭转销售额与利润下降的局面
剥离	卖掉组织的一个部门或一部分
清算	卖掉公司所有资产，部分地区只卖掉有形资产

资料来源：弗雷德·R. 戴维. 战略管理：概念与案例. 北京：中国人民大学出版社，2012.

经营战略主要解决在细分市场的竞争优势问题，包括成本领先战略、差异化战略、目标集聚战略三种类型。成本领先战略指的是为对价格敏感的客户生产成本低廉的标准化产品的战略，差异化战略指的是为对价格相对不敏感的消费者提供独特的产品或服务的战略，集中化战略指的是集中资源专注特定细分市场的战略。

职能战略与特定的具体职能密切相关，如生产、营销、财务、人事等。

另一个容易混淆的概念是“战术”，战术是实施战略时采取的具体步骤，是

① DeKluyver C A. Strategic thinking：an executive perspective. Upper Saddle River，N J：Prentice Hall，2000.

② Mintzberg H. The strategy concept I：five Ps for strategy. California Management Review，1987（30）.

连接战略推进与经营过程和经营实践的纽带。战略与战术是全局与局部、宏观与微观的关系。相较于战术，战略所包含的内容通常更加宽泛，包括众多备选选项，具有长期稳定性。战术是战略的体现，将战略付诸实施。在认识过程中，战术决定战略；在实践过程中，战略决定战术。

培训与人力资源开发金字塔结构①（见图3-1）反映了组织战略、战术以及操作三个层次的需求。在战略层次，需要对战略模式进行识别，既要关注广泛的宏观环境，也要注意组织所处的具体行业，以及现有战略等对战略制定的影响。战略制定的理想状态是"改变游戏方法"，形成有别于竞争对手且竞争对手难以效仿的战略，这一过程需要明确自己的价值主张。在战术层次，主要涉及经验式学习，在培训与人力资源开发活动后从中吸取教训，重新调整经验来解释组织中新出现的倾向，制定具体的行动计划。在操作层次，通过提高过程和个人的有效性来改进组织绩效，如改进操作方法、管理开发、基本技术能力培训等。除了行为技术的学习，操作层次的培训与人力资源开发还需要提高学习者的学习效率。

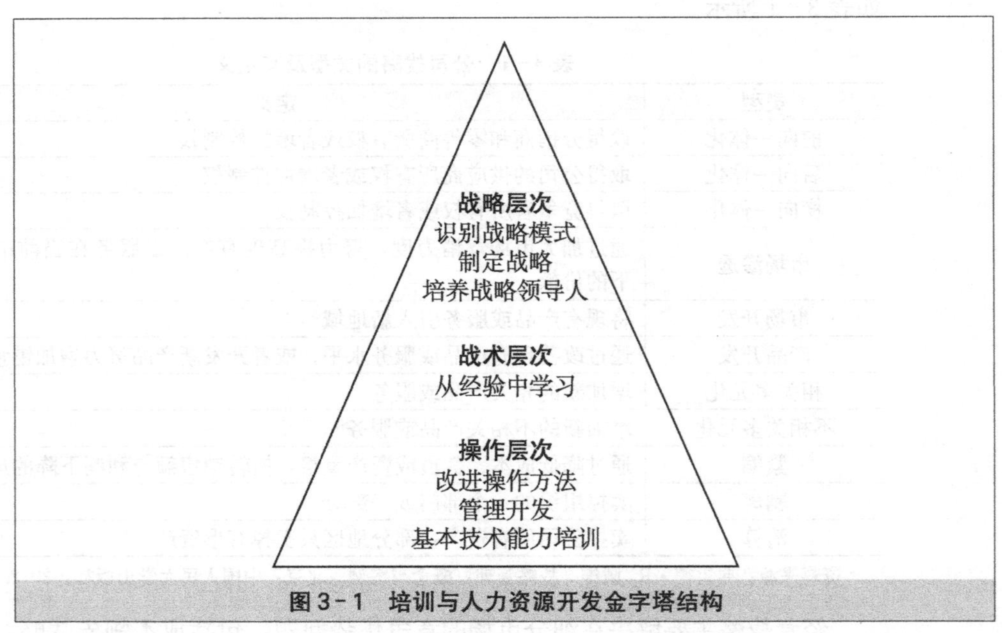

图3-1 培训与人力资源开发金字塔结构

二、组织战略与人力资源战略的关系

20世纪80年代，战略人力资源管理（strategic human resource management）的出现将战略与人力资源管理联系起来。人力资源战略指的是支持组织战

① Watkins K, Marsick V J. Sculpting the learning organization: lessons in the art and science of systemic change. San Francisco: Jossey-Bass, 1993.

略目标的特定人力资源管理政策和实践的决策模式[①]，舒勒（1989）根据对人力资源工作的不同认识，将人力资源战略分为积累型、效用型和协助型；史戴斯和顿非（1994）根据企业变革的不同程度，将人力资源战略分为家长式、任务式、发展式和转型式。

（一）组织战略与人力资源战略的关系

1. 组织战略是人力资源战略的前提和基础

人力资源战略是为了实现组织的总目标而制定的，是在人力资源方面对组织战略的具体战略安排。人力资源战略的制定必须以组织战略为依据，确保组织战略的实施。

2. 人力资源战略是组织战略的核心

人才是组织的核心资源，在组织中占据重要位置，是组织战略制定工作的重中之重。注重培训与人力资源开发，培养高效的人才，最大限度地发挥人才的潜力，可以有效地推动组织战略的实现。

3. 人力资源战略为组织战略的制定提供信息

人力资源战略可以提供组织人力资源供需状况、人力资源的素质与技术等方面的基本信息，也可以分析劳动力市场以及竞争对手的人力资源情况，为组织战略的制定提供参考和依据，从而确保组织战略能够真正反映组织的自身特点，具有更高的针对性和有效性。

4. 人力资源战略是组织战略实现的保障

实施人力资源战略有利于培养高素质人才、营造良好的组织氛围、留住关键人才、降低人才的流失率、提高员工的忠诚度等，而这些都能更好地保证组织战略的有效实施，帮助组织应对劳动力的波动性等问题。

（二）基于组织战略的人力资源战略

以经营战略为例，由于成本领先战略强调降低成本，因此人力资源战略也必须配合支持组织效能最大化的目标，采取措施严格管理和控制成本。如主要采取内部招募的方式，节约招聘和选拔成本，提高员工的稳定性；强调薪酬体系的内部公平性，适当拉开管理人员与员工的差距；绩效考核标准以行为为主；基层员工培训关注其精神风貌、工作方式和行为方式的改善，引导其认同企业的战略和使命。

采取差异化战略的企业可以通过产品差异化、质量差异化、服务差异化、形象差异化和人力资源差异化等方式获得不同于竞争对手的竞争优势，因此人力资源战略需要强调培养员工的创造力和协作精神。如主要采取外部招聘尤其是校园招聘的方式，吸引思维活跃的年轻员工加入；提供具有外部竞争力的薪酬水平；绩效考核具有长期性，重视主观评价而非仅仅依靠定量目标；为员工提供宽广的

---

① Offstein E，Gnyawali D，Cobb A. A strategic human resource perspective of firm competitive behavior. Human Management Review，2005，15 (4).

职业路径。

目标集聚战略关注的重点是市场份额和运营成本，企业往往集中所有的资源在一个或几个目标上，通过成本领先或差异化的方式来实现目标集聚。这些组织的人力资源管理实践往往注重维持员工已有的技能和能力，较少考虑其职业路径与发展，组织更多地会采取行为与结果相结合的绩效管理模式。

三、组织战略对培训开发工作的影响

组织战略通过培训开发战略对培训开发活动产生影响。首先组织战略会影响培训开发战略的制定，管理者根据组织所处的外部环境与自身的内部条件制定培训开发战略，对组织战略进行分解，如通过丰富学习方式、改善客户服务、加快雇员学习步伐以及捕捉和分享知识等方式。接下来是提供与培训开发战略相匹配的培训开发活动，以确保战略的落地，如运用网络培训、强制制定发展计划、开发知识分享网站、增加顾客服务培训的数量等方式。经营战略与培训开发的数量和类型都密切相关，不同的组织战略对应不同的培训开发需求，对培训开发工作产生不同影响，如表3-2所示。[①]

表3-2 组织战略对培训开发工作的影响

组织战略	重点	如何实现	关键事项	对培训开发工作的影响
集中战略	扩大市场份额 削减运营成本 开创或维护利基市场	提高产品质量 提高生产率或革新技术流程 定制产品或服务	技能交流 开发现有劳动力	团队建设 交叉培训 特殊项目培训 人际交往技能培训 现场培训
内部成长战略	市场开发 产品开发 创新 合资 兼并 全球化	推销现有产品，增加分销渠道 拓展全球市场 调整现有产品 开发新产品 通过联合扩张企业 识别开发管理人员	创造新的就业岗位和任务 创新 人才管理	产品价值的高质量传达 文化培训 发展重视创造性思维和分析的组织文化 工作中的技术能力培训 管理人员接受反馈和沟通方面的培训 协调冲突的技巧培训
外部成长战略	横向一体化 纵向一体化 集中多元化	收购在产品市场链上处于同一位置的公司（新市场准入） 收购能供应或购买产品的企业 收购与本公司完全不同的企业	整合冗余 改组	评估被收购公司雇员的能力 整合培训系统 整合公司的策略与程序 团队建设 培育共享文化

① Raghuram S，Arvey R D. Business strategy links with staffing and training practices. Human Resource Planning，1994（17）.

续表

组织战略	重点	如何实现	关键事项	对培训开发工作的影响
紧缩投资战略	削减开支 转产 业务剥离 债务清算	降低成本 减持资产 创收 重新制定目标 出售所有资产	效能	激励、目标设定、时间管理、压力管理和交叉培训 领导力培训 人际沟通培训 再就业援助 求职技巧培训

第 2 节　培训与人力资源开发战略

日益激烈的竞争导致组织对培训与人力资源开发的需求不断提高，与此同时，资源基础论的兴起使得人们开始从战略视角认识人力资源，意识到培训与人力资源开发是一个长期的、动态的、系统的过程，并且应该为组织战略服务。

一、培训与人力资源开发战略的提出背景

20 世纪 90 年代以来，组织面临有别于以往的“非连贯的”竞争环境。首先，经济全球化以及市场经济的发展使得有关市场保护和市场控制的地区壁垒明显减弱。组织难以依靠以往特定产业的定位来获取竞争优势。其次，发达的资本市场及各种创新性金融衍生工具的使用使得资金资源更具灵活性和流动性，资金短缺已经不再是一个抑制组织发展的重要因素。最后，新技术几何式增长，对人力资源提出要求。与此同时，一些相关领域的理论研究也不断发展起来。

（1）资源基础论。该理论认为组织的竞争优势已经从组织的外部转移到了组织内部的异质性资源上。人力资源的价值性、稀缺性、难以模仿性使人的因素受到高度重视，培训与人力资源开发也从后台走到前台。

（2）学习理论。学习理论主要是从组织的层面探讨如何通过组织的学习来提高人力资源的能力。彼得·圣吉于 20 世纪 90 年代提出学习型组织（learning organization）的五个要素，即系统思考、思维模式、共同愿景、团队学习和个人进取，丰富了培训与人力资源开发理论。

（3）绩效理论。培训与人力资源开发就是一个通过不断强化雇员的能力提高组织绩效的过程。绩效理论的出现，标志着培训与人力资源开发从以“学习”为中心转变为以“绩效”为中心。

因此，客观的现实需求推动了培训与人力资源开发向培训与人力资源开发战略的转变，而资源基础论、学习理论、绩效理论等相关理论的完善更是奠定了培训与人力资源开发战略的理论基础。

二、培训与人力资源开发战略的概念界定

对培训与人力资源开发战略的研究，最早可追溯到 20 世纪 80 年代，但那时对培训与人力资源开发战略的研究只是零星的、分散的，研究的方向主要集中于强调有规划的学习（planned learning）对组织绩效的作用。

到了 20 世纪 90 年代，人们日益认识到高技能、高技术、高能力的人力资源对组织长期可持续发展的重要性。关于培训与人力资源开发对组织的战略贡献的重新评估使得培训与人力资源开发战略映入人们的视野，成为组织管理者最为关注的战略议题。

那么什么是培训与人力资源开发战略呢？目前理论界对培训与人力资源开发战略的理解并未统一。我们认为，所谓培训与人力资源开发战略，是指组织为了一定的组织目标，通过培训、职业开发、组织开发等多种形式，促进员工与组织共同成长，提高组织绩效，进而实现组织可持续发展的过程。

培训与人力资源开发战略具有以下特点：

（1）前瞻性。培训与人力资源开发战略不但为公司的总体战略提供支持，而且在公司战略的制定过程中起重要作用。

（2）服务性。培训与人力资源开发战略的目标、内容、方式必须围绕组织的可持续发展。

（3）全局性。培训与人力资源开发战略的参与者不仅包括培训与人力资源开发部门，还包括组织的高级经营决策层、一线管理者以及基层员工。

（4）系统性。培训与人力资源开发战略是一个系统，作为组织的子系统，它在支持其他子系统运行的同时，也需要诸如组织文化等其他子系统的支持。

（5）弹性。培训与人力资源开发战略必须具有弹性，随着环境及组织战略的变化做出反应。

（6）动态性。培训与人力资源开发战略必须具有动态性，应该做到与时俱进，随时根据知识的发展、技术的变革调整培训开发的内容和方式。

因此，培训与人力资源开发战略的范畴早已超过传统的培训与人力资源开发，渗透到组织各种职能领域，决定组织发展方向，促进组织可持续发展。

三、培训与人力资源开发战略的作用

培训与人力资源开发战略，一方面可以指导与规范培训与人力资源开发活动，另一方面可以保持并提升组织的竞争力。具体表现在以下几个方面。

（一）有助于增强组织竞争力

组织竞争力的主要来源是自身的资源和能力，然而并不是组织内所有的资源

都能形成持续的竞争优势，只有那些具有价值的、稀缺的、难以被当前和潜在的竞争对手模仿的资源才是竞争优势的主要来源。人力资源只有具备以上三个特征，才能成为组织竞争优势的源泉，而系统化的培训与人力资源开发战略更是凸显了人力资源所需具备的这三个特征：价值性、稀缺性和难以模仿性。这是由于它是由一系列相互补充和相互依赖的实践活动构成的，在提升组织能力方面具有因果模糊和协同效果，难以被模仿。系统化的培训与人力资源开发战略有助于增强组织的竞争优势。

(1) 系统化的培训与人力资源开发战略有助于凸显人力资源的价值性。通过有效的培训与人力资源开发可以明确组织希望员工所具备的各种技能与能力，提高员工的产出水平与服务能力，进而为顾客提供差异化的产品、个性化的服务，为顾客带来价值。

(2) 系统化的培训与人力资源开发战略有助于凸显人力资源的稀缺性。通过选择合适的开发内容与方式，并结合组织目标与员工实际能力制定的培训与人力资源开发战略，其产出是员工的积累性学识，这种学识是一种专门面向该组织的专用性战略资产，具有稀缺性。

(3) 系统化的培训与人力资源开发战略有助于凸显人力资源的难以模仿性。培训与人力资源开发战略具有系统性。系统化的培训与人力资源开发战略的各组成部分之间相互作用、相互影响、相互协调、相互补充。它们之间的非线性关系决定了竞争对手很难深入组织了解其实质。因而，对竞争对手而言，要挖走几个有竞争价值的员工并不难，要模仿整个培训与人力资源开发战略系统就不容易了。

(二) 有助于提高个人绩效与组织绩效

行为科学的研究显示，在其他条件一定的情况下，工作绩效是由员工的个人能力和组织对其的激励两个变量决定的，即工作绩效 $=f$（能力×激励）。一方面，以发挥潜在能力和增加新知识为目的的培训开发和教育能提高员工现有的能力，达到组织所期望的能力水平。另一方面，精心设计、组织与实施的培训与人力资源开发战略对员工而言也是一项激励。因为在知识经济时代，员工已不满足于吃饱穿暖等低层次的需求，他们还追求自身价值的实现，追求自我能力的提高，由组织推行的培训与人力资源开发战略无疑还可以从另一个角度激励员工，充分调动员工的积极性，提高潜能。培训与人力资源开发战略对组织绩效的提高作用如图 3-2 所示。

(三) 有助于组织的可持续发展

在农业经济时代，其主导要素是土地资源；在工业经济时代，其主导要素是资本资源；而在知识经济时代，其主导要素是人力资源。组织中的人力资源包括个人知识水平、员工总体的知识结构与素质等。人力资源是组织可持续发展的基础。

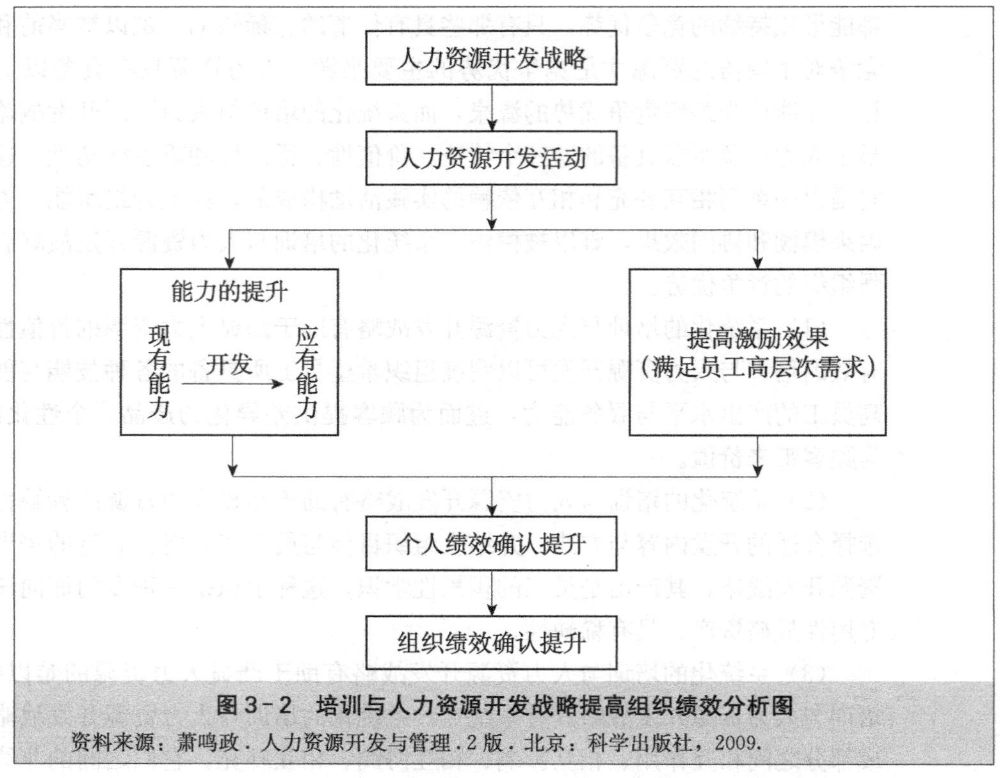

图3-2 培训与人力资源开发战略提高组织绩效分析图

资料来源：萧鸣政．人力资源开发与管理．2版．北京：科学出版社，2009.

加入世界贸易组织给我们带来的既有机遇，又有挑战。机遇告诉我们，组织有了更为广袤的用武之地和发展空间；挑战则警示我们，组织已经告别了过去相对静态的竞争不足的环境，迎来高度激烈的竞争局面，在高度动荡的环境下，组织的生存、发展乃至可持续发展成为亟待解决的问题，比尔·盖茨曾直截了当地说："微软离破产永远只有18个月。"在此情况下，不少组织力求通过人才招聘或猎头公司广聚贤才，来获得持续的竞争优势，获得组织的可持续发展。这种"拿来主义"可以在一定程度上缓解组织对优秀人才的饥渴，但这毕竟不是长久之计。因为在信息爆炸的时代，知识更新之快令人难以想象，任何人在进入组织后停滞不前，都会落在时代的后面，唯有通过有计划、有目标、有系统的培训与人力资源开发战略，把员工变为不断前进的"学习人"，方能让人才与时俱进、不断创新，进而促进组织的可持续发展。

四、培训与人力资源开发战略的内容与实施

人力资源对组织发展的重要贡献意味着组织要想实现可持续发展，必须实施培训与人力资源开发战略，把开发人力资源作为整个管理工作的轴心。

培训与人力资源开发战略的内容，包括培训开发的战略目标、路径、阶段目标与具体措施等。

如图3-3所示，制定培训与人力资源开发战略时，应将培训与人力资源开

发的诸要素建立在由组织管理层共同确定的、符合组织内外利益相关者利益且得到组织所有员工一致认同的组织发展战略目标及组织远景规划的基础上。在实施过程中，应考虑到其系统性的特征，保持外部与内部的一致性。外部一致性是指培训与人力资源开发战略需要与组织的外部环境协调、契合、一致。外部环境的范围很广，包括一切与组织经营有关的外部因素，如政府颁布的法令法规、科技的发展、市场的竞争、社会的文化等。内部一致性包括垂直一致性和水平一致性。垂直一致性指培训与人力资源开发战略应符合组织的特点，与组织的总体战略保持一致，它有助于让培训与人力资源开发战略的目标集中于组织的总体战略。水平一致性则是指培训与人力资源开发战略系统所有的内在因素互相补充和支持的情况。这意味着组织的人力资源管理哲学、组织学习、组织文化、系统化人力资源管理都能彼此协调配合。以下分别对构成培训与人力资源开发战略的内容与实施加以阐述。

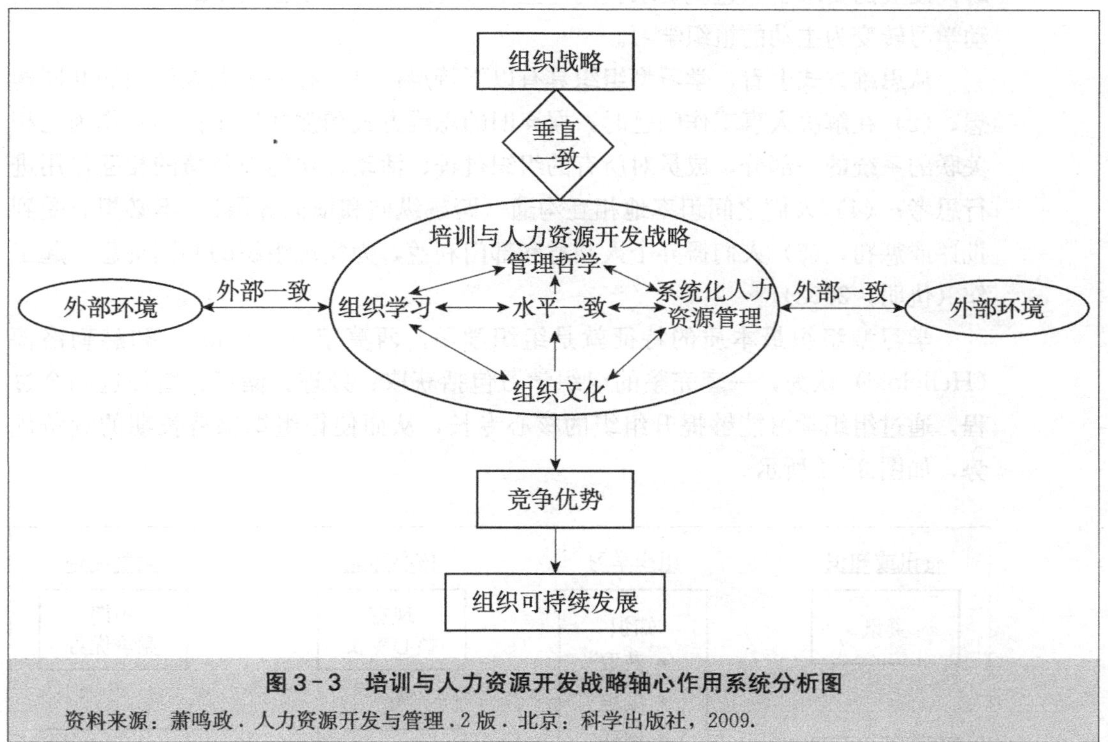

图 3-3　培训与人力资源开发战略轴心作用系统分析图

资料来源：萧鸣政．人力资源开发与管理．2 版．北京：科学出版社，2009.

（一）树立以人为本的人力资源管理哲学

人力资源是组织战略实现的决定者，能够为组织带来增值效益，因而应该树立以人为本的人力资源管理哲学。

首先，组织的管理者应了解组织内人力资源的价值及其在获取组织竞争优势时的作用，了解人力资源的经济价值与特点，这是树立以人为本的人力资源管理哲学的一个前提条件。

其次，需要人力资源管理者分析以下三个问题：(1) 本组织的竞争优势是什么，即组织在哪些方面优于竞争对手？(2) 在整个组织的价值创造链中，关键因素是什么？(3) 哪些员工具有保持组织竞争优势的最大潜力？

最后，管理者应向每一名员工清晰地传达组织对人力资源高度重视的态度，把这种人力资源管理哲学贯彻到具体的培训与人力资源开发的政策、制度和实践之中。

（二）开展积极主动的组织学习

在高度动荡的环境下，变化已成为常态。组织如果不大量地、不间断地进行知识的更新积累就会惨遭淘汰。为了适应变化的环境，组织只有对环境的变化做出及时反应，不断地吸收、处理外界信息，保持高度的弹性和柔性，才能更好地迎接挑战。而单纯的培训观和教育观下的培训与人力资源开发理念，已不再适应时代发展的要求了，这就要求我们建立学习型组织，由以往员工的个人学习、被动学习转变为主动的组织学习。

从思维方式上看，学习型组织具有以下特点：(1) 有一个人人认同的共同构想；(2) 在解决人事工作问题时，摒弃旧的思维方式和常规程序；(3) 作为互相关联的系统的一部分，成员对所有的组织过程、活动、功能与环境的相互作用进行思考；(4) 人们之间坦率地相互沟通（跨越纵向和横向界限），不必担心受到批评或惩罚；(5) 人们摒弃个人利益和部门利益，为实现组织的共同理想一起工作（仇明，2002）。①

学习型组织最本质的特征就是组织学习。西莫宁（Simonin）和赫勒洛德（Helleloid）认为，一套完整的组织学习包括获取、处理、储存、增补这四个过程，通过组织学习能够提升组织的核心专长，从而使得组织保持长期的竞争优势，如图 3-4 所示。

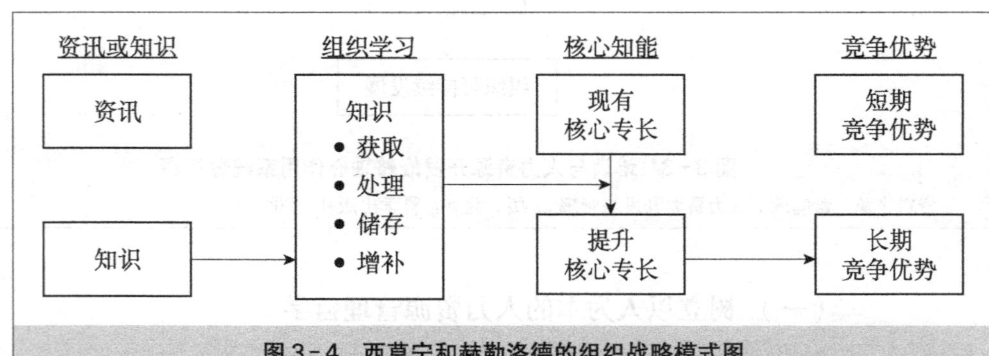

图 3-4 西莫宁和赫勒洛德的组织战略模式图

资料来源：李汉雄．人力资源管理．广州：南方日报出报社，2002；萧鸣政．人力资源开发与管理．2 版．北京：科学出版社，2009.

① 仇明．学习型组织及其创建途径探讨．中国软科学，2002 (1).

当然，为使组织学习有一定的战略性，使其有利于组织的长期发展，在实践中，我们还应注意以下几点。

一是个人学习的目的性。个人学习是组织学习的必要条件，但不是充要条件，个人学习的目的必须与组织学习的目的保持一致。

二是应重视创新性学习。学习分为四种类型：照搬型学习、知识积累型学习、研究型学习、探索型学习。四种类型的学习程度由表及里，由浅至深。前一类型的学习是后一类型的学习的基础，然而要真正"发展和创造知识"，必须依赖后两种类型的学习，因而我们应该把组织学习的重点放在后两种类型的学习上。

三是应该鼓励员工分享错误。组织不仅应该鼓励员工不断贡献自己的创意，而且应该鼓励员工贡献自己的错误，在管理制度上允许失败，并给予改正的机会。这种坦诚交流，可以促使员工从过去的经验中学习，而且可以把失败教训上升为知识理论，让组织内其他员工吸取教训。

（三）实施系统化的人力资源管理

人力资源管理就是培训与人力资源开发的过程，通过人力资源管理活动，可以把培训与人力资源开发的思想、原则与目的渗透到管理活动中（萧鸣政，2002）。然而，许多组织没有将这几项活动有机地结合起来，通常人力资源管理的活动经验不是从许多偶然机遇和偶然事件中积累起来的，而是从过去的实践、从近年来最好的实践或者仅仅从当前产业中最时髦的做法中演变过来的。其结果有两个弊端：（1）许多人力资源管理实践和政策行为表现往往存在某种冲突，相互间不能很好地配合；（2）虽然一些最好的人力资源管理实践或政策对组织具有一定的价值，但是，由于这些人力资源管理实践或政策之间缺乏联系，因此互相独立的人力资源管理实践或政策中的任何一个一旦被竞争对手识别，就很容易被模仿（高艳，赵守国，2001）。①

而系统化的人力资源管理则不会出现这样的问题，所谓系统化的人力资源管理，是指在遵循组织竞争战略逻辑的基础上，在人力资源战略和人力资源政策指导下，有机结合的系统化的人力资源管理活动（苏方国，赵曙明，2003）。② 由于人力资源管理系统各子系统之间相互耦合、相互影响、相互依赖、相互作用，是复杂的非线性关系，系统化的人力资源管理便成为难以被竞争者模仿的培训与人力资源开发方式。

人力资源管理系统包括人力规划、人员招聘与选拔、人员配置、人员培训、人员激励、人员考评、人员报酬等管理活动，其作用如图 3-5 所示。

---

① 高艳，赵守国．企业人力资源管理的战略选择．中国软科学，2001（6）．

② 苏方国，赵曙明．系统化人力资源实践与企业竞争优势．外国经济与管理，2003（2）．

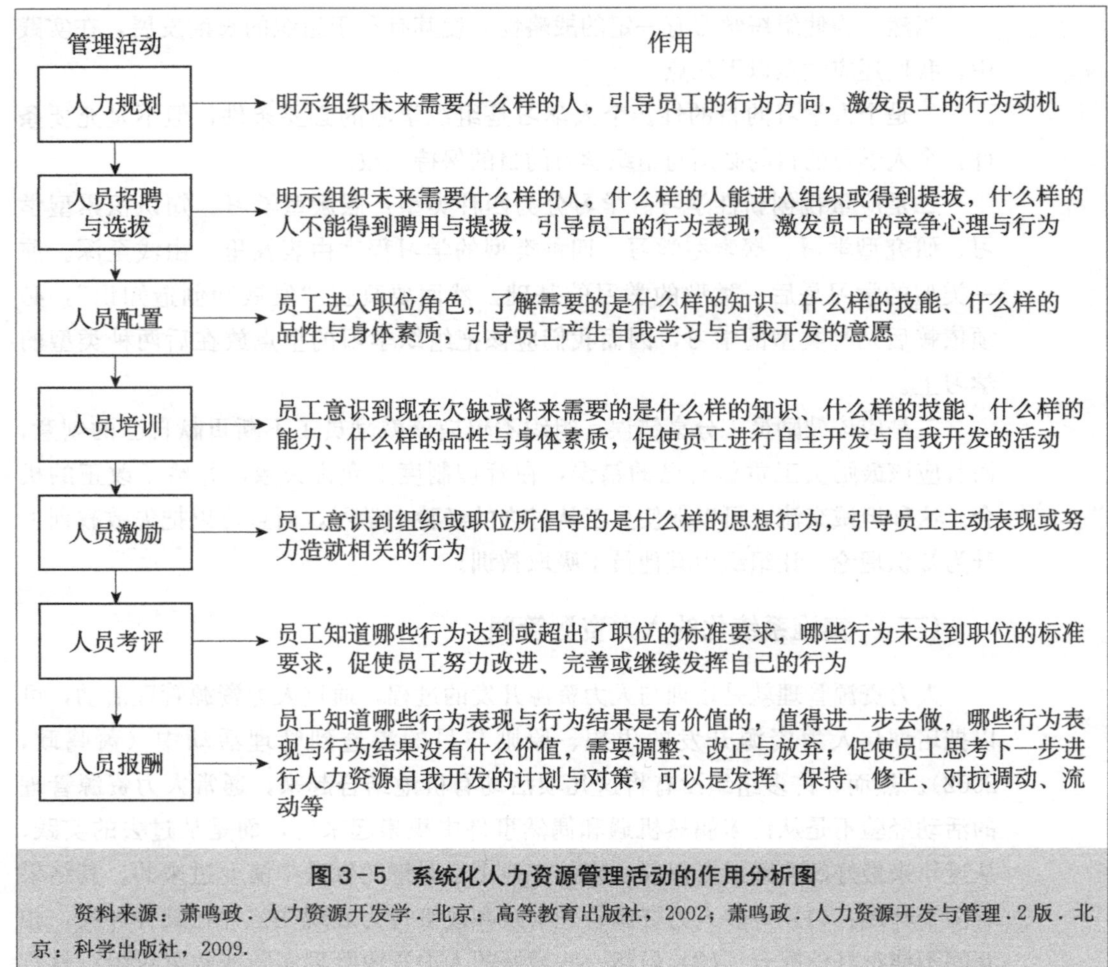

图3-5 系统化人力资源管理活动的作用分析图

资料来源：萧鸣政．人力资源开发学．北京：高等教育出版社，2002；萧鸣政．人力资源开发与管理．2版．北京：科学出版社，2009.

（四）进行立体多维的职业开发

职业开发是指通过职业活动本身提高与培养员工人力资源的开发形式（萧鸣政，2002）。之所以将职业开发同培训与人力资源开发战略联系起来，一是因为它的开发方式灵活多样（包括工作设计、工作专业化、工作轮换、工作扩大化和工作丰富化等形式），能全方位地提高员工的积极性、培养他们的能力，进而取得满意的开发效果。二是因为一般来说竞争对手很少接触一个组织的工作设计、工作专业化等工作，也就是说这些工作并不为外来竞争对手所清楚易见，同时，即使这些工作可以被竞争对手识别，也未必能取得一样的效果。因为任何一种职业开发方式都是与具体的工作岗位和相应的员工相联系的，如果照搬该模式，反而会“东施效颦”。所以，职业开发方式同样是有助于组织获得可持续发展的利器。

第 3 节　战略性人力资源开发

一、战略性人力资源开发的含义

战略性人力资源开发指的是在对外部环境和内部条件进行充分分析后，为获得长期的人力资源竞争优势和企业的长远发展形成的人员开发的目标、使命，以及为了实现这一目标而制定的长期的、全局性的行动计划。战略性人力资源开发要求组织提早做准备，提前做规划，确保组织内人力资源的持续性与全面性。

战略性人力资源开发与一般的培训与人力资源开发活动存在明显的不同，主要体现在以下方面：

（1）理念不同。一般的培训与人力资源开发活动围绕工作岗位而提高特定的技能和行为，很少去考虑组织内外部环境的变化。战略性人力资源开发则围绕组织价值观和战略目标展开，强调知识的创造和分享，鼓励营造持续学习的组织氛围，从而实现学习和工作的整合，成为支持组织持续学习和绩效提高的有力工具。

（2）地位不同。战略性人力资源开发直接与组织战略相联系，以人为中心，重点是开发实现战略目标所必需的人力资源。而一般的培训与人力资源开发往往是规范性、事务性的工作，根据上级指令安排相关事宜，与组织战略有联系但联系并不紧密。

（3）重点不同。战略性人力资源开发具有长期性、整体性、前瞻性，侧重变革培训和人本管理，其价值体现在提升员工能力和组织绩效上，属于“主动开发型”；一般的培训与人力资源开发具有短期性、局部性、滞后性，主要用于维持组织的正常运转，根据预先制定的严格规范的计划实施，自主性较小，属于“被动反应型”。

二、战略性人力资源开发的作用

除了前面提到的人力资源开发所具有的作用，战略性人力资源开发特别强调其对于组织的战略价值。

第一，战略性人力资源开发以绩效为基础，直接服务于组织的经营目标。尽管所有的企业都在努力适应市场变化，不断提高组织绩效，但这些绩效要求存在于组织、团队、个人等多个层面，其来源是由独特竞争优势建构的核心过程，如提供优良产品、高附加值服务等。战略性人力资源开发围绕这些目标，立足关键的经营要求，通过培养员工的专业技能，转变其思维方式，实现卓越经营绩效。

第二，战略性人力资源开发具有塑造战略的能力而非仅仅为既定战略提供支持。一方面，战略性人力资源开发为组织战略方向的制定者提供教育和培训，在一定程度上避免盲目计划和决策；另一方面，培训与人力资源开发专家直接参与战略规划，提高了战略规划的可靠性。

第三，战略性人力资源开发具有灵活性，能够针对突发事件进行调整，通过开发和利用员工的专业技能来充分把握商机。传统的培训与人力资源开发活动大多在战略制定之后才进行，因此只能起到支持作用，无法充分发挥潜在价值。相比之下，战略性人力资源开发具有较强的前瞻性，通过及时塑造战略，实现培训与人力资源开发与战略的互动。

第四，战略性人力资源开发要求组织鼓励员工不断学习，创造学习的氛围，以塑造学习型组织为目标，激发员工的主动性和积极性。根据平衡计分卡的思想，组织如果想获得持续的发展和进步，首要条件就是员工不断地学习和成长。战略性人力资源开发将员工的成长和组织的发展放在同等重要的位置上，实现组织发展与员工成长的双赢。

三、战略性人力资源开发的目标

（一）为组织中长期发展准备好高质量的人力资源

战略性人力资源开发具有前瞻性，强调组织的战略实现和长期发展。通过对组织外部环境的分析以及内部人力资源的盘点，从数量和结构等方面预测中长期的组织人力资源的供给和需求，从而有针对性地开展各项培训与人力资源开发活动。

（二）基于战略的实现充分挖掘潜在的人力资源

战略性人力资源开发能够充分地将组织战略的要求融入培训与人力资源开发需求的考虑范围内，同时预测未来对员工能力素质的需求，从而为组织的发展有针对性地提前储备高质量人才。另外，学习型组织的形成有助于在组织内营造学习氛围，激发员工的学习热情，在战略实现的过程中充分挖掘组织内潜在的人力资源。

四、战略性人力资源开发的过程

战略性人力资源开发的过程大致可分为制定培训与人力资源开发战略、制定培训与人力资源开发规划、制定培训与人力资源开发方案、确定培训与人力资源开发的主体与方法、评估战略性人力资源开发的过程与效果五个步骤。

（一）制定培训与人力资源开发战略

作为组织战略的一个组成部分，与其他职能战略类似，培训与人力资源开发战略应在整体战略下制定和规划，不同的组织战略对应不同的培训与人力资源开发战略。在对组织所处的环境、发展的目标和掌握的资源进行充分理解的基础上，将培训与人力资源开发战略与组织战略匹配。培训与人力资源开发工作者在实际操作中，既要充分理解组织的发展规划、经营业绩、财务现状，也要熟悉组织内不同部门的业务。可邀请高层管理者参与制定培训与人力资源开发战略，并就组织战略发表自己的看法。

为确保培训与人力资源开发战略与组织战略具有相关性，在制定培训与人力资源开发战略时需回答表3-3中的问题。

表3-3　制定培训与人力资源开发战略需要回答的问题

1. 组织的愿景和使命是什么？说说经营战略的战略驱动。
2. 组织应具备怎样的能力来应对经营战略和外部环境带来的挑战？
3. 哪种类型的培训与人力资源开发最能吸引、留住和培养组织所需要的人才？
4. 哪种能力是组织取得成功和实施经营战略的关键？
5. 组织是否制定了相关计划，让组织内外成员清楚培训、人力资源开发和经营战略之间的关系？
6. 组织的高管团队是否公开支持培训与人力资源开发计划？
7. 组织提供的培训与人力资源开发机会是否既针对个人也针对团队？

资料来源：Hughes R，Beatty K. Five steps to Leading Strategically. T+D，2005（2）.

（二）制定培训与人力资源开发规划

通过相应的技术手段，结合组织的实际情况，将培训与人力资源开发战略分解为可执行的计划，即培训与人力资源开发规划，其中人员素质、数量和结构是规划的核心。制定培训与人力资源开发规划的流程如下：建立企业员工培训开发的领导机构，调查培训与人力资源开发需求，编制规划，批准与实施。在编制规划的过程中，需要将培训与人力资源开发总目标分解成子目标，结合战略制定相应的培训与人力资源开发项目规划，优先满足重点项目。

（三）制定培训与人力资源开发方案

完成培训与人力资源开发战略与规划的制定后，便要着手计划具体的培训与开发活动，如使用与新技术相关的培训开发策略，让固定的雇员越来越多地参与培训，缩短开发时间以及开发新的培训内容等，以确保之前制定的战略规划能够成功实现。制定方案的过程需要明确培训与人力资源开发的目标、客体和对象，具体流程如下：首先，结合培训与人力资源开发战略与规划，分析培训与人力资源开发的组织需求、任务需求和员工需求。在方案设计阶段，设定培训与开发工作的目标，进而确定培训与人力资源开发的对象和客体。值得注意的是，在战略性人力资源开发的过程中，各项工作的开展需要保持与战略规划的一致性，对于能够支持战略规划、有利于组织发展的客体和对象应有所偏重。

（四）确定培训与人力资源开发的主体与方法

根据战略性人力资源开发的目标、客体和对象，匹配对应的主体和方法：选择合适的相关人员（如培训者、供应商等）、开发手段、开发方式，制定开发预算，准备相关物资（如文书、材料、场地等）。

（五）评估战略性人力资源开发的过程与效果

完成战略性人力资源开发的实施后，需要对其效果进行评估，除经典的柯克帕特里克（Kirkpatrick）四层次评估（反应、学习、行为、效果）外，战略性人力资源开发还需特别关注战略是否在培训与人力资源开发的过程和效果中得以体现和落实，通过矩阵等方法判断培训与人力资源开发活动是否真正有助于推动经营战略的实施以及目标的实现。

五、战略性人力资源开发的方法

Tannenbaum（2002）总结了战略性人力资源开发的方法及其影响，如表 3－4 所示。

丰富学习方式指的是为员工提供更多的学习机会，鼓励其在正式课堂环境之外进行自学，如运用互联网等技术进行线上学习，鼓励在工作场合与同行接触和交往等非正式学习，提供导师、教练和反馈机制以满足学习者个性化学习的需要。

扩大学习者范围既包括为了提供更好的服务，向组织外成员（如客户、供应商）提供产品和服务信息，也包括向组织内的非管理者提供学习机会以及相应的支持，以提高其工作绩效和促进其职业发展。

面对外部环境的迅速变化和激烈的竞争，组织开展的培训与人力资源开发活动必须快速、高效，因此必须加快学习步伐。具体措施包括快速识别需求，缩短开发时间，促进资源利用等。

由于客户往往对产品和服务期待较高，因此组织必须根据战略和客户需求，做好随时改善客户服务的准备。雇员应充分了解产品信息，掌握服务技巧，并且明确自己在服务时的决策权限。

组织必须提供发展机会，告知成员其职业发展通道，确保他们相信自己可以得到学习新技能和获得成长的机会，这样的发展机会对吸引和留住高质量人才至关重要。

在组织内部获取和分享知识能够降低培训开发成本，加快速度，提高产品或服务的质量，例如与独自寻找解决问题的方案相比，使用线上平台查找往往更加高效。另外，即使个别成员离开了组织，一部分重要信息也不会随着他们的离开而丢失。

组织需要根据战略规划明确培训开发的目标，明确组织所需的知识、技能、能力，确保目前的培训开发项目能满足组织的战略需求，有利于组织发展。

为激励成员参加培训开发活动，组织需要提供支持性的工作环境，确保成员有机会运用工作技能并与他人分享知识。工作环境的支持既表现为有形的支持，如学习所需的时间、金钱、场地，也表现为无形的支持，如高层管理者的鼓励和推动。

表3-4　战略性人力资源开发的方法及其影响

战略性人力资源开发的方法	启示
丰富学习方式	运用互联网等技术 促进非正式学习 提供更多个性化的学习机会
扩大学习者范围	培训客户、供应商和雇员 向非管理者雇员提供更多的学习机会
加快学习步伐	快速识别需求，提供高品质的学习解决方案 缩短培训开发项目的时间 促进所需的学习资源的利用
改善客户服务	确保雇员具备产品和服务方面的知识 确保雇员具备与客户交往的技能 确保雇员了解自己的角色和决策权
提供开发机会 及加强与雇员的沟通	确保雇员有自我发展的机会 确保雇员了解职业发展机会并清楚个人成长机会 确保培训开发能解决雇员目前的工作需求并实现个人成长
获取和分享知识	从知识渊博的雇员身上捕获洞察力和有效信息 在组织和存储信息方面具有逻辑性思维 提供解决办法（如资源指导、网站）以使信息可用
使培训与开发方法 与公司发展方向保持一致	确定所需的知识、技能、能力 确保目前的培训开发项目满足组织的战略需求
确保工作环境可提高 学习和培训效果	解除约束学习的限制因素，如缺乏时间、资源和设备 提供物理空间以促进团队的合作、协作、创造力以及团队间的知识分享 确保雇员了解学习的重要性 确保经理和同行理解并支持培训、组织发展和学习机会

资料来源：Tannenbaum S. A strategic view of organizational training and learning//Kraiger K. Creating, implementing and managing effective training and development. San Francisco：Jossey-Bass，2002.

本章小结

本章基于战略视角，介绍了组织战略、培训与人力资源开发战略、战略性人力资源开发以及彼此之间的关系。

组织战略具有层次性，培训与人力资源开发的金字塔结构反映了组织战略、战术以及操作三个层次的需求。就组织战略与人力资源战略的关系而言，组织战略是人力资源战略的前提和基础，人力资源战略是组织战略的核心，人力资源战略为组织战略的制定提供信息，人力资源战略是实现组织战略的保障。根据“组织战略-人力资源战略-人力资源实践”的影响机制，组织战略通过培训与人力资源开发战略对培训与人力资源开发活动产生影响，不同的组织战略对应着不同的培训与人力资源开发需求。

所谓培训与人力资源开发战略，是指组织为了一定的组织目标，通过培训、职业开发、组织开发等多种形式，促进组织与员工共同成长，提高组织绩效，进而实现组织可持续发展的过程。培训与人力资源开发战略具有前瞻性、服务性、全局性、系统性、弹性与动态性等特点，制定培训与人力资源开发战略，有助于组织竞争力的增强、绩效的提高与发展的持续。在实施培训与人力资源开发战略的过程中，应树立以人为本的人力资源管理哲学，开展积极主动的组织学习，实施系统化的人力资源管理，进行立体多维的职业开发。

战略性人力资源开发指的是在对外部环境和内部条件进行充分分析后，为获得长期的人力资源竞争优势和企业的长远发展形成的人员开发的目标、使命，以及为了实现这一目标而制定的长期的、全局性的行动计划。在理念、地位、重点等方面不同于一般的培训与人力资源开发，战略性人力资源开发能够基于战略的实现充分挖掘潜在的人力资源，并且为组织中长期发展准备好高质量的人力资源。具体开发的过程包括五个步骤：制定培训与人力资源开发战略，制定培训与人力资源开发规划，制定培训与人力资源开发方案，确定培训与人力资源开发的主体与方法，评估战略性人力资源开发的过程与效果。

◆ 进一步阅读文献

［1］萧鸣政．人力资源开发概论．北京：北京大学出版社，2014.

［2］雷蒙德·A. 诺伊，等．人力资源管理：第 5 版．北京：中国人民大学出版社，2005.

［3］约克斯．战略人力资源开发．大连：东北财经大学出版社，2007.

［4］杨百寅，韩翼．战略人力资源管理．北京：清华大学出版社，2012.

［5］贺新闻．战略人力资源管理．北京：高等教育出版社，2014.

［6］谢晋宇．人力资源开发概论．北京：清华大学出版社，2005.

［7］高艳，赵守国．企业人力资源管理的战略选择．中国软科学，2001（6）.

［8］何飞云，戴中刚．人力资源开发：企业发展战略的关键．商场现代化，2007（32）.

◆ 本章习题

一、单项选择题

1. 战略 5P 模型的提出者是（　　）。

A. 德鲁克　　B. 科特　　C. 明茨伯格　　D. 彼得·圣吉

2. 下列不属于公司战略的是（　　）。

A. 一体化战略　　B. 多元化战略　　C. 密集化战略　　D. 成本领先战略

3. 为对价格敏感的客户生产成本低廉的标准化的产品，这体现了（　　）。

A. 成本领先战略　　B. 差异化战略　　C. 目标集聚战略　　D. 一体化战略

4. 下列不属于密集化战略的是（　　）。

A. 一体化战略　　B. 市场渗透战略　　C. 市场开发战略　　D. 产品开发战略

5. 在培训与人力资源开发金字塔结构中，主要涉及经验式学习的是（　　）。

A. 战略层次　　B. 战术层次　　C. 操作层次　　D. 开发层次

6. 下列不属于培训与人力资源开发战略提出背景的是（　　）。

A. 资源基础理论　　B. 学习理论　　C. 绩效理论　　D. 社会交换理论

7. 相较于一般的培训与人力资源开发，下列关于战略性人力资源开发的说法错误的是（　　）。

A. 与组织战略联系更紧密，在组织中地位更高

B. 具有塑造战略的能力而非仅仅为既定战略提供支持

C. 能够充分开发和利用员工的专业技能，针对突发事件制定战略

D. 主要用于维持组织的正常运转

8. 在战略性人力资源开发的过程中，制定培训与人力资源开发规划的顺序是（　　）。

①建立企业员工开发领导机构　　②批准与实施

③编制规划　　④调查培训与人力资源开发需求

A. ①④③②　　B. ④①③②　　C. ④③①②　　D. ③①④②

9. 不同于一般的培训与人力资源开发，评估战略性人力资源开发的过程与效果需要特别关注（　　）。

A. 行为层面的变化　　B. 结果层面的变化

C. 成本收益对比　　D. 战略落地情况

10. 下列属于战略性人力资源开发的是（　　）。

①丰富学习方式　　②加快学习步伐　　③改善客户服务　　④提供开发机会

A. ①②　　B. ①②③④　　C. ①③④　　D. ①②③

二、多项选择题

1. 下列关于战略和战术的说法，正确的是（　　）。

A. 战略与战术是全局与局部、宏观与微观的关系

B. 相较于战略，战术包含的内容通常更加宽泛，包括众多备选的选项，具有长期稳定性

C. 战术是战略的体现，将战略付诸实施

D. 战术是实施战略采取的具体步骤，是连接战略发展与经营过程和经营实践的纽带

2. 下列关于组织战略与人力资源战略关系的说法，正确的是（　　）。

A. 组织战略是人力资源战略的前提和基础

B. 人力资源战略是组织战略的核心

C. 人力资源战略为组织战略的制定提供信息

D. 人力资源战略是组织战略实现的保障

3. 与差异化战略对应的做法是（　　）。

A. 优先采取内部招募的方式，节约招聘和选拔成本，提高员工的稳定性

B. 优先采取外部招聘尤其是校园招聘的方式，吸引思维活跃的年轻员工

C. 关注绩效考核的长期性，重视主观评价而非仅仅定量目标

D. 绩效考核以行为考核为主，关注员工产生率等客观指标

4. 下列属于培训与人力资源开发战略特点的是（　　）。

A. 滞后性　　B. 弹性　　C. 动态性　　D. 全局性

5. 系统化的培训与人力资源开发战略有助于凸显人力资源的（　　）。

A. 不可模仿性　　B. 可模仿性　　C. 稀缺性　　D. 价值性

6. 在实施培训与人力资源开发战略的过程中，以下说法正确的是（　　）。

A. 树立以人为本的人力资源哲学　　B. 开展积极主动的组织学习

C. 实施系统化的人力资源管理　　D. 进行立体多维的职业开发

7. 在战略性人力资源开发的过程中，下列不属于制定培训与人力资源开发规划阶段主要

任务的是（　　）。

A. 将培训与人力资源开发总目标分解成为子目标，优先满足重点任务

B. 根据组织战略制定相应的人力资源战略

C. 预测组织人员素质、数量和结构的供给与需求

D. 设计具体的人力资源培训与开发活动

8. 战略性人力资源开发的方法包括（　　）。

A. 丰富学习方式　　B. 加快学习步伐

C. 获取和分享知识　　D. 扩大学习者范围

9. 相较于一般性培训与人力资源开发，战略性人力资源开发的特点包括（　　）。

A. 前瞻性　　B. 滞后性　　C. 局部性　　D. 长期性

10. 学习型组织所具有的特点包括（　　）。

A. 有一个人人认同的共同构想

B. 人们之间坦率地相互沟通，不必担心受到批评或惩罚

C. 人们摒弃个人利益和部门利益，为实现组织的共同构想一起工作

D. 在解决人事工作问题时，摒弃旧的思维方式和常规程序

三、简答题

1. 简述组织战略与人力资源战略的关系。

2. 简述培训与人力资源开发战略的特点。

3. 简述培训与人力资源开发战略的作用。

4. 简述战略性人力资源开发的过程。

四、论述题

1. 试分析组织战略（集中战略、内部成长战略、外部成长战略、紧缩投资战略）对培训开发工作的影响。

2. 战略性人力资源开发的作用是什么？与一般的培训与人力资源开发有何不同？

3. 介绍常见的战略性人力资源开发方法。

案例与分析

把培训作为一种工作方法

自 2005 年起，中粮集团成功地推行了一系列大规模的战略转型，即从一家传统贸易企业向产业化经营企业转型、从以政策性业务为主导向市场化经营转型、从重视机会性业务向打造企业核心竞争力转型。为配合集团的战略转型，人力资源部先后进行了组织架构和人员的调整，进行了薪酬制度的改革，优化了绩效考核办法，理顺了劳动合同关系，强化了员工关系管理，加强了人才队伍建设等，突出了培训工作的重要地位。中粮集团通过对培训理念和培训方法的创新，使培训成了推动企业战略转型的“抓手”，以及推动企业变革的重要力量。

一、培训是如何推动战略转型的

2004 年底，宁高宁从华润来到中粮担任董事长。尽管当时在外贸公司改革中走在了前列，但是与国际标杆企业相比，与全球化竞争的要求相比，中粮在各个方面还存在很多不足。宁高宁提出要在中粮进行更为彻底的战略转型，推动中粮真正成为一家市场化的、有核心竞争力

的、能够适应全球竞争的企业，使中粮的发展驶上中国经济发展的快车道，打造国有企业中的百年老店。但是，如何实施和推进战略转型，是当时摆在中粮面前的一个重大课题。集团当时存在许多问题，包括战略不清晰、业务分散、核心竞争力不强、团队凝聚力不强、人才队伍存在不足、企业文化存在问题等。在这种情况下，企业的战略转型不是一个简单的业务调整问题，而是一项系统工程，任何单一方面的调整都很难奏效。同时，企业变革需要全体员工特别是管理者的积极参与并达成共识，需要思维方式和心态的改变。宁高宁认为，企业发展的每一个阶段，都会有一个部门或一项工作承担着引领者的作用，这在当时就是培训。因为培训对企业来说是牵一发而动全身的事，能够满足战略转型的系统要求，是推动企业整体进步的有效方式。

2005 年 4 月，中粮设计组织了由集团领导、总部职能部门总监、各业务单元总经理等企业核心团队成员参加的第一期高层战略研讨会，主题是“千里足下，识思悟行”。鉴于研讨会的目的是启动战略转型，引导核心团队成员转变思维、形成共识，中粮改变了以往培训以领导讲话或老师讲课为主的方式，而是选择以分小组研讨和研讨结果呈现作为培训的主体，以老师讲课为集体研讨做理论导入的方式研讨，且所谓的老师也都是内部的同事。人力资源部精心设计了各种拓展活动和游戏，活跃培训气氛，提升参与意识。宁高宁直接担起培训师的角色，利用各种机会进行引导和催化。在这次研讨会上，中粮高管团队通过集体研讨的方式，确立了集团的使命、愿景、企业精神、集团战略，研讨了集团的行业战略、地域战略、组织战略、财务战略、人力资源战略。这次研讨，一方面使核心团队成员在战略转型和企业发展的重大问题上达成了共识，为接下来推进战略转型奠定了基础；另一方面也使中粮的培训理念、方法和工具在这次培训中基本定型。大家切实体会到了培训的巨大威力，以培训推动战略转型的设想正式启动。

接下来，中粮又采用相同的培训方法，针对企业中高层管理人员设计组织了大量的培训。2005 年 5—8 月，中粮共开设了 6 期战略十步法/6S 管理体系培训班，目的是使中高层管理人员形成统一的战略思维，学会使用统一的战略管理工具；2005 年 8—11 月，中粮开展第一轮业务单元的战略质询会，督促业务单元使用统一方法制定各自的行业战略；2006 年 7 月，中粮开设核心团队领导力/团队建设培训班，目的是促使中高层管理人员从业务领导角色向团队领导角色转变，提升管理人员带团队的能力；2006 年 10 月，中粮开设核心团队财务培训班，目的是促进核心团队成员对企业形成整体财务概念，统一财务语言，提升他们制定、执行、反思战略的能力；2007 年中粮开设了打造企业核心竞争力的培训项目；2008 年中粮组织了大规模的领导力轮训。在企业战略转型的每一关键阶段，中粮都适时组织相应的培训，确保中高层管理人员能够跟上集团变革的步伐。2008 年，中粮成立了自己的企业大学——“忠良书院”，把过去几年积累的培训方式和培训内容以更为具体的形式固化下来，在此基础上建立了分层级的领导力培训体系。

在组织设计各类培训的同时，中粮不断总结和固化集团的培训理念、方法和工具，并在全集团推广。中粮把这些培训方法运用到管理人员年会、战略汇报会、经营分析会、部门例会、小组研讨会等各种场合。中粮把集团核心团队的几次培训过程编辑成书，在全集团散发传播，让核心团队的做法起引领示范作用，通过自上而下的引导示范，将集团的培训理念、方法和工具灌输到企业的各个层级。过去几年，中粮先后整合兼并了中土畜、新疆屯河、中谷集团、丰原生化等多家企业，而这些企业与中粮的融合都是通过培训来实现的。通过不断地渗透，中粮把培训变成集团上下耳熟能详的工作方式；各层级业务部门的变革和战略实施，也大多通过培训来实现。培训就像一条主线，将整个企业串在一起，保障了企业战略的实施和落地。

二、如何设计和组织培训

培训在中粮的战略转型中之所以可以发挥巨大的作用，最主要的原因是中粮融合了先进的管理理论和企业实际，在培训方式方法上进行了积极的探索，建立了一套适合国有企业的培训理念和培训方法。中粮的培训，无论在理念还是方法方面，都已经不再是传统意义上的培训，即不是老师或领导在台上讲、员工在台下听，而是将其作为一种工作方法，作为团队决策的方法、团队建设的方法、推动人才发展和企业进步的方法。

培训，在中粮又经常被称为“团队学习”，是指从解决企业发展中的实际问题出发，通过“结构化会议”的方式，引导团队成员在统一的逻辑和思维框架下思考问题，达成共识，最终解决问题。

“团队学习”的逻辑依据是“解决问题六步法”，把解决问题的过程分为六个层层递进的步骤：第一步，回顾反思，提出下一步工作目标；第二步，摆问题，聚焦问题，找到现象背后的真正问题；第三步，分析问题的原因，找出问题的根源；第四步，制定解决方案，筛选并确定一个解决方案；第五步，为选出的方案制定行动计划；第六步，实施行动计划。“解决问题六步法”既符合个体思维的逻辑，也符合组织发展的逻辑，是一个引领团队做出决策、实施决策的过程。只要以此为基础，团队就容易达成共识，就会形成合力。

基于“解决问题六步法”，中粮形成了培训的基本模式：结构化会议。所谓结构化会议，就是从企业需要解决的实际问题入手，按照导入理念和分析工具→集体研讨→引导催化→总结关闭四个环节，引导整个团队提出解决问题的方法，做出决策。培训设计的基本思路是，首先明确要达到的目的或需要解决的实际问题，然后导入相应的理论、方法和工具，重头戏是分小组集体研讨和呈现，而团队领导在其中承担引导催化的作用，引导大家形成共识或制定解决方案。

培训过程看似简单，真正做起来并不容易。每次培训都要提前很长时间做准备，对培训的内容和形式进行反复讨论，与内外部培训师深入沟通，形成详细的“脚本”，要让外部培训师充分了解中粮，理解组织的意图。过去几年，中粮更多的是利用内部培训师，因为他们更了解企业的实际情况。

培训的重头戏是集体研讨。每次的培训研讨题，都需要经过反复斟酌。题目的好坏直接关系到研讨效果。没有对企业的深刻认识和理解，就出不好研讨题。另外，经过几年的实践，中粮形成了一套集体研讨的规则，包括划分集体研讨的角色：组长、纠偏员、书记员、时间控制员、陈述人。有时组长是组外成员来确定，有时是小组自行确定。一般情况下组长不由最高领导来担任。集体研讨中使用统一的研讨工具，包括头脑风暴、活动挂图法、团队列名法、鱼骨图、结构树、帕累托分析、系统思考，且在研讨前先培训组长如何使用研讨工具。

创造一种积极参与的气氛也是培训设计的重点之一。在忠良书院，有一个人人皆知的“学习契约”：人人平等，积极参与；开放心态，质疑反思；明确目标，解决问题。中粮要求领导在集体研讨时做到不先发言，避免“一言堂”。在此过程中，还会设计各种活动和游戏，加快团队的融合，加强学员之间的交流。

中粮在培训中也力求更好地体现企业文化。为了推动战略转型，通过集体研讨确立了“诚信、业绩、专业、团队、学习、创新、公开、公正、透明、简单、处以公心、与人为善”的新型企业文化。除了在培训内容中不断宣传和强化新型企业文化，在培训方式上也力求体现一种科学、系统、参与、投入、透明、团队共同提高的工作态度和方法，从根本上改善组织的工作气氛和习惯。每次培训，中粮都会宣读企业使命，唱司歌，设计一些活动或仪式，这实际上是让学员更直接地感受企业文化。

资料来源：根据中粮集团人力资源部总监迟京涛的讲话稿改编。

［讨论题］

1. 试分析中粮是如何通过培训推动战略转型的。
2. 你认为中粮的战略性培训开发对于我国国有企业有哪些启示?

第 2 篇

方法篇

第4章 人员培训

学习目标

1. 掌握培训的目的、基本流程和意义。
2. 掌握培训的主要内容，针对不同培训内容的主要培训方法。
3. 了解各种培训方法的优缺点、运用要点和效果。

培训是人力资源开发的重要手段之一，对人力资源的开发和积累具有直接作用。本章重点讨论培训的主要内容、基本流程、基本方法和技术及其应用。

第1节 培训的内容

为提高培训质量、达到培训目的，组织应根据不同的培训对象、不同的培训方式、不同的培训内容选择不同的培训方法。现代的培训活动按其性质可划分为三个层次：知识培训、技能培训、观念与态度培训。这三个层次的培训是由表及里逐步深入的，不同性质的培训其深度也有所不同，但这三个层次的培训并不是截然分开的，有时是多种性质融合在一起的。不同层次的培训对应的主要目标不一样，进行培训设计的方法也不一样。①

一、知识培训

知识培训的主要任务是对参训者所拥有的知识进行更新。其主要目标是要解决“知”的问题。现代社会的主要特征是知识的爆炸与知识的老化几乎同时出

① 萧鸣政．人力资源开发．北京：北京大学出版社，2011.

现。人才是知识的载体，确切地说，是一个动态的载体。他身处现代社会的环境之中，知识的老化与知识的更新在同一个人头脑中循环交替，当知识更新速度快于老化速度时，人才就能保持其竞争优势，当老化的速度超过更新的速度时，人才就逐渐落伍于时代，被后来者赶上。现代培训的目的是不断地开拓人的发展期，使人不断适应新的工作，适应社会的变化，并开拓新的局面，达到新的水平。知识更新的任务就是不断地维持人类的继承与发展。这类培训任务既是最基本的，也是最大量的。

二、技能培训

技能培训的主要任务是对参训者所具有的能力加以补充。其主要目标是要解决“会”的问题。随着时代的进步，每个行业、每个岗位都会有新的能力要求。此外，现代产业结构的不断调整使大量的旧行业消失、新行业兴起，必然产生大量的转岗培训，新的形势对技能培训提出了许多新要求，这些要求包括质与量两个方面。所以，以胜任岗位工作能力为基础的培训越来越受欢迎。这种能力不是指简单的技能，而是对人的综合能力的一种表述。

三、观念与态度培训

观念与态度培训包括多重方面，例如思维方式、价值观念、职业道德、行为规范和工作态度等。其中，思维培训的主要任务是使参训者的思维定式得以创新。其主要目标是要解决“创”的问题。如果培训仅仅是灌输知识、传授技能，我们就只能培训人的一种“重现”能力，而不是一种可以重新“整合”的创新能力。那么，我们虽然可以继承，却难以发展。近年来，一类名为“创造性思维训练”的培训项目在我国火热兴起。通过训练，参训者对自己原有的思维定式提出挑战，学会以一种崭新的视角来看问题，这个事物本身就是一种创造。人的思维定式往往是自己造成的，改变思维定式，就要战胜自己，那必然会是很困难的。现代培训就是要勇敢地探索对人的思维模式的训练，使获得创新思维成为现代人的一种新追求，从而使社会科学与自然科学的发展更加日新月异。观念培训的主要任务是使参训者持有的与外界环境不相适应的观念得到改变，其主要目标是要解决“适”的问题。有知识，又有技能，也有较好的思维方式，下一个层次就是观念问题了。如果观念是落后的，行动也必然是落后的。对人这一个体来说，观念是一种在生活中沉淀下来的惯性，落后的观念则是由于遵循长期的社会惯性。现代培训就是要认真地引导参训者实现观念的转变，以适应社会环境的急剧变化。特别是在改革开放的今天，人的观念对环境变化的适应度直接关系到自身的生活质量。

第2节　培训的流程

培训的流程包括培训需求分析、培训规划制定、培训实施和培训效果评估四大步骤，具体如图4-1所示。

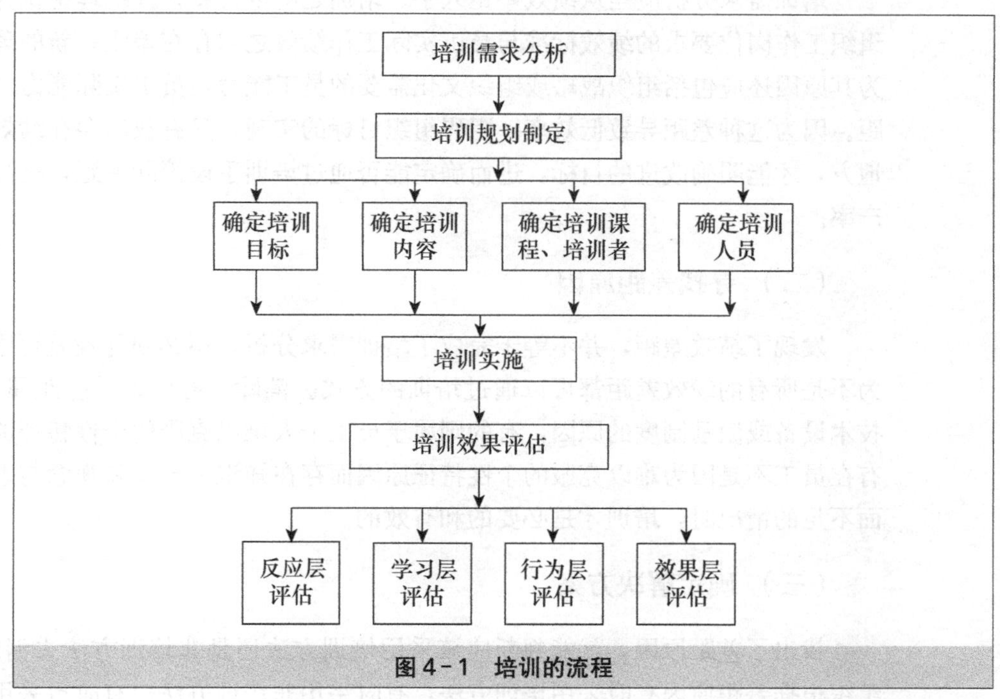

图4-1　培训的流程

一、培训需求分析

培训需求分析包括组织分析、任务分析和人员分析三个层次。

组织分析着重分析组织的经营战略目标、资源和环境，兼顾近期利益和长远发展，由此决定相应的培训。培训的必要性和适当性，以及组织文化的配合是重要的前提，否则培训后如果造成组织内更大的认知差异，就得不偿失了。同时，对于组织结构、组织目标及组织优劣势等也应该加以分析，以确定培训的范围与重点。

任务分析的主要对象是组织的各个职位，即通过任务分析要确定各个职位的工作任务，各项工作任务要达到的标准，以及完成这些任务所必需的知识、技能和态度。任务分析包括核查岗位说明书及要求，了解从事某项工作的具体内容，分析完成该工作所需的各种技能和能力。通过任务分析确定参训人员培训的内容。

人员分析重点评价员工怎样才能具备完成工作所要求的知识、技能和观念与态度。人员分析询问的问题有两个：组织中谁需要培训？需要什么样的培训？回答这两个问题能够使组织确定所需要的培训目标或特定的培训项目。

确定进行培训需求分析并收集相关的资料后，要从不同层次、不同方面、不同时期对培训需求进行分析，以下是具体做法。

（一） 查找绩效差距

培训需求分析应当从绩效差距入手。培训之所以必要，传统理论认为是因为组织工作岗位要求的绩效标准与员工实际工作绩效之间存在差距；新的理论则认为其原因还应包括组织战略或组织文化需要的员工能力与员工实际能力之间的差距。因为这种差距导致低效率，阻碍组织目标的实现。只有找出存在绩效差距的地方，才能明确改进的目标，进而确定能否通过培训手段消除差距，提高员工生产率。

（二） 寻找差距原因

发现了绩效差距，并不等于完成了培训需求分析，还必须寻找差距原因，因为不是所有的绩效差距都可以通过培训的方式去消除。有的绩效差距属于环境、技术设备或激励制度的原因，有的则属于员工个人难以克服的个性特征原因，只有在员工不是因为难以克服的个性特征原因而存在知识、技能和观念与态度等方面不足的情况时，培训才是必要的和有效的。

（三） 确定解决方案

找出了差距原因，就能判断应该采用培训方法还是非培训方法去消除差距。组织根据差距原因有时采用培训方法，有时采用非培训方法，有时也采用培训与非培训相结合的方法，一切都根据绩效差距原因的分析结果来确定。

二、培训规划制定

培训规划是培训目标、培训内容、培训指导者、受训者、培训日期和时间、培训方法、培训场所与设备的有机结合。培训需求分析是培训方案设计的指南，一份详尽的培训需求分析就可勾画出培训方案的大概轮廓。在培训需求分析的基础上，下面就培训规划各组成要素进行具体分析。

（一） 培训目标的设置

培训目标是培训方案实施的导航灯。有了明确的培训总体目标和各层次的具体目标，培训指导者就确定了施教计划，积极为实现目的而教学；对于受训者来说，明了学习目的所在，才能少走弯路。培训目标与培训方案有机结合就能使培训达到理想的结果。

（二）培训内容的选择

在明确了培训的目的和期望达到的学习结果后，接下来就需要确定培训中所应包括的传授信息。尽管具体的培训内容千差万别，但一般来说，培训内容包括知识培训、技能培训、观念和态度培训等。究竟该选择哪个或是哪几个层次的培训内容，应根据各个培训内容层次的特点和培训需求分析来进行。

（三）谁来指导培训

培训资源可分为内部资源和外部资源，内部资源包括组织领导、具备特殊知识和技能的员工；外部资源包括专业培训人员、学校、研讨会或学术讲座等。在众多的培训资源中，选择何种资源，最终要由培训内容及可利用的资源来决定。

（四）确定受训者

根据组织的培训需求分析，不同的需求决定不同的培训内容，从而大体上确定不同的培训对象，即受训者。

在具体的培训需求分析后，根据需求会确定具体的培训内容，根据需求分析也确定了哪些员工缺乏哪些知识或技能，培训内容与缺乏的知识及技能相吻合者即为本次受训者。从培训内容及受训者两方面考虑，最终确定受训者。

（五）培训日期的选择

在做培训需求分析时，确定需要培训哪些知识与技能，并根据以往的经验，对这些知识与技能培训做出日程安排。看大致需要多少时间，以及培训真正见效所需的时间，从而推断培训提前期的长短，根据何时需用这些知识与技能及提前期，最终确定培训日期。

（六）适应培训方法的选择

组织培训的方法有多种，如讲授法、演示法、案例研究法、研讨法、视听法、角色扮演法等各种培训方法都有其自身的优缺点，为了提高培训质量，达到培训目的，往往需要各种方法配合起来，灵活使用。在培训时可根据培训方式、培训内容、培训目的而择一或多种配合使用。

（七）培训场所及设备的选择

培训内容及培训方法决定着培训场所及设备。培训场所有教室、会议室、工作现场等，若以技能培训为内容，则决定了最适宜的场所为工作现场，因为培训内容的具体性要体现信息传授的具体性，而许多工作设备是无法推进教室或会议室的。培训设备则包括教材、笔记本、笔、模型，有时还需幻灯机、录像机等，不同的培训内容及培训方法最终确定了培训场所和设备。

三、培训实施

在培训的实施过程中，要注意以下三点：

（1）要端正对培训的认识。在组织培训的实践中，一些员工在培训后能力提高，或跳槽另觅高就，或要求加薪晋级。组织因此认为，与其这样，不如不搞培训。因噎废食不可取！根据美国人力资源管理专家舒斯特对 1 284 家公司的专门调查：接受企业内训、强化人力资源开发的企业，其收益率比没有做这些的至少高 11%。①

（2）对培训方案的规划并不是一劳永逸的，培训实施也并非按部就班地按照既定方案执行到底。在培训实施过程中，需要随时对培训方案规划进行审视，根据实际的培训效果和员工反应做出动态的调整。

（3）要使培训后人员更加稳定，关键是把培训与组织发展和员工个人职业发展相结合。要在员工的需求和组织的需求之间寻找最佳结合点。员工的发展要和培训同步，培训略超前于员工的职业发展。组织在做各类培训前要认真了解员工尤其是核心员工的优劣势、价值观，帮助员工做好自我评价，准确把握员工的职业锚（career anchor），同时要有完善的培训体系，要设计基于任职资格体系或胜任力模型所要求的培训课程。

四、培训效果评估

培训效果评估是整个培训的最后一个阶段，是对培训成果的验收。首先，对人力资源部来说，要知道培训项目是否存在不合理的地方，例如，内容不适当、授课方式不适当、对工作没有足够的影响或受训人员缺乏积极性等，了解问题后就可以有针对性地考虑对这些部分进行重新设计或调整。其次，公司的总经理比较关心培训的产出，即培训有没有给公司带来实际的收益，所以要让领导者切实看到培训的收益。这就要求员工的培训效果评估要从多个角度进行。

现在采用比较广泛的是柯克帕特里克模型，它的评估角度比较全面。根据柯克帕特里克的四阶层评估模型，对员工的培训评估可分为四个层面：反应层评估——员工对课程及学习过程的满意度的评估；学习层评估——对员工的知识、技能、态度、行为方式方面的收获的评估；行为层评估——对员工的行为改变情况的评估；效果层评估——对组织获得的经营业绩或培训的整体投资报酬率的评估。

（1）反应层评估主要是看员工对培训项目的看法，包括员工对培训师、教材、讲课方法和内容等的看法。主要通过问卷调查的方法来收集信息。

（2）学习层评估是最常用到的一种评价方式。它测量受训者对原理、事实、技术和技能的掌握程度。学习层评估的方法包括笔试、技能操练和工作模拟等。

① 佟亚丽．企业流行健康诊断．光明日报，2002-08-05．

培训组织者可以通过笔试、绩效考核等方法来了解受训者在培训前后，知识以及技能的掌握有多大程度的提高。

（3）行为层评估往往发生在培训结束后的一段时间，由上级、同事或客户观察受训者的行为在培训前后是否有差别，他们是否在工作中运用了培训中学到的知识。由于他们平时离受训者比较近，可以清楚地发现受训者工作的一些细节，了解受训者将哪些培训的技能运用到实际的工作中去了。

（4）效果层评估上升到组织的高度，即组织是否因为培训而经营得更好。具体对公司来说可以通过一些指标来衡量，如事故率、生产率、员工流动率、质量以及组织对客户的服务等。通过对这样一些组织指标的分析，组织能够了解培训带来的收益。

第 3 节　培训的方法与技术

培训目标必须通过特定的培训方法与技术才能实现。因此，能否选择适当的培训方法与技术，实际上决定着培训目标能否实现。培训方法与技术的选择，必须遵循以下五条原则：（1）在所选择的培训方式中，受训者应该有足够的时间与机会来理解、操作与运用培训目标中所规定的知识与能力，获得足够的学习经验；（2）在培训实践活动中，受训者能够因为实践培训目标中所隐含的行为方式、知识与能力而获得满足感；（3）在培训实践活动中，所期望的行为经验反应是在受训者力所能及的控制范围内；（4）在培训实践活动中，受训者可以通过一种学习经验获得不同的知识与能力；（5）在培训实践活动中，受训者可以获得特定的经验，用来掌握同样的培训目标中所规定的知识与能力。

一、知识培训的方法与技术

（一）讲授法

讲授法是培训者向受训者面对面传授有关培训信息，这是正规学校教育采用的方法，也是组织实际培训中应用最多、操作最简便的培训方法。其最大的好处是便于大规模传授知识信息，具体形式可以多种多样。但在单向传递信息中，受训者往往处于被动状态，难以有具体操作的实感。运用讲授法的基本要求是：讲授内容要具有科学性和思想性；讲授要有系统性，举例恰当，富有启发性；讲授语言要简练、准确、生动；注意讲授和直观教学相结合。

（二）谈话法

谈话法又称问答法，是培训者根据受训者已有的知识和经验，提问受训者，并引导受训者对所提出的问题做出回答，从而使受训者获得知识、发展智力和提高思想觉悟的方法。谈话法是一种古老的教育方法。运用谈话法的基本要求是：培训前要充分准备，精心设计问题；要按计划进行谈话，掌握时机，善于发问；要面向全体受训者，做到因人施问；谈话结束时，培训者应当结合受训者回答问题的情况进行总结。

（三）视听法

视听法是一种采用事先制作好的视觉听觉教材，受训者通过视听而获得培训的方法。视听材料可以购买或租赁，也可以为某一组织的特定需要而摄制。视听法的优势有：直观，能观察到许多过程细节，活动的物体容易记忆，容易引起视觉想象，可以重播和大量复制。视听法也有一些缺点：受训者处在消极的地位，受训者没有机会反馈或实际操作，制作成本大，可能不符合受训者的实际情况。

（四）研讨法

研讨法分两种。一种是以受训者感兴趣的题目为主，作有特色的演讲，分发材料，引导受训者讨论。另一种是在上述内容基础上辅之以其他方法，如案例研究、电影、游戏、角色扮演等。研讨会要对参与人数有一定的限制。研讨法的效果好坏与培训师的水平关系密切。较差的研讨法效果只相当于授课，较成功的研讨法由于结合了其他方法的长处，效果十分理想。

（五）演示法

演示法是指培训者通过展示各种实物、教具，进行示范性实验，或通过现代化教学手段，使受训者获取知识的教学方法。演示法常配合讲授法、谈话法一起使用，它对提高受训者的学习兴趣，发展观察能力和抽象思维能力，减少学习中的困难有重要作用。运用演示法的基本要求是：根据教学内容确定演示目的，选好演示教具，做好演示准备；演示要适时，要使全体受训者都能看到演示对象；演示时，培训者应对演示对象做必要的说明，要指导受训者观察演示对象的主要特征和重要方面，尽可能让受训者运用多种感官去感知；演示时要配合讲解，最后要进行总结。

（六）参观法

参观法是根据教学目的和任务，组织受训者到现场对实际存在的事物和发生的事件进行观察和研究，从而获得知识和观念的一种教学方法。运用参观法的基本要求是：参观前培训者要做好充分准备；参观时，培训者要对受训者进行具体指导，要明确具体要求，要对受训者做必要的讲解，或请有关人员进行讲解，并鼓励受训者提问题，做到理论联系实际；参观后，培训者要进行总结，并检查参观计划完成情况。

二、技能培训的方法与技术

（一）开发创造性与改进问题解决能力的培训技术与方法[①]

1. 实验实习法

现场实验实习方法，可以不使用真实的现场条件，而是用模拟器模拟与现场相同的条件、状态，让参与者体验这些条件，练习在实际条件下运用学到的知识。这种方法主要适用于受训者由于缺乏经验和技术可能发生危险或付出过高代价的场合。

2. KJ 法

KJ 法又称 A 型图解法、亲和图法（affinity diagram）。KJ 法是卡片排列方式创造性思维方法的一种。起初此法根据卡片排列的具体形式而取名为“纸片法”，后来取提倡此法的川喜田二郎教授的姓名首字母，定名为 KJ 法。

这种方法初见于 1954 年，文化人类学家川喜田二郎在整理他在喜马拉雅探险中所获资料时采用了这种卡片方式。即把乍看上去根本不想收集的大量事实如实地捕捉下来，通过有机的组合和归纳，发现问题的全貌，建立假说或创立新学说。后来他把这套方法与头脑风暴法相结合，发展成包括提出设想和整理设想两种功能的方法，这就是 KJ 法。这一方法自 1964 年发表以来，作为一种有效的创造技法很快得以推广，成为日本最流行的一种方法。KJ 法的主要特点是在比较分类的基础上由综合求创新。在对卡片进行综合整理时，既可由个人进行，也可以集体讨论。

KJ 法的应用范围很广，常用于以下生产管理活动中：（1）迅速掌握未知领域的实际情况，找出解决问题的途径。（2）对于难以理出头绪的事情进行归纳整理，提出明确的方针和见解。（3）通过管理者和员工的共同讨论和研究，有效地贯彻和落实组织的方针政策。（4）成员间互相启发，相互了解，努力为实现共同目标而有效合作。

在全面质量管理活动中，KJ 法是寻找质量问题的重要工具，具体来讲，KJ 法可以用在以下几个方面：（1）制定推行全面质量管理的方针和目标；（2）制定发展新产品的方针、目标和计划；（3）用于产品市场和用户的质量调查；（4）促进质量管理小组活动的开展；（5）协调各部门的意见，共同推进全面质量管理；（6）调查协作厂的质量保证活动状况。

3. ZK 法

ZK 法是 1969 年东京工业大学的片方善治介提倡的技法。其特点是，借助扩散思维与收束性思维的交互作用，展开创造性思维；借助个人思维与集体思维的相互作用激发新思路。

---

① 萧鸣政．人力资源开发．北京：北京大学出版社，2011.

4. KT 法

KT 法是最负盛名的决策模型，由美国人查尔斯·凯普纳（Charles H. Kepner）和本杰明·特雷高（Benjamin B. Tregoe）二人合创。KT 法是一种思考系统，即就事情各自的程序，按照时间、场所等，明确区分发生问题的情形和没有发生问题的情形，由此找出原因和应该采取的办法。KT 法共分四个步骤：查明原因、决定选择方法、危险对策、掌握情况。KT 法帮助提供没有偏见的决策分析。作为一项结构化的决策方法，它对决策各相关要素一一进行辨识和排序。作为一项管理工具，KT 法的价值在于，它能够有效限制误导决策的各项有意或无意的偏见。这一决策方法可以广泛应用于各个领域，如市场、选址等。KT 法的使用者可以根据清晰明确的目标对各选择方案进行评估，从而优化最终决策结果。

5. 案例研究法

案例研究法是一种培训员工做出决策和解决问题的方法。这种方法的步骤是：先让受训者阅读一则描述完整的经营问题或组织问题，然后要求受训者找出一个适当的解决方法。案例研究法的目的是培训受训者如何分析信息、如何产生一些方法，以及如何评价这些方法。案例研究法通过口头讨论或书面作业来进行反馈和强化。通过案例分析，受训者学习如何把一些原则运用到现实的问题中去。该方法由于费用较低，在组织培训中广泛运用。

6. ST 法

ST 法（集体感觉性训练）将受训者隔离在远离工作场所的“文化孤岛”上，使之引起受训集体的需求，以此为契机，激发共鸣。这种技法是在 1946 年麻省理工学院人际关系研究会中提出的。ST 法是一种有助于态度变化的体会学习，使受训者掌握适于该情境的行为。其效果是，能加深自我认识，形成统率力。

7. 游戏法

游戏法是指由两个或更多的参与者在遵守一定规则的前提下，相互竞争并达到预期目标的方法。游戏的形式取决于游戏的内容，通常游戏中含有竞赛和变革的内容。游戏只是手段，目的是培养学员的各种能力。

8. 角色扮演法

人为了工作和社会生活，需要扮演各种角色。这就要求同一个人根据不同状况采取符合各自角色的不同行为，角色扮演法旨在通过有效地发挥种种角色作用而开发其行为能力。这种技法是从 1923 年精神医学家英雷诺开发的心理剧发展而来的。该技法的特点是，能从自由设定状况入手，比较简单地导入研修，在接受现实的状况下展开演技，可以提高受训者的参与意识与满足感。就其效果而言，可以掌握待客技术、推销技术，提高自主性、创造性，理解他人的立场。

（二）指导下属及改进管理能力的培训技术与方法

1. 面谈咨询法

面谈咨询法是指管理者借与下属面谈的机会，指导下属解决问题的方法。

2. 工作现场训练法

工作现场训练法是指通过受训者积极参与实际工作情景的演练过程来训练开发特定技能，学习某种操作方法或模拟有关行为方式等。

3. 管理人员训练法

管理人员训练法（management training program，MTP）是产业界最普及的管理人员训练方法，目的是以最大范围的综合研究方式，学习基本管理知识，提高管理人员的管理能力。MTP 由美国空军在第二次世界大战期间发展，20 世纪 50 年代引入日本，后经日本产业界有系统的推广，成为目前世界上最普及、最有系统的中层管理人员训练课程。目前日本产业界 MTP 参训人员超过 100 万人次，日本经济快速发展，MTP 功不可没。MTP 管理课程在美国参训人员超过 300 万人次，在中国、新加坡、韩国等亚洲地区总计训练超过 200 万人次。

实施阶段包括：首先，介绍训练的大致内容。即罗列出管理者应具备的知识、技法和态度，并将之书面化，作为参考资料发给受训人员。

（1）管理人员应掌握的知识：对管理术语的了解，如组织、经营思想、目标管理、经营环境、经营战略、产品组合、产品系列等基本概念；对组织内部管理体制的了解；对生产管理、产品管理、销售管理、物资与设备管理、劳动工作管理、财务管理、信息管理等知识的一般性了解；对所在职位的管理的详细了解；对社会心理学和公共关系学的了解；对计划、领导、组织、控制等知识的了解。

（2）管理人员应掌握的技法：改善工作组织法；改进工作质量法；开发创造力方法；授权的方法；提高效率的方法；烦琐事务简化法、时间运筹法和提高会议效率法；目标激励法、奖罚激励法、竞赛与评比激励法、榜样激励法；人才选拔与考核方法；决策、计划、预测方法；解决问题的方法。以上方法并非毫无选择地作为讲课内容，应根据组织实际而定。

（3）管理者应持有的态度：认同组织文化，捍卫组织利益；以组织、控制和激励团体为己任；认清管理的对象、纷繁复杂的市场、内部的斗争、管理者自身。

其次，讲课的具体步骤。针对管理者共通的概念、共通的语言，依次讲授下面六大部分：

（1）管理的基础。一共 6 课时，包括：管理思想、组织原则、组织重整。

（2）工作的改善。一共 8 课时，包括：改善工作组织法、改进工作质量法、开发创造力的方法和管理工作的标准。

（3）工作的管理。一共 10 课时，包括：组织的计划、管理者的命令贯彻、管理与生产的统一、管理计划的标准、指导下属。

（4）下属培养。一共 6 课时，包括：培养下属的思考方式、培养下属的能力、培训组织能力。

（5）人际关系。一共 8 课时，包括：了解下属的行动、启发下属的能力、处理问题的方法、激励士气。

（6）管理的方式。一共 2 课时，讲授领导的艺术。

三、观念与态度培训的方法与技术

1. 陶冶法

陶冶法又称情境教学法，就是通过创设良好的情境和组织有教育意义的活动，潜移默化地培养受训者思想情操与品德个性的一种教育方法。陶冶的方式很多，其中对受训者影响较大的主要有人格感化、环境熏陶和艺术陶冶等。运用陶冶法的具体要求是：要精心选择与创建具有教育意义的教育环境；要引导受训者自觉地从情境中吸取有益的精神营养；要引导受训者参与教育情境的创建。

2. 评价法

评价法是指根据一定的标准对受训者学习和发展的过程与结果给予肯定或否定，以促进受训者发扬优点，克服缺点，不断取得进步的一种教育方法。主要有两种方式：表扬与奖励、批评与惩罚。运用评价法的基本要求是：评价要公正合理，符合实际，并引导受训者正确地对待评价；要发扬民主，既要使评价得到受训者集体的支持，又要使评价产生集体教育的效应；评价要及时，注意时效性，应以鼓励为主，尽量少用惩罚，但也不能滥用奖励。

3. 榜样示范法

榜样示范法是指用他人的优秀思想品质和模范行为来影响受训者的思想感情和行为的一种教育方法。其实质就是用人格的力量教育人，用高大的形象感化人。具有示范作用的榜样主要有三类：英雄、模范人物的形象和事迹是受训者最崇高的榜样；优秀同事是受训者最直接的榜样；历史、文艺作品中的正面典型人物往往是受训者最熟悉的榜样。运用榜样示范法的基本要求是：首先，所选择的榜样必须具有先进性、典型性和楷模性；其次，要向受训者提出学习榜样的目的和要求；再次，要引导受训者把学习典型人物的实际行动迁移到自己的学习和日常工作中。

4. 实际锻炼法

实际锻炼法是指通过各种实践活动，训练和培养被开发者优良思想品德的方法，包括日常实践和专门组织的行为实践。

5. 生活指导法

生活指导法是指管理者就人生的整个生命领域，结合被开发者生活中的实际问题，给予具体引导与帮助，使其获得尽可能充分和全面的发展。

6. 感受性训练

感受性训练是指通过提高被开发者对他人、团体、组织与社会的感受性，感受与周围人群的相互作用，改善与他人之间的沟通方式与关系的一种方法。

7. 沟通分析训练

沟通分析训练是指通过学习体验，确认自我与他人的自主性与自律性，了解人与人之间的双向要求，改善人际关系的一种方法。

四、培训的意义与要求

现阶段培训的职能已经突破岗位技能的范围，更注重提高员工的胜任能力，激发员工的学习动机，强调员工有自我发展的主观能动性，将目标与长远规划结合起来，与对战略的思考紧密联系起来。所以组织应不断地对员工进行培训与开发，向员工灌输组织的价值观，培训良好的行为规范，使其能够自觉地按惯例工作，从而形成良好、融洽的工作氛围，增强员工对组织的认同感，增强员工与员工及管理人员之间的凝聚力及团队精神。组织首先要树立全新的开发理念，将培训作为组织文化的重要组成部分。其次要完善培训体系，通过科学的培训体系将培训活动加以落实和固化。最后要正视培训需求的分析和效果的评价考核，把好这两关是完成培训工作的枢纽。在知识经济时代，组织要想在激烈的竞争中生存发展，在竞争中立于不败之地，就必须重视对组织员工进行培训，提高员工的素质，做好培训工作。

第4节　培训方法的应用案例

一、知识培训案例

（一）IBM销售人员和系统工程师培训①

国际商业机器公司（International Business Machines Corporation，IBM）是一家拥有近40万名员工、几百亿美元资产的大型企业，其年营业额超过700亿美元，利润为70多亿美元。它是世界上经营最好、管理最成功的公司之一。在计算机这个发展最迅速、经营最活跃的行业里，IBM是长期的领导者，多年来，在《财富》杂志评选出的美国500强公司中一直名列前茅。IBM追求卓越，特别是在人才培训、造就销售人才方面取得了成功的经验。

IBM的销售人员和系统工程师要接受为期12个月的初步培训，主要采用现场实习和课堂讲授相结合的教学方法。学员75%的时间是在各地分公司中度过的，其余时间在公司的教育中心学习。分公司负责培训工作的中层干部将检查该公司学员的教学大纲。这个大纲包括从学员的素养、价值观念、信念原则到整个生产过程的基本知识等方面的内容。学员利用一定时间与市场营销人员一起访问用户，在实际工作中加深体会。此外，还经常让新学员在分公司的会议上，在经

① 角色的模拟：IBM培训“怪招”. 中国培训，2003（12）.

验丰富的市场营销代表面前进行第一次成果演示，有时，有些批评可能十分尖锐，但学员们因此增强了信心，并赢得同事们的尊敬。该公司从来不会派一名不合格的代表会见用户，也不会送一名不合格的代表去接受培训，因为这不符合优秀组织的概念。

销售培训的第一期课程包括 IBM 经营方针的很多内容，如销售政策、市场营销实践以及计算机概念和 IBM 的产品介绍；第二期课程主要是学习如何销售。在课堂上，学员会了解公司有关后勤系统以及怎样应用这个系统。他们研究竞争和发展一般业务的技能。在成为一个合格的销售代表或系统工程师的过程中，学员始终坚持理论联系实际的学习方法，到分公司可以看到他们在课堂上所学知识的实际部分。

现场实习之后，还要再进行一段长时间的理论学习，这是一段令人“心力交瘁”的课程：紧张的学习每天从早上 8 点到晚上 6 点，附加的课外作业常常会使学员熬到半夜。在商界，人们必须学会合理安排自己的时间，他们必须明白：“充分努力意味着什么？学个通宵是否比只学到晚上 10 点好？”课程开始之前，像在学校那样，要对学员分班，分班是根据他们的知识水平决定的。经过一段时间的学习之后，考试便增加了主观因素，学员们还要进行销售演习，这是一项具有很高的价值和收益的活动。用户对于一个销售人员，只能从他如何表达自己的知识来鉴别其能力的高低，商界就是一个自我表现的世界，销售人员必须做好准备去适应这个世界。

（二）西门子的全员化培训①

具有 170 多年辉煌历史的西门子公司是实行全员化培训的典范。西门子素以高质量的产品、完善的售后服务、不断创业和创新的口碑著称于世。在这些辉煌成绩的背后是西门子独具特色的人才培训体系。西门子对员工进行培训的根本目标，是使他们能够从容应对各方面的挑战。为此，西门子为不同的员工设计了有针对性的培训。这些培训从内容上看，主要分为三种。

1. 新员工培训

西门子早在 2002 年就拨专款设立了专用于培训工人的“学徒基金”。公司在金球拥有 60 多个培训场所，如在公司总部慕尼黑设有西门子学院，在爱尔兰设有技术助理学院，学院都配备了最先进的设备。共有 10 000 名学徒在西门子接受第一职业培训，大约占员工总数的 5%，他们学习工商知识和技术，毕业后可以直接到生产一线工作。在中国，西门子与北京国际技术合作中心合作，建立了北京技术培训中心。合同规定，中心在合同期内负责为西门子在华建立的合资组织提供人员培训，该中心每年可以对 800 人进行培训。

2. 大学精英培训

西门子每年从大学生中选出优秀毕业生进行专门培训，培训他们的领导能

① 西门子：培训成就百年辉煌．经营管理者，2008（4）．

力，培训时间为10个月，分3个阶段进行。第一阶段，让他们全面熟悉组织的情况，学会从网上获取信息；第二阶段，让他们进入商务领域工作，全面熟悉组织的产品，加强团队意识；第三阶段，将他们安排到下属组织（包括境外组织）承担具体工作，在实际工作中获得实践经验和知识技能。大学精英培训计划为西门子储备了大量管理人才。

3. 员工在职培训

西门子努力走“学习型组织”之路。为此，西门子特别重视员工在职培训，在公司每年投入的数亿美元培训费中，有60%用于员工在职培训。西门子员工在职培训和进修主要有两种形式：西门子管理教程和在职培训员工再培训计划，其中管理教程培训尤为独特和有效。

西门子的人才培训计划从新员工培训、大学精英培训到员工在职培训，涵盖了业务技能、交流能力和管理能力的培育，为使公司新员工具有较高的业务能力，为储备大量的生产、技术和管理人才，为不断更新和提高员工知识、技能、管理能力提供了保证。西门子长年保持着公司员工的高素质，这是西门子较强竞争力的来源之一。

二、技能培训案例

（一）沃尔玛的三步培训法①

《财富》杂志每年的世界500强排行榜上，全球最大的零售帝国——沃尔玛经常名列前茅。沃尔玛之所以成为世界500强企业中的零售业“巨无霸”，原因有很多，最关键的在于其始终将员工视为最大财富，注重对员工的培训与提升。沃尔玛在制定科学的培训计划与丰富的培训内容的基础上，非常注重采用寓教于乐的培训方式对员工进行技能培训，搭建有效的员工培训平台，以培训打造一流的服务团队。探究沃尔玛员工培训机制，对于我国企业完善员工培训体系，具有借鉴意义。

1. 经验式培训

为了让员工不断进步，沃尔玛主要采用经验式培训方式，以生动活泼的游戏和表演为主，训练公司管理人员“跳到框外思考”。在培训课上，培训师讲讲故事、做做游戏，再让学员自己搞点小表演，让他们在培训中展现真实的行为，协助参与者分析，通过在活动中的行为进行辅导，这种方式既有趣又有效。例如，在国际领导艺术培训计划中有一项著名的“四英尺训练”。具体情景是培训师与管理层员工一起走场，沿着货架一个四英尺一个四英尺地看。所有人都站在货架前面，培训师先让员工说这个货架有什么可以学习的，有什么可以改进的。比如在沐浴液货架上，有的人想到的是什么品牌好卖，货架可以扩大一些。而培训师

① 郭成．沃尔玛的培训之道．培训，2012（4）．

讲解的不仅仅是细节，还会从多个角度分析，比如沐浴液旁边挂一些沐浴球可能会更好卖，要挂几种沐浴球，等等。

2. 交叉培训

沃尔玛注重对培训方法的创新，开创了世界上独一无二的交叉培训体系。通过交叉培训，许多沃尔玛员工都成了一专多能型人才。所谓交叉培训，就是一个部门的员工到其他部门学习，培训上岗，从而使这位员工在对自己从事的工作操作熟练的基础上，又获得另外一种职业技能。交叉培训可以让员工掌握多种技能，一个员工能做多种工作，员工在整个商店的其他系统、其他岗位都能够提供同事或者顾客希望得到的帮助，促使员工完美、快速地解决所面临的问题，增强工作团队的灵活性和适应性，提高整体的工作效率，缓解顾客的购物心理压力，让其愉快地度过购物时间。实践证明，交叉培训不仅有助于员工掌握新的职业技能，提高终身就业能力，消除以往只从事一种完全没有创新和变革的职务的不利心理因素，而且有利于员工树立全盘思考的意识，从不同角度考虑其他部门的实际情况，减少公司的内耗，必要时可以抽调员工到任何一家店及时增援。

沃尔玛在对连锁店员工进行培训时，注重培训师和培训员工之间的关系、培训内容理论性和实操性之间的关系以及强制性培训与自主性培训之间关系的平衡，采取前、中、后“三步培训法”，提升培训效果。图 4－2 是沃尔玛三步培训法步骤图。

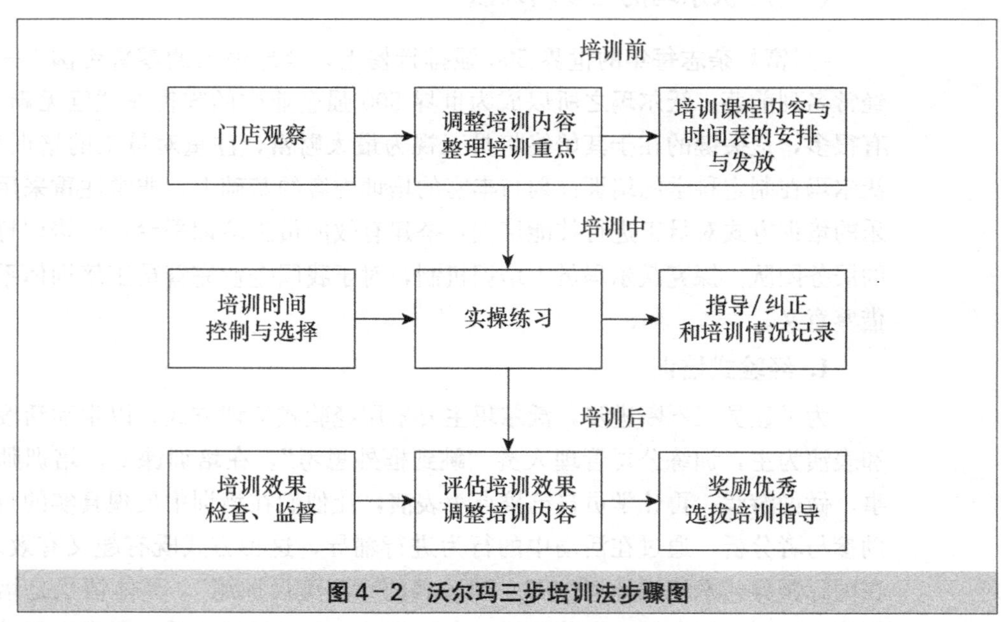

图 4－2 沃尔玛三步培训法步骤图

（1）培训前——理论联系实际。一般培训师设计的培训内容针对的是普遍现象，但每个行业、每个终端门店都有其特殊性。成功的案例和经验都是别人的，如何与该组织和门店员工的实际情况相结合是一个值得注意的问题。

培训师在准备培训内容之前，进行驻店观察，针对该组织、该门店、该员工实际存在的具体问题进行课程安排，就亟待解决的问题整理出培训重点，将培训落到实处。培训师可以提前发放培训课程内容和时间安排计划表给门店员工，让员工做好培训前的准备。

(2) 培训中——集中培训和日常培训相结合。提高员工的配合度是保证培训效果的重要前提。可将集中培训和日常培训两种方式相结合。

对于集中培训，一次培训课程的时间设置最好控制在1个小时之内；同一门培训课程可以在不同的时间段多安排几次，员工可以根据自身的时间和工作需要对培训课程进行选择，尽量避免培训对员工日常工作造成负担，降低员工对培训的抵触情绪；培训内容注意多设置实操演练环节，可以请表现优异的员工进行示范，适当地给予奖励，提高培训课程的互动性，活跃培训气氛。

对于日常培训，尽量安排在上班时间，培训师在旁边观察门店员工的操作，进行指导、纠正和记录培训情况。可以对某一员工培训前与培训后的操作情况进行DV拍摄记录，作为示范教本。

(3) 培训后——强化培训效果监管，树立“员工标杆”。培训就是培养和训练，本身带有一定的强制性。从强制性到员工的自觉行为，肯定需要一种以激励和愿景为核心的培训机制。一是强化培训检查制度。对员工的培训情况进行定期和不定期的检查和监督，提高员工对培训的重视程度，端正培训态度。二是评估培训效果。根据培训后的情况适时调整培训内容和方案。三是对培训后成长迅速、表现优异的员工进行奖励表彰，在员工内部树立“员工标杆”，对优秀员工和其他员工都起到良好的促进作用，激励员工进行自主性培训。四是选拔部分培训表现优秀的员工进行培养，成为“员工指导”，在培训工作上与培训师相配合，完善组织培训体系建设，减少培训成本，丰富培训资源。

(二) IBM的市场营销培训

IBM市场营销培训的一个基本组成部分是模拟销售角色。在公司第一年的全部培训课程中，没有一天不涉及这个问题，始终强调要保证演习或介绍的客观性，包括为什么要到某处推销和希望达到什么目的。同时，对产品的特点、性能以及可能带来的效益要进行清楚的说明和演习。学员们要学习问和听的技巧，以及如何达到目标和寻求订货等。假若用户认为产品的价钱太高，就必须先看看是不是一个有意义的项目，如果其他因素并不适合这个项目，单靠合理价格的建议并不能使你得到订货。

该公司采取的模拟销售角色的方法是，学员在课堂上扮演销售人员，教员扮演用户，向学员提出各种问题，以检查他们接受问题的能力。这种课接近于一种测验，可以对每个学员的优点和缺点进行评判。另外，还在一些关键的领域内对学员进行评价和衡量，如联络技巧、介绍与演习技能、与用户的交流能力以及一般组织经营知识等。对于学员扮演的每一个销售人员和介绍产品的演示，教员都给出评判。应特别提出的是，IBM为销售培训所发展的具有代表性、最复杂的技巧之一就是阿姆斯特朗案例练习，它集中设置了一种假设的由饭店网络、海洋运输、零售批发、制造业和体育用品等部门组成的复杂的国际业务联系。通过这种练习可以对工程师、财务经理、市场营销人员、经营管理人员、总部执行人员等的形象进行详尽的分析。这种分析可使个人的特点、工作态度，甚至决策能力等都清楚地表现出来。

由教员扮演阿姆斯特朗案例人员，可以创造出非常逼真的环境。在这个组织中，学员需要对各种人员完成一系列错综复杂的拜访，面对众多的问题，他们必须接触这个组织中几乎所有的人员，从普通接待人员到董事会成员。由于这种学习方法非常逼真，每个“演员”的“表演”都十分令人信服，因此每一个参加者都能像IBM所期望的那样认真地对待这次学习机会。这种练习的机会就是组织一次向用户介绍发现的问题，提出该公司的解决方案和争取订货的模拟用户会议。

三、观念与态度培训案例

自2019年6月起，中共中央政治局在全党自上而下分两批开展“不忘初心、牢记使命”主题教育。根据党的十九大部署，以县处级以上领导干部为重点，在全党开展“不忘初心、牢记使命”主题教育，用习近平新时代中国特色社会主义思想和党的十九大精神武装头脑、指导实践、推动工作，推动全党更加自觉地为新时代党的历史使命而努力奋斗。

开展“不忘初心、牢记使命”主题教育，是以习近平同志为核心的党中央统揽伟大斗争、伟大工程、伟大事业、伟大梦想作出的重大部署，对我们党不断进行自我革命，团结带领人民在新时代把坚持和发展中国特色社会主义这场伟大社会革命推向前进，对统筹推进“五位一体”总体布局、协调推进“四个全面”战略布局，实现“两个一百年”奋斗目标、实现中华民族伟大复兴的中国梦，具有十分重大的意义。

开展这次主题教育，要坚持思想建党、理论强党，推动全党深入学习贯彻习近平新时代中国特色社会主义思想；要贯彻新时代党的建设总要求，同一切影响党的先进性、弱化党的纯洁性的问题作坚决斗争，努力把我们党建设得更加坚强有力；要坚持以人民为中心，把群众观点和群众路线深深植根于思想中、具体落实到行动上，不断巩固党执政的阶级基础和群众基础；要引导全党同志勇担职责使命，焕发干事创业的精气神，把党的十九大精神和党中央决策部署特别是全面建成小康社会各项任务落实到位。

开展“不忘初心、牢记使命”主题教育，根本任务是深入学习贯彻习近平新时代中国特色社会主义思想，锤炼忠诚干净担当的政治品格，团结带领全国各族人民为实现伟大梦想共同奋斗。这次主题教育要贯彻守初心、担使命，找差距、抓落实的总要求，达到理论学习有收获、思想政治受洗礼、干事创业敢担当、为民服务解难题、清正廉洁作表率的目标。要将力戒形式主义、官僚主义作为主题教育重要内容，教育引导党员干部牢记党的宗旨，坚持实事求是的思想路线，树立正确政绩观，真抓实干，转变作风。要把学习教育、调查研究、检视问题、整改落实贯穿全过程。

本章小结

现代组织培训工作是一项系统工程，怎样有效地完成这项工程，影响因素很多，主要是具备科学、规范、合理的工作机制来保证培训工作顺利实施。要明确把组织的机制转换和适应市场服务作为工作方向与目标，提出培训应适应内部体制改革和外部市场环境变化。从时间、空间上提高员工适应市场变化和组织改革的能力，培训工作不仅随着内外部环境变化而变化，而且从组织发展长远规划出发，为组织提供知识和人才储备。因此培训工作不仅应及时还要超前，培训机制要能主动适应并服务于上述目标要求。员工的培训与开发是组织内非常重要的环节，需要引起组织各级部门的重视，需要将员工个人的需求与组织的需要相结合。

为提高培训质量、达到培训目的，组织应根据不同的培训对象、不同的培训方式、不同的培训内容选择不同的培训方法。知识培训的主要任务是对参训者所拥有的知识进行更新。技能培训的主要任务是对参训者所具有的能力加以补充。观念与态度培训包括多方面，例如思维方式、价值观念、职业道德、行为规范和工作态度等。培训目标，必须通过特定的培训方法与技术才能实现。常见的培训方法和技术包括：讲授法、谈话法、视听法、研讨法、演示法、参观法、实验实习法、案例研究法、角色扮演法、管理人员训练法、陶冶法、榜样示范法和感受性训练等。

◆ 进一步阅读文献

[1] 韦恩・蒙迪．人力资源管理．北京：人民邮电出版社，2011.

[2] 赵曙明，张正堂，程德俊．人力资源管理与开发．北京：高等教育出版社，2009.

[3] 萧鸣政．人力资源开发．北京：北京大学出版社，2011.

[4] 徐庆文，裴春霞．培训与开发．济南：山东人民出版社，2004.

[5] 叶盛，岳文赫．人力资源开发与管理．北京：清华大学出版社，2012.

[7] 周文成．人力资源管理：技术与方法．北京：北京大学出版社，2010.

[8] 屠巧平，赵睿．企业员工培训理论与实践．北京：中国经济出版社，2012.

◆ 本章习题

一、单项选择题

1. 下列不属于观念与态度培训内容的是（　　）。

A. 思维方式　　B. 工作技能　　C. 职业道德　　D. 行为规范

2. 企业进行培训的最终目的是（　　）。

A. 员工技能的提高　　B. 企业绩效的提高

C. 员工行为的改变　　D. 企业文化的形成

3. 培训评估的目的大多是（　　）。

A. 关注培训参加情况　　B. 对参加平常的培训效果的评估

C. 关注参加培训人员的学习态度　　D. 提高培训管理水平

4. 企业的主管在本部门的小王参加培训后，经常与小王沟通，并及时记录小王把学到的知识在工作上应用的典型事件，这种培训评估为（　　）。

A. 反应层评估　　B. 学习层评估　　C. 行为层评估　　D. 效果层评估

5. *为了满足企业今后发展的需要，在同行业保持一定的技术水平和管理水平的培训是（　　）。

A. 技能完善性培训　　B. 综合素质培训

C. 技能提高性培训　　D. 前瞻性培训

6. 适用于晋升前人际关系训练的培训方法是（　　）。

A. 拓展训练　　B. 敏感性训练法　　C. 管理者培训　　D. 特别任务法

7. 培训需求分析的基本目标就是（　　）。

A. 确认培训对象　　B. 确认培训内容

C. 确认培训方式　　D. 确认应有状况同现实状况之间的差距

8. *（　　）适用于管理人员或技术人员了解专业技术发展方向或当前热点问题等方面知识的传授。

A. 研讨法　　B. 专题讲座法　　C. 讲授法　　D. 工作指导法

9.（　　）是围绕一定的培训目的，把实际中真实的场景加以典型化处理，形成供学员思考分析和决断的事例，通过独立研究和相互讨论的方式，来提高学员的分析及解决问题的能力的一种培训方法。

A. 研讨法　　B. 角色扮演法　　C. 实验实习法　　D. 案例研究法

10. *（　　）以外化型体能训练为主，用于提高人的自信心，培养把握机遇、抵御风险的心理素质，保持积极进取的态度，培养团队精神等。

A. 行为模仿法　　B. 角色扮演法　　C. 敏感性训练法　　D. 拓展训练

二、多项选择题

1. 现代的培训活动按其性质可划分为（　　）。

A. 知识培训　　B. 技能培训

C. 观念与态度培训　　D. 职业培训

2. *企业确定培训需求和培训对象的方法主要有（　　）。

A. 绩效分析法　　B. 工作任务分析法

C. 工作效率分析　　D. 组织分析法

E. 人员素质分析

3. *适用于行为调整和心理训练的培训方法主要有（　　）。

A. 角色扮演法　　B. 行为模仿法

C. 敏感性训练法　　D. 拓展训练

E. 头脑风暴法

4. 反应层评估是企业评估中最简单的评估，（　　）的方法对反应层评估来说较为合适。

A. 通过观察学员培训后的行为改变来了解

B. 发放对培训教师授课效果评估的问卷

C. 通过学员上课的状态看授课的总体情况

D. 跟参加培训的学员座谈

---

* 为本章的扩展内容，以下章节习题同。

E. 打电话询问学员对培训的感受

5. *以下关于培训效果层评估的说法正确的是（　　）。

A. 效果层评估需要时间，在短时期内很难有结果

B. 效果层评估必须取得管理层的合作，否则无法拿到相关数据

C. 效果层评估一般至少要培训半年后进行

D. 效果层评估一般由学员的直接主管上级进行

E. 效果层评估的目的是衡量培训给公司的业绩带来的影响

6. *（　　）是企业在培训时运用的实践法。

A. 工作指导法　　B. 案例研究法

C. 工作轮换法　　D. 特别任务法

E. 个别指导法

7. *企业中经常运用在各方面的头脑风暴法也有其缺点，主要表现在（　　）。

A. 对培训顾问要求高，如果不善于引导讨论，可能会使讨论漫无边际

B. 参与人的水平一般不高

C. 研究的主题能否得到解决受培训对象水平的限制

D. 主题的挑选难度大，不是所有主题都适合用来讨论

E. 培训中学员参与性弱

8. *收集学员、同事、专家的意见常用的方法有（　　）。

A. 信息反馈法　　B. 头脑风暴法

C. 问卷调查法　　D. 课程演练法

E. 情景模拟法

9. 对于第三级培训行为层，评估方式主要有（　　）。

A. 观察　　B. 主管的评价

C. 客户的评价　　D. 同事的评价

E. 角色扮演

10. *企业在制定员工发展规划时，根据培养目标可以开展的培训主要包括（　　）。

A. 技能完善性培训　　B. 技能提高性培训

C. 前瞻性培训　　D. 管理能力培训

E. 综合素质培训

三、简答题

1. 员工培训的操作步骤和注意事项有哪些?

2. *头脑风暴法的实施步骤有哪些?

3. 在进行培训效果层评估的过程中要关注哪些问题?

四、论述题

1. 试论述培训评估是否只是对培训后效果的评估。

2. 有些企业较少给中层干部做培训，因为有人认为培训中层干部，使之具有高级管理者的素质，会影响高层管理者的权力，你怎样认为？倘若你是一个刚上任的高级管理者，你将给中层干部采取什么样的培训?

案例与分析

1. 根据本章第 4 节的案例，分析知识培训和技能培训的特点和区别，并分析这两类培训结合的作用。

2. 参考本章第 4 节的案例，分析技能培训的基本方法，以及综合交叉培训的作用和效果。

3. 结合本章第 4 节的案例，总结观念与态度培训的主要方法和特点。

第5章 职业开发

学习目标

1. 明确职业开发的概念及其与其他开发方法的关系。
2. 了解职业开发与职业生涯规划的区别。
3. 重点掌握职业开发的方法与技术。

本章主要介绍培训与人力资源开发体系中的职业开发方法。首先辨析职业开发与职业规划的不同之处，然后介绍职业开发的作用与意义。本章还详细阐述了一些国外经典的职业开发理论，比如特质因素理论、职业个性与环境因素理论和发展阶段理论等。在职业开发的内容和对象方面，本章也有详细介绍。本章的重点在于职业开发的方法与技术，其中包括工作设计、工作专业化、工作轮换、工作扩大以及工作丰富化等方法。

第1节 职业开发概述

本节旨在明确职业开发的概念。不少西方学者经常将职业开发与职业生涯规划这两个概念放在一起讨论，其实无论从字面构成上还是具体操作上讲，这两个概念都存在明显差别。

一、职业开发的概念

职业开发涉及职业与开发两个更为基本的概念，所以有必要先来了解什么是职业与职业开发。

（一）职业

要明确职业开发的概念，必须先明确职业的概念。职业的英文为 career，根据《牛津词典》的解释，career 是指人生的道路或进展，不同学科的研究人员对此有不同的解释。一种观点是职业描述的是工作本身的性质，比如销售或财会工作，或者是说明员工在组织中的工作期限。另一种观点则将职业解释为个人职务晋升与发展的过程，即个人在组织中通过职业这个介质所获取的不断进步和成功。①

但仅就职业开发来讲，本书更倾向于将职业界定为工作本身的性质。只有依托于工作本身，职业开发才会有意义，因此，这里的职业更强调员工在组织中的岗位和任务。

（二）职业开发

明确了职业的概念后，我们可以将职业开发定义为：通过职业活动或者工作本身来提高与培养员工素质的相关形式，包括广义的职业开发与狭义的职业开发。广义的职业开发，包括基于岗位的开发与基于职业的生涯规划或者职业规划。狭义的职业开发，更多地表现为组织为了达到员工素质开发的目标，通过对员工所在的工作岗位任务或其工作内容所进行的一种改变与扩展的活动。就目前组织内部的活动来看，职业开发主要包括工作设计、工作专业化、工作轮换、工作扩大化、工作丰富化等。上述这些开发技术将会在本章后面部分进行具体介绍。

（三）职业规划

相对职业开发的针对性与特定目标性来讲，职业规划是一个与职业开发概念相近又有区别的概念。

1. 职业规划

职业规划是指规划者对每个员工职业选择的可能性、制约因素、发展方向、发展内容与发展结果，进行认真分析与计划的过程，包括组织规划与个人规划两种形式。组织规划是指组织作为主体对其所有的人力资源，在充分征询个人意见的基础上，对每个员工的职业发展方向、内容形式与发展结果，做出全面的计划与安排。个人规划是指由个体采取的了解和试图控制其工作发展方向与内容的活动。个人规划不一定由个人单独完成，它可以得到顾问、主管和组织内外其他人的帮助。一般来说，职业规划以个人设计与组织指导相结合的方式为佳。因此，我们认为，职业规划是指规划者为了在组织中积极地运用每个员工的人力资源，长期持续地确保每个岗位所需要的人员与能力，谋求个人发展与组织发展双赢的

---

① 萧鸣政．人力资源开发概论．北京：北京大学出版社，2014.

一种培训与人力资源开发活动。[①]

2. 职业规划的内容

职业规划主要包括以下几方面的工作：

（1）被规划者的情况分析。包括了解任职者的需求与特点，比如其个人兴趣、爱好与特长；个人的性格与价值观；个人所选定的目标与方向；个人的生活经历与前景；个人的工作经验；个人的学历与能力；个人的生理与身体状况；个人的优缺点。

（2）被规划者外界条件与制约因素分析。包括组织的发展战略；人力资源规划与需求；晋升发展机会与途径；政治环境与导向；社会环境与需求；经济环境与兴衰；法律与政策影响；科技发展与影响；家庭的期望。

（3）职业发展目标的分析与评价。包括各职业目标设定的原因；达到目标的途径；达到目标的条件；达到目标所需要的帮助；达到目标可能遇到的风险与阻力；达到目标后可能得到的结果与发展前景。

（4）规划的策略与措施选择。包括权衡得失与风险，选取最佳目标与路线；获得实力与各种任职条件的活动安排；排除各种阻力的计划与措施；争取各种支持与帮助的计划与措施；化解各种风险的对策与措施。[②]

（四）职业开发与职业规划的区别

通过上面对职业开发和职业规划的介绍，我们需要明确二者的区别，主要可以从时间上和内容上进行区分。

1. 时间上的区别

从时间来讲，职业规划有明显的时间划分，分为短期、中期与长期规划三种。短期规划一般在 1 年以内，中期规划一般在 3～10 年，长期规划则通常在 10 年以上。职业开发则不一定有严格的时间跨度划分，因为职业开发本身主要是针对员工在其工作岗位上或所在的组织内，通过不同形式（以具体工作为依托）的一种开发手段，主要是为了提高员工对其岗位或整个组织中不同岗位的了解与实践，获得能力上的提升。时间跨度并不一定需要明确界定，其是一种以适应工作岗位要求为目的的具体开发方法。

2. 内容上的区别

就开发内容来看，职业规划的内容明显具有更广的范围。不但需要分析员工自我的条件与环境，还需要结合组织内外的不同环境进行综合的规划考虑。从某种意义上讲，职业规划更强调员工能够适应不同条件下的职业发展环境，达到组织进步与自我提升的双赢目的，具有更强的个人属性。职业开发则目标相对单一，旨在让员工通过在组织内不同的工作经历获得工作能力的提升，以配合组织与组织人力资源配置目标的实现。从这个层面上讲，职业开发具有更强的组织

①② 萧鸣政．人力资源开发概论．北京：北京大学出版社，2014.

属性。

二、职业开发的作用和意义

明确了什么是职业开发之后，下面具体阐述职业开发的作用和意义。

（一）职业开发的作用

职业开发的作用有多种，但是主要体现为以下两个方面。

1. 引导性和功利性

职业开发是组织内相关部门为员工提供的一种能力层面的“援助计划”。职业开发本身具有一定的引导性和功利性。不同于个人的职业规划，职业开发主要从组织发展需要的角度来开发员工的潜在能力，在帮助员工开发其工作能力的同时实现组织所期望达成的组织目标。从这个角度来讲，无论组织采取何种职业开发形式，都具有一定的引导性和功利性。

2. 为组织的发展提供动力

职业开发的目的旨在将员工的个人目标与组织发展目标统一起来。职业开发作为一种对员工的能力促进活动，需要组织结合自身发展目标了解员工在工作中存在的问题和困难，并从组织角度给予帮助与解决。在帮助员工解决困难的过程中，由于其目标导向性的存在，组织可以发现和塑造一批与组织目标一致的人才，在提升其个人能力的同时提高组织的人力资源水平。从这个层面上讲，职业开发可以为组织的发展提供动力。

（二）职业开发的意义

职业开发是一种组织行为，其出发点在于满足组织的自身需要，同时职业开发对于员工个人也有重大意义。

1. 对员工的意义

对员工个体来讲，个人的职业规划总是在一定的组织里才能实现，组织的职业开发活动为个人职业规划提供了实现的环境。员工可以把自己的职业规划与组织所提供的条件结合起来，使双方的目标都转化为可以实现的目标。同时，组织的职业开发活动有利于个人更好地分析工作环境和其对自身职业发展的影响，从而做出一定的职业生涯选择。如果感到某岗位不适合自己，员工可以及早离开某岗位或组织；如果基本适合，则需要对与自己不一致的计划做出一定的调整，这样会使员工减少职业发展中的挫败感。

2. 对组织的意义

职业开发对组织的意义则在于它可以帮助组织了解组织内员工的能力素质和职业要求，使其人力资源得到最大化的开发和利用，这对于组织的可持续发展是相当重要的。职业开发对于调动组织内员工的工作积极性也有很大的作用。个体的职业发展涉及职业选择和实现人生价值等深层次的激励因素。利用好职业开发这一手段，不仅可以帮组织内员工取得比物质激励更大的激励作用，也可以帮组织留住所需要的人才，吸引更多优秀人力资源到该组织来工作；同时，各种人力资源通过职业开发方式得到的能力提升蕴含着无穷的价值，这是企业竞争力持续增强的源泉。①

三、职业开发理论

职业开发理论可以总结为两种：一是强调工作任务与员工相匹配的结构型理论；二是强调员工在成长过程中不断发展的发展阶段理论。

（一）结构型理论

结构型理论主要包括帕森斯的特质因素理论、霍兰德的职业个性与环境因素理论和社会经济学理论。

1. 帕森斯的特质因素理论

帕森斯的特质因素理论又称帕森斯人职匹配理论。特质因素理论是最早的职业辅导理论，1909 年美国波士顿大学教授弗兰克·帕森斯（Frank Parsons）在其《选择一个职业》一书中提出了人与职业相匹配是职业选择的焦点的观点。他认为，每个人都有自己独特的人格模式，每种人格模式都有与其相适应的职业类型。所谓特质，就是指个人的人格特征，包括能力倾向、兴趣、价值观和人格等，这些都可以通过心理测量工具来加以评量。所谓因素，则是指在工作上要取得成功所必须具备的条件或资格，这可以通过对工作的分析而了解。②

2. 霍兰德的职业个性与环境因素理论

霍兰德教授在 1971 年提出了职业个性与环境因素理论。他指出，当人的个性与工作环境相匹配时，就能取得工作成就和获得工作满足感。霍兰德将工作环境分成六类：现实的、调查研究性的、艺术性的、社会性的、开拓性的和常规性的。有些员工可能适合六种职业类型中的多种职业，但必定有一类是其最合适和偏爱的。霍兰德强调职业决策中对自我的了解和必要的职业信息的重要性，并认为个人与工作匹配得越紧密，工作满足感就越强。③

3. 社会经济学理论

社会经济学理论认为，人的文化素质、家庭背景、社会和经济条件等因素强烈地影响着对自我和个人价值的认同以及职业开发。许多人的职业生涯依赖于各种偶然机会，一般人都会选择阻力小的职业发展途径，这种理论也称作机会或偶

---

① 刘韬韬．为国内中小民营企业引进员工职业规划和企业职业开发管理机制．成都：西南财经大学，2001.

② 贠娜，杨晴帆．人员选拔与聘用的匹配模式述评．企业导报，2012（13）.

③ 裴芳芳，李东花．霍兰德职业选择理论述评．职业技术，2012（2）.

然性理论。

（二）发展阶段理论

职业开发理论中的另一种理论是发展阶段理论。美国职业学家萨伯把人的职业发展划分为五个大的阶段。[①]

1. 成长阶段

成长阶段为0～14岁。经历从好奇、幻想到感兴趣，再到有意识培养职业能力的逐步成长过程。萨伯将这一阶段具体分为三个成长期。

(1) 幻想期（10岁之前）：儿童从外界感知到许多职业，对于自己觉得好玩和喜爱的职业充满幻想并进行模仿。

(2) 兴趣期（11～12岁）：以兴趣为中心，理解、评价职业，开始做职业选择。

(3) 能力期（13～14岁）：开始考虑自身条件与喜爱职业是否相符，有意识地进行能力培养。

2. 探索阶段

探索阶段为15～24岁，为择业、初就业阶段。也可分为三个时期。

(1) 试验期（15～17岁）：综合认识和考虑自己的兴趣、能力与职业社会价值、就业机会，开始进行择业尝试。

(2) 过渡期（18～21岁）：进入劳动力市场，或者进行专门的职业培训。

(3) 尝试期（22～24岁）：选定工作领域，开始从事某种职业。

3. 建立阶段

建立阶段为25～44岁，为建立稳定职业阶段。经过两个时期。

(1) 尝试期（25～30岁）：对最初就业选定的职业不满意。再选择、变换职业工作。变换次数各人不等。也可能因满意初选职业而无变换。

(2) 稳定期（31～44岁）：最终职业确定，开始致力于稳定工作。

4. 维持阶段

维持阶段在45～64岁。这一长时间内，劳动者一般达到常言所说的“功成名就”，已不再考虑变换职业工作，只力求维持已取得的成就和社会地位。

5. 衰退阶段

人达到65岁以上，其健康状况和工作能力逐步衰退，即将退出工作岗位，结束职业生涯，即为衰退阶段。

一个人的职业生涯贯穿一生，是一个漫长的过程。科学地将其划分为不同的阶段，明确每个阶段的特征和任务，做好规划，对更好地从事自己的职业，实现确立的人生目标，非常重要。

---

① 张维洁，孙小庆．企业文化视角下的员工职业生涯决策．广西大学学报，2009 (S1).

四、职业开发的流程

（一）与战略目标相联系

职业开发需要与组织战略目标联系起来。职业开发计划与组织业务战略联系越紧密，开发活动的效果越好。当认为员工职业开发是一项业务需求而非“善事”时，为了提高竞争优势和基本实力，组织会有很高的热情推动职业开发活动。所以制定职业开发计划时要注意将眼光放在组织面临的实际问题上。

（二）与组织需求相联系

当个人结合总体组织业务战略和发展方向来规划个人职业开发时，双赢的结果会为双方带来巨大的收益。

（三）选用多种不同的工具和方法

人的学习风格和爱好千差万别，不同的工作现场要求不同的工作方法。优秀的员工职业开发技术应该提供多种开发工具与活动。

（四）组织与部门发展相结合

组织各部门的情况参差不齐，有效的方法是在组织范围内推广一套指导性原则，在各独立业务部门实施时，允许有一定的灵活性，从而与各部门的具体业务需求结合，获得更大的参与性、自主性和决心。

（五）管理人员积极参与

职业开发过程中需要保证一线管理人员的参与，管理人员对职业开发活动起着至关重要的联系纽带作用。管理人员的参与以及在职业开发过程中的认真负责十分重要。在这个过程中，管理人员的自身能力与素质也可以得到提高。

（六）评价与改进

对职业开发工作进行不断评价和改进是十分重要的，这可以保证职业开发工作的质量。评价和改进本身也是一种沟通过程，为了使职业开发制度化，组织应该在不断评价和改进的同时，对职业开发进行积极宣传。

第2节　职业开发的内容与对象

本节主要阐述职业开发过程中的开发内容与开发对象。从内容上讲，职业开发主要注重对于员工在工作中的能力、态度、职业资本甚至社会资本的开发。职业开发的对象主要涉及开发过程中的主体与客体，以及新员工和老员工，员工中的知识、技能、能力与品德等。

一、职业开发的内容

（一）能力的开发

一般而言，能力包括基础能力、业务能力和素质能力。组织中的个体应结合组织的目标与发展进程制定适当的发展计划，并结合组织所提供的职业开发手段不断增强自己的理论水平和实践能力。

（二）态度的开发

态度是个人信仰、想象、期望和价值等的总和，决定了人们处理事情的方式。在职业开发过程中，个人应该将自己的态度与组织的期望结合起来，不断解析自己的态度，形成乐观积极的工作态度。

（三）职业资本的开发

职业资本包括职业素质、职业技能和职业阅历等方面。个人在职业开发过程中可通过自身努力汲取不同岗位之间的知识营养、注重培养工作效率、开阔职业思路和积极踏实工作等途径增加自己的职业资本。

（四）社会资本的开发

社会资本是个人与其他人在交往过程中形成的一系列合作互利的认同关系。积极开发和利用社会资本，可以有效地促进个人职业生涯发展。相较于职业资本开发，社会资本开发的涵盖面更加广泛，旨在通过职业开发过程，使员工获得职业内外的多方面资本。

二、职业开发的对象

（一）职业开发过程中的主体与客体

提及职业开发的对象，很容易联想到培训与人力资源开发过程中的主客体关系。在开发过程中，开发的主体一般是从事开发活动的计划者、领导者与组织实施者。客体指接受开发活动的组织和个人，是开发活动的承受者。[①]

上述内容可以理解为宏观意义上的开发过程中的主客体，但是把条件限定在

① 萧鸣政．人力资源开发的理论与方法．北京：高等教育出版社，2012.

职业开发范围内，在微观层面上，这里的主客体可能要发生变化。因为在职业开发过程中，首先由组织确定开发的方法，即职业开发，意在通过这种方法提高组织内员工的能力从而达到组织所预期的效果。所以，在职业开发过程中，开发主体可以定义为进行开发的组织或者部门，有时也包括接受开发的员工自己。通过职业开发这种方法，达到提升个人工作能力，从而促进个人目标与组织目标双赢的效果。

（二）职业开发过程中的对象

将职业开发中的主体定义为接受开发的员工后，随之而来的问题就是职业开发过程中的对象是什么。换言之，职业开发过程中主要针对什么进行开发。结合职业开发的目标与流程来看，职业开发的对象可以理解成对于员工知识（knowledge）、技能（skills）、能力（ability）和其他因素（others）的综合开发过程。这也可以概括为组织通过职业开发这种方法对组织内员工的体力、脑力、心力进行开发。

员工的体力包含体质、精力与身体运动能力，这与职业技能是密切相关的；员工的脑力指知识、智力以及经验等要素，这与职业知识和个人能力是相对应的；员工的心力则指员工的态度、品德及其他个性品质，这就是职业开发过程中针对员工潜在素质或其他因素所要达到的目的。

第3节　职业开发的方法与技术

所谓职业开发的方法，是指通过职业活动本身提高与培养员工人力资源的各种开发的具体形式。就目前组织内部的活动来看，职业开发方法主要包括工作设计、工作专业化、工作轮换、工作扩大化、工作丰富化等。本章主要介绍职业开发过程中比较常用的方法。

一、职业开发方法

（一）工作设计

1. 概念

工作设计，一般指根据组织目标要求与工作者个人需要，对工作特点、工作方式、工作关系、工作职能进行规划与界定的过程。工作再设计是指根据组织目标要求与工作者个人需求，对已有工作中的特点、任务、方式、关系与职能进行一方面或多方面改变的过程。工作设计因素构成示意图见图5-1。

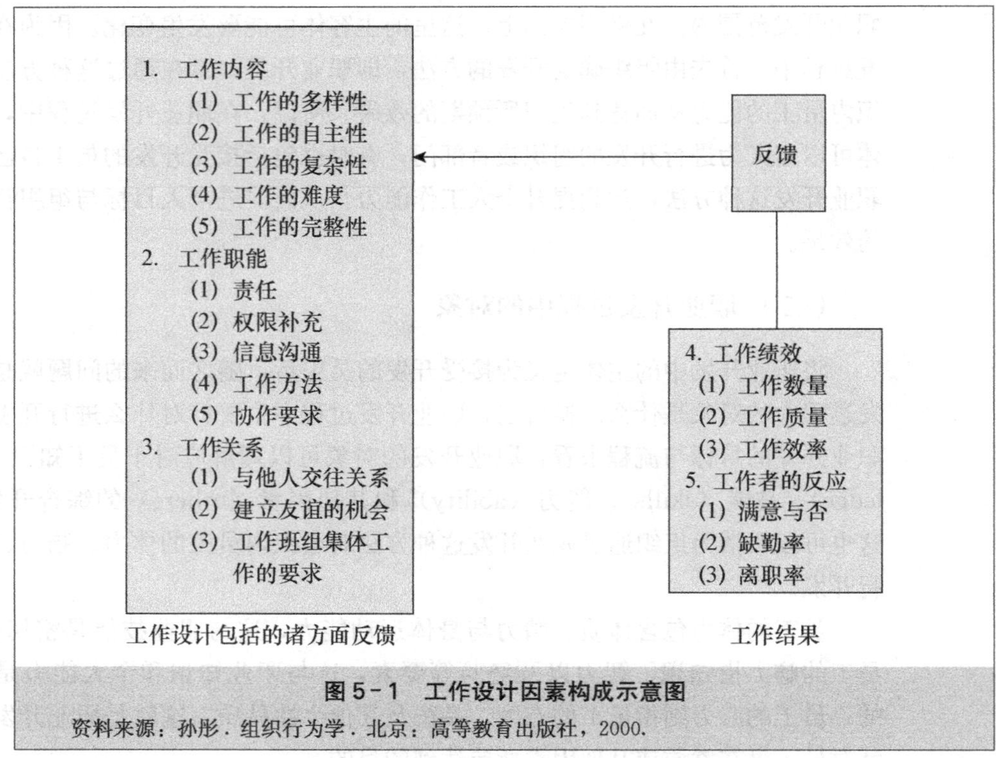

图5-1 工作设计因素构成示意图

资料来源：孙彤．组织行为学．北京：高等教育出版社，2000.

2. 类型

外国学者认为，工作设计包括激励型、机械型、生物型与知觉运动型四种。不同的类型对员工与开发效果的影响不尽相同，具体见表5-1。

表5-1 工作设计的方法

工作设计方法	积极的结果	消极的结果
激励型方法	更高的工作满意度 更高的激励性 更高的工作参与度 更高的工作绩效 更低的缺勤率	更多的培训时间 更低的利用率 更高的错误概率 精神负担和压力出现的可能性更大
机械型方法	更少的培训时间 更高的利用率 更低的差错率 精神负担和压力出现的可能性降低	更低的工作满意度 更低的激励性 更高的缺勤率
生物型方法	更少的体力付出 更低的身体疲劳度 更少的健康抱怨 更少的医疗性事故 更低的缺勤率 更高的工作满意度	设备或工作环境的变化带来更高的财务成本

续表

工作设计方法	积极的结果	消极的结果
知觉运动型方法	出现差错的可能性降低 发生事故的可能性降低 精神负担和压力出现的可能性降低 更少的培训时间 更高的利用率	较低的工作满意度 较低的激励性

资料来源：雷蒙德·A. 诺伊，等．人力资源管理：第3版．北京：中国人民大学出版社，2001。

我们认为，根据我国实际情况，可以把工作设计归纳为以下四种：

（1）促进型工作设计。促进型工作设计的理论依据是赫茨伯格的双因素理论。双因素理论认为，组织中影响人的积极性的因素主要有两大类：一类是激励因素，另一类是保健因素。激励因素的发挥可以使人得到满意，而保健因素的缺乏或不足将使人产生不满与消极情绪。然而，无论是激励因素还是保健因素，都往往与工作本身的特点与内容直接相关，例如，工作的多样性、工作的完整性、工作的自主性、工作的重要性、工作的反馈性、工作的责任性等。因此，这种类型的工作设计主张，让员工主动工作，让工作要求适当高于任职员工的现有水平，通过增加工作的多样性、自主性、完整性、重要性、成就感、责任感、人际性，来开发与提高任职员工的相关知识、技能、能力与品性素质，提高员工工作满意度，促进员工的创造性与个性的全面发展。但这种工作设计可能给一部分员工带来心理压力，损害身心健康。

（2）优化型工作设计。优化型工作设计的理论依据是古典工业工程学与泰勒的科学管理思想。这种设计类型的操作思路是，通过工作分析中的方法分析手段，寻找完成某一工作的最好方法，使工作效率最大化与工作方式最简化，减少工作过程的复杂性，让工作方式变得尽可能简单，降低培训成本与任职资格要求，从而使任何人只要经过简单快速的培训就能胜任工作。例如，目前高科技的转化与应用、计算机的应用与自动化、技能的简单化、方式的重复化等工作设计趋向，有利于任职员工的个性解放。此外，这种工作设计要求任职员工具备态度认真、一丝不苟、细心耐心、静心等品性素质，但这种工作设计可能造成部分员工智能退化。

（3）卫生型工作设计。卫生型工作设计的理论依据是人体工程学。它所关注的是个体心理生理特征与物理工作环境之间的交互作用与影响。这种设计以保护任职员工的生理与心理不受伤害、有利于身心健康为目的，以任职员工个体的生理与心理活动特征要求为中心，对岗位周边物理环境、工作条件进行布局性安排与改善，从而将员工的身心紧张度降到最低，将工作中对人体身心的负面影响控制到最低点，减少身心疲劳、痛苦以及健康损害等不良影响。例如，办公室座位的布置、环境的布置、座椅与桌面高低调节的设计、计算机键盘高度及鼠标的设计等，都是这种设计的代表。这种设计有助于员工健康素质的提高与开发，但可能带来任职员工身体对工作环境适应能力的退化。

(4) 心理型工作设计。心理型工作设计的理论依据是人本主义。工作对人类来说是一种生活手段，是一种生活活动，而不是生活的目的；工作是一种快乐的生活方式，而不是一种谋生的痛苦经历。因此，要让工作适应人类本身，而不是让人类适应工作，要以人为中心，而不是以工作为中心。所以，卫生型工作设计也是人本主义工作设计的一部分，卫生型工作设计所关注的是人的身体能力和身体的局限性，而心理型工作设计所关注的是人的心理能力与心理局限性。

心理型工作设计以人类心理能力及心理的最低阈限值为依据，对相关职位（岗位）的工作内容及其方式进行设计，使能力最差的员工也能胜任工作要求，完成工作任务而不出什么差错。因此，这种工作设计通常是通过降低工作对心理能力的要求来改善工作的可靠性、安全性以及任职员工的反应性。例如，“傻瓜”相机、计算器、翻译机都是心理型工作设计的成果。这种工作设计的优点是可以让员工从工作中解放出来，有利于员工个性爱好与兴趣的发展，但却像优化型设计一样，不利于工作能力的提高，限制了任职员工个体对相关岗位技能的进一步探索以及对极限的突破。

（二）工作专业化

随着社会化大生产的出现，工作分析的复杂性日益增加，工作量日益增多，一个人往往难以从头至尾完成整个流程的工作，因此有必要对整体工作进行分解，把整体的划分为部分的，复杂的划分为简单的，让每个员工从事很少一部分工作，使工作操作得以专业化与标准化。

工作专业化可以降低任职要求与工资成本，减少培训时间与费用，尤其是与机械化相结合的专业化工作，不需要有关人员进行管理监督，降低了管理成本；更为重要的是，工作专业化大大提高了工作效率。

工作专业化可以大大提高与工作专业相关的知识、技能、品性等人力资源的开发效率与效果，使任职员工的人力资源朝专业方向发展。这种单向性与定向性的开发，将促进人力资源的专门化开发，有利于突破与达到人力资源的新发展与新水平。然而，正如马克思当年所指出的，这种专业化的分工将导致员工的片面发展。在这种专业化分工生产体系下，每个员工都只能隶属于一个生产部门，受它束缚，任它剥削，变成畸形物。工作专业化压抑了工人多种多样的生产兴趣和生产才能，人为地培植工人片面的技能，使个体本身也被分割开来，成为某种局部劳动的自动工具。

（三）工作轮换

1. 概念

工作轮换是让员工从一个工作岗位流动到另一个工作岗位，保证工作流程不受大的损失，如图5-2所示。

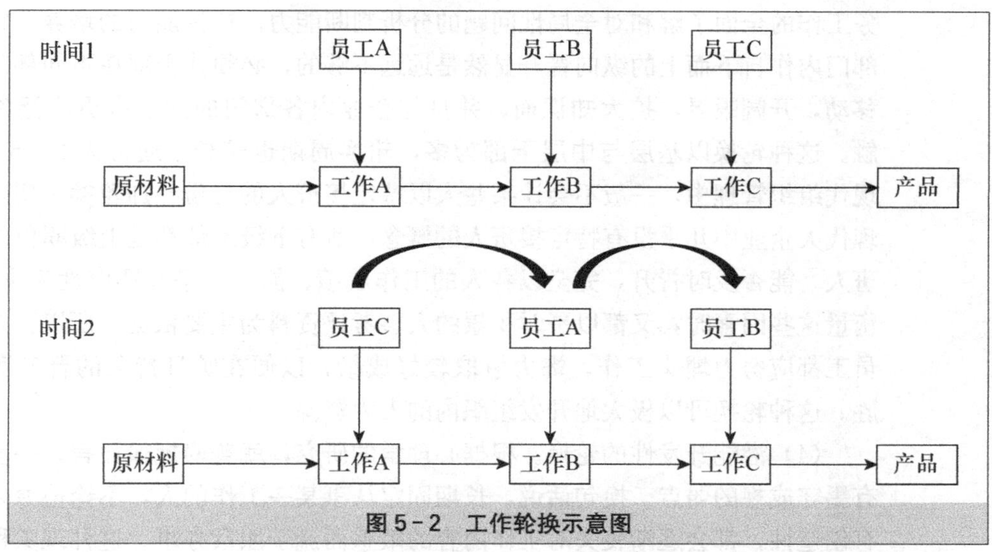

图5-2 工作轮换示意图

工作轮换的目的在于让员工的工作在一定时段中多样化，降低员工的厌倦情绪。然而，如果所有的工作岗位都相似而且是机械化的，工作轮换也就达不到效果了；如果轮换的工作岗位之间差距过大，则每个员工轮换一次就得从头学起，将带来工作效率与效果上的负面影响。因此，轮换必须适度，既相异又不能跨度太大，轮换一般应该在同类范围内进行。

2. 类型

对于工作轮换在组织中人力资源开发的具体形式与运用，我国学者罗锐韧等做了较为全面的概括。一般来说，工作轮换主要适用于以下几种情况：

(1) 管理类新员工的巡回轮换。对于新来的管理类员工，一般不会直接让他们在管理部门工作，而是分配到不同部门去工作。在部门内，为了使他们尽早了解到工作全貌，同时也为了进一步进行适应性考察，不立即确定他们的工作岗位，而是让他们在各个岗位上轮流工作一定时间，亲身体验各个不同岗位的工作情况，为以后工作中的协作配合打好基础。经过这样的岗位轮换（每一岗位结束时都有考评评语），企业对于新员工的适应性有了更清楚的了解，最后才确定他们的正式工作岗位。这一过程一般需要一年左右的时间。这种巡回轮换也常常用于专业性不太强的其他新员工。

(2) 培养“多面手”员工的轮换。企业为了适应日趋复杂的经营环境，都在设法建立灵活反应式的弹性组织结构，要求员工具有较强的适应能力。当经营方向或业务内容发生转变时，能够迅速实现转移。于是，员工不能只满足于掌握本职专长，而必须是“多面手”与“全能工”。在日常情况下，企业有意识地安排员工轮换做不同的工作，以取得多种技能。否则，一旦关键时刻出现某些员工流失或不能工作的情况，企业将难以应对。此外，通过轮换培养“多面手”员工后，既可以提高原有员工的素质，也可以抑制某些专长人才的傲气。

(3) 培养经营管理骨干的轮换。对于高级管理干部来说，应当具有对企业业务工作的全面了解和对全局性问题的分析判断能力。这种能力的培养，只在狭小部门内作自下而上的纵向晋升显然是远远不够的，必须让干部在不同部门间横向移动，开阔眼界，扩大知识面，并且与企业内各部门的同事有更广泛深入的接触。这种轮换以基层与中层干部为多，轮换周期也较长，通常为 2～5 年不等。现代组织管理中，一般不会让某些人以特定接班人的身份参加轮换。实际上，在现代大企业中几乎没有特定接班人的概念，所有下级干部都是上级职位的潜在接班人，能否及时晋升，完全以各人的工作成绩、能力水平和适应性为决定因素；衡量这些因素时，又都以平时积累的人事考评资料为主要依据。所以，企业全体员工都应努力埋头工作，竭力争取较好成绩，以便在旷日持久的晋升竞争中取胜。这种轮换可以极大地开发组织内的人力资源。

(4) 潜能开发性的轮换。根据心理学的研究，就普遍规律而言，一般人都具有墨守成规的弱点。换句话说，长期固定从事某一工作的人，不论他原来多么富有创造性，都会逐渐丧失对工作内容的敏感而流于照章办事。这种现象称为疲钝倾向（mannerism）。疲钝倾向是提高效率和发挥创新精神的大敌，组织定期对员工进行工作轮换，可以使员工始终保持对工作的敏感性和创造性，克服疲钝倾向。例如，国外高校系主任任期一般限制在 2～4 年，能力再强也得中途让位，参加轮换，2 年后再竞争上岗；在一般制造型大企业中，产品设计人员从事产品设计工作，基本上没有超过 10 年的。这种制度的目的在于给设计部门不断补充新鲜血液，使产品设计不致落后于时代潮流。现代企业中，销售服务部门与产品设计部门之间人员互相轮换较多，这种轮换还能起到强化相互联系、改善新产品开发质量的作用。

(5) 其他形式的轮换。当组织需调整某些部门的年龄构成，员工出现不能适应工作的情况，以及需加强或合并某些业务部门时，都可能相应发生工作轮换。在大企业中，每年都有相当数量的员工进行横向流动，这已成为现代企业的普遍做法。

3. 工作轮换的作用及主要问题

工作轮换有助于对员工的开发，尤其是那种与螺旋式逐步开发相结合的轮换，最终可以达到对员工全面开发的目的。但这种开发方式是独立进行的，时间上前后不统一，因此总体的开发效率与效果相对于工作丰富化与扩大化而言要差一些。

除了在能力开发方面的作用之外，工作轮换在组织管理中也有很重要的作用。首先，工作轮换有助于打破部门间横向的隔阂和界限，为培养团队协作精神打好基础。有些组织与部门间的本位主义或小团体主义比较严重，出现这种情况往往是因为对其他部门的工作缺乏了解，以及部门之间人员缺乏接触，通过轮换便可消除这些弊病。其次，有助于员工认识本职工作与其他部门工作的关联，从而理解本职工作的意义，提高工作积极性。最后，对管理干部来说，在基层岗位进行轮换的经历，有助于使他们保持体察下情的谦虚态度，减少上下级之间离心离德的可能性。例如，某地有一个以经济效益高著称的旅馆业企业，它的经营秘诀之一就是规定所有的新员工都必须把整理客房、打扫卫生、准备膳食等最初级的工作逐项轮换做完一遍，才有可能申请担任管理职务，哪怕是名牌大学的毕业生也不例外。

在推行工作轮换的过程中，也存在很多困难和阻力。每年大量的员工横向流动是件很麻烦的事情，加重了人力资源部的工作，也会给组织造成一定的影响。工作轮换中可能出现的问题主要有：

（1）对掌握某些复杂的专业技术不利，可能使这类技术水平降低或停止发展。

（2）对保持和继承长期积累的传统经验不利，可能使工作效率降低。

（3）因故未能及时参加轮换可能让员工产生“错过班车”的感觉，进而影响情绪。

（4）常常由于业务上的需要而不能如期执行轮换。

（5）工作轮换的出发点是组织与个人的长远利益和发展前途，因而它和眼前的利益会产生一些冲突。但是，如果把自我申报与工作轮换结合起来，则能在一定程度上减少工作轮换的负面效应。因为这样做可以使组织的战略规划与个人发展目标更加趋于一致，有助于员工在工作变动较多的情况下加倍努力工作学习。

因此，应从增强组织的竞争力与持续发展的战略高度看待工作轮换，而不能以眼前利益的得失为标准。所以，对工作轮换实践中出现的某些问题，应该采取积极的态度予以解决，应该通过改进或完善其他制度来适应工作轮换的需要，绝不能因为怕麻烦而废止工作轮换制度。

（四）工作扩大化

与工作轮换相比，工作扩大化是扩大原有工作岗位的职责范围与任务，是工作任务与职责数量上的增加。例如，一个原来只负责打字的员工，后来既要求她打字又要求她校对与排版，显然，她的工作职责与范围就比原来扩大了；再比如，原来只负责送货与催取款的销售人员，现在让他参与谈判与合同的签订工作，他的工作范围也扩大了。这种工作职责与范围的扩大，就要求打字员由原来只注意打字技能的掌握，扩大到对校对知识、校对技能的掌握，以及对排版知识与排版技能的掌握；销售人员也由原来只专于送货与催取款的经验能力，发展为既会送货催款又能与人谈判签约的全面发展型人才。

然而，在我们进行工作扩大化的同时，应该注意所扩大的职责和任务要与原岗位具有关联性，要注意扩大后的工作量与任职能力的适应性，如果把一些不相关或机械重复的职责任务增加到原有的岗位，很可能会遭到任职员工的抵制。因为他们会认为，只不过是增加了一些令人厌倦的重复性劳动或毫不相干的额外工作，这些职责任务的增加不但没有使他们的工作变得多样化与有趣，反而使他们需要付出更多的劳动时间，减少了过去的轻松与自由感，也就达不到进行开发的目的。

（五）工作丰富化

如果说工作扩大化是让岗位的工作朝横向扩展、朝量的方面增加的话，那么工作丰富化则是让岗位的工作向纵深渗透、向质的方面提高。工作丰富化表现在对原有岗位工作六个方面的改变：

（1）责任。不仅要增加任职者的工作责任，还要使他们具有相应的控制责任，并保持工作的计划性、连续性和节奏性，使任职者感到自己有责任完成一件完整的工作，具有成就感。

（2）决策。通过确定工作标准、控制工作速度以及改变某些领导的控制程序，给工作者更多的工作自主权，以提高他们在工作中的权威性和自主权。

（3）反馈。把工作者所做工作的成绩和效果及时直接地反馈给工作者本人，允许工作者如实地收集和保存这些反馈资料。

（4）考核。根据工作者达成工作目标的程度，给予奖励和报酬。

（5）培训。为满足工作者成长和发展的需要，工作中给他们提供新的学习机会，并且鼓励他们为更好地发展而提出改进现行制度的建议。

（6）成就。通过提高工作者的责任心和决策的自主权，培养和提高他们对所做工作的成就感和价值观。

与常规性、单一性的工作设计方法相比，工作丰富化能够提供更大的激励和更多的满意机会，从而提高工作者的工作效率和工作质量，还能降低工作者的离职率和缺勤率。工作丰富化的缺点是，为了保证适应丰富化后的工作，需要工作者掌握更多的技术，组织因此要增加培训费用，增加整修和扩充工作设备的费用，给工作者支付更高的工资等。

二、职业开发功效分析

（一）工作丰富化模式及其开发效果分析

工作丰富化模式及其开发效果如图5-3所示。

（二）常见工作丰富化设计形式及其开发功效分析

常见的工作丰富化设计形式及其开发的功效分析如下。

1. 客户关系的处理

让员工同产品的用户直接接触，是工作丰富化最重要的方式之一。一般来说，员工只对分派任务的上级负责，而对其服务的顾客不太注意，觉得自己只为上级工作而不是为客户工作。这一现象在公共行政事业单位及企业组织中普遍存在，尤其是那些中间层次上的岗位更明显，久而久之，中间层次岗位上的员工只会处理与上级的关系，而不善于处理与下级或客户的关系，在专业技能上的发展与提高也会因此受到较大的限制。一些销售中心的任务分配如图5-4所示。

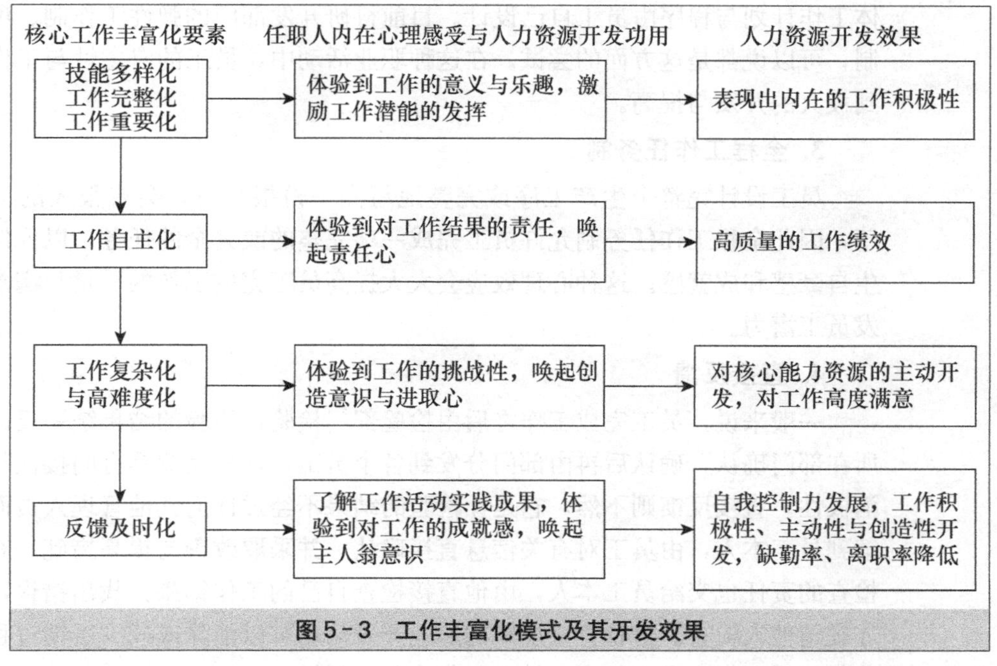

图5-3 工作丰富化模式及其开发效果

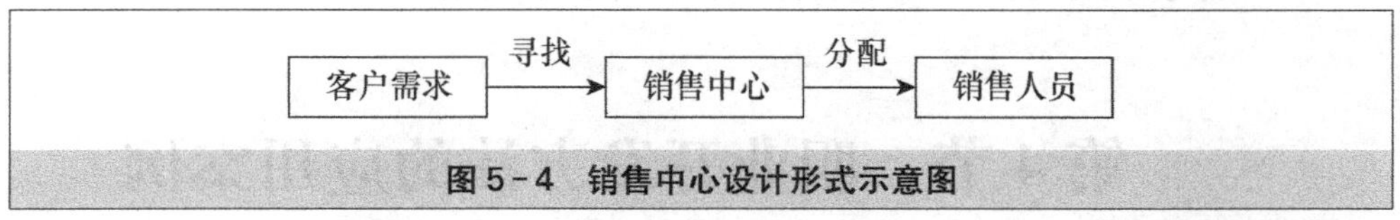

图5-4 销售中心设计形式示意图

在这种情况下，销售人员的工作是被动反应型，因为客户在未经销售中心分配前，对于销售人员来说是不确定的。对某一销售人员来说，这个月的客户可能是西北地区的，下个月则可能就是东南地区的了。因此，销售人员重点是对销售中心负责，在关系处理能力上会产生重心偏移，而在业务能力开发的心态上是被动等待。如果改客户关系为直接处理型，开发的功效就不一样了，如图5-5所示。

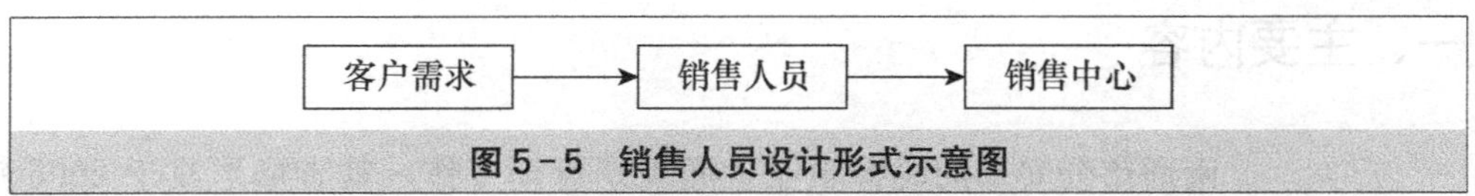

图5-5 销售人员设计形式示意图

在这种情况下，销售人员将会产生一种对客户负责、客户至上同时又对销售中心负责的积极心态，会积极主动地去寻找客户，全方位提高自己的销售业务能力。

2. 自行安排工作计划

在组织中，大多数员工的工作都是由组织安排的，这种职业安排不利于员工潜能的开发，员工工作有很大的被动性。让员工自行安排工作计划，是相信员工有能力安排自己的工作计划，因此主张组织只要确定工作最后的期限或目标，具体工作计划与程序由员工自己设计。目前科研开发部门的弹性工作制、项目工作制，可以说都是这方面的尝试。在这种职业活动中，员工的自主性与工作潜能得到极大的开发与提高。

3. 全程工作任务制

员工设计完整个生产工序或完整地写完一份报告时，会有很大的工作成就感，因此全程工作任务制允许员工完成一项完整的或完全的任务，以促使他们产生自豪感和成就感。这种心理效应会大大提高员工完成工作的质量与满意度，激发员工潜力。

4. 直接反馈

一般来说，员工完成工作之后由检验部门检验，检验的结果统一反馈到员工所在部门确认，确认后再由部门分发到各个员工，这种反馈具有间接性与一定的消极性。直接反馈则不然，它是让检验的结果不经过任何其他管理人员而直接反馈到员工本人，由员工对有关信息直接确认，并采取改善与提高措施。有的工作检查的责任也交给员工本人，由他直接检查自己的工作结果，找出错误，必要时才提请他人检查。这种直接反馈的职业开发活动可以消除或减少反馈过程中的歪曲与延误，提高员工的自主性、自信心与自强性。

第4节 职业开发方法的应用案例

近年来，江苏省南通市公安局积极开展“民警职业生涯规划管理”工作试点，初步建立了一套符合南通公安实际的民警职业生涯规划管理体系，实现了业务工作与队伍建设的双促双赢。南通市公安局的这些探索，巧妙地将现代培训与人力资源开发的先进理念与实战化职业警队建设的实际需要相结合，为推动我国公共部门人员的职业生涯规划管理工作提供了宝贵的经验。

一、主要内容

南通市公安局的民警职业生涯规划管理工作，其雏形形成于2005年。经过几年的理论研究和实践探索，逐步完成了整体布局，形成了闭合回路，构建起一整套观念先进、切实可行、极具特色的体系。这一体系主要包括工作理念、工作对象、制度规范、动态机制、运行平台、权责体系等六个方面。

（一）引入现代科学，创新工作理念

所谓理念，就是人们确立的目标和坚持的原则。在推动民警职业生涯规划管理工作中，南通市公安局所坚持的理念可以概括为“一个理念、两个一致、三个最大限度、四个结合”。

“一个理念”，就是要坚持以人为本。这里的以人为本，既体现了对与组织目标任务的“事”相对应的组织中的“人”（即公安机关中的民警队伍）的重视，又将与组织相对应的个体的“人”（即民警个体）的全面发展视为队伍管理的核心。“两个一致”，是指个人与组织发展过程与目标的双一致，即民警个人职业理想与组织管理目标一致，民警成长进步与公安事业发展相一致。“三个最大限度”，是指最大限度调动民警工作积极性，最大限度激发队伍内生动力，最大限度提供队伍整体战斗力。“四个结合”，是指传统与非传统的手段相结合，解决普遍性问题与民警个性化问题相结合，增动力与减压力相结合，严管队伍与关爱民警相结合。

（二）了解民警需求，划分职业阶段

南通市公安局经过深入调研，结合国内外相关理论，将民警职业生涯大体划分为新警适应期、锻炼提高期、职业成熟期、职业生涯后期四个阶段，明确不同阶段民警的发展意愿和职业管理的内在要求（详见表 5 - 2）。以此为基础，针对每个阶段的特点采取不同的引导措施，引导民警走好职业发展之路。

表 5 - 2　民警职业生涯阶段划分情况

阶段	入警时间	民警特点	民警需求	组织对策
第一阶段 新警适应期	小于 3 年	职业生涯规划不清晰，期待平等的、良好的发展平台	● 转变角色，尽快适应环境，融入团队 ● 学习规章制度，熟悉环境，掌握技能	提供公开公平的双向互选平台和机会
第二阶段 锻炼提高期	3～5 年	开始思考职业生涯规划问题，具有强烈的成长意愿	● 全面提升执法能力、业务能力、警务技能 ● 立足本职岗位成长成才	通过岗位轮换提升其全面素质，通过科学的绩效评估引导其成长
第三阶段 职业成熟期	大于 5 年	自身的才干得以发挥，民警的个体职业生涯规划也日渐清晰，急切期待组织的关注、认可和支持	● 找准方向施展才能，力争有所建树 ● 发挥工作潜能，拓展职业空间，避免职业瓶颈	给予个体更多尊重其自身意愿的菜单式培训机会、互动式岗位交流机会、多路径职业发展机会等
第四阶段 职业生涯 后期	临近退休	身心产生巨大变化，更加需要组织的关怀	● 发挥余热，为后人领路 ● 为退休做好准备	关心其身心健康，为其创造更舒适的工作环境

（三）确立规范体系，构建制度框架

南通市公安局围绕顶层设计和微观执行两个层面，建立了以 16 个文件为框架、贯穿民警职业发展全过程的一整套工作规范（见表 5 - 3）。在顶层设计上，以制度规范为核心，不仅制定了统领民警职业生涯规划管理的办法和指南，还紧

扣新警定岗、岗位交流、实战训练、职级晋升、能力素质评估以及职业精神培育等六个方面，拿出了指导性意见；在微观执行上，以操作规范为主体，相继出台了履职能力标准、适岗评估、所队长专门选拔以及专业人才评定等8个方面的工作标准和操作办法。

表5-3 民警职业生涯规划管理的制度规范体系

宏观制度规范	微观操作规范
《民警职业生涯规划管理办法》	《民警履职能力规范》
《民警职业生涯规划指南》	《民警适岗评估办法》
《新警定岗规范》	《基层所队长专门选拔办法》
《民警岗位交流调整规范》	《科级领导干部选拔任职评估加分办法》
《民警职业训练规范》	《专业人才评定办法》
《民警职务职级晋升规范》	《民警素质提升奖励办法》
《民警职业能力素质评估规范》	《民警身心健康保护意见》
《民警职业精神培育制度》	《民警绩效考核实施办法》

（四）打通五大通道，确保常态运行

上述一系列规范的出台，为民警职业生涯规划管理建立了制度框架。然而，实践中还存在诸多堵点阻碍，导致制度设计与制度执行的断层，弱化了应有成效。为此，南通市公安局将“疏导堵点、打通通道”作为职业生涯规划管理工作的主攻方向，通过意愿表达、能力提升、人才培养、警力配置、职业管理五大机制的完善，确保民警职业生涯规划管理系统常态运行（见表5-4）。

表5-4 民警职业生涯规划管理的五大通道

通道	作用机制	具体措施
意愿表达	针对民警与组织互动不畅问题，强化民警意愿表达和组织积极反馈机制，实现民警与组织实时有效的交流互动。	分类采集意愿。将针对全市民警的广泛采集与针对各种特殊群体的专门采集相结合。
		专门研判反馈。建立市、县、所队民警意愿需求三级回应机制，各级积极反馈民警需求。
		采取分层管理、分类引导的办法。促使不同阶段的民警树立自身的职业发展目标。
能力提升	针对民警能力培训与实战应用脱节问题，确立标准引领、按需培训、履职评估“三位一体”的练兵模式，加强能力建设。	制定岗位标准，告诉民警“做什么”。突出岗位业务和岗位能力，分类制定标准，为民警提供训练指南。
		开展按需培训，教会民警“怎么做”。既完善常规培训，又创新推出“实战培训超市”，促使民警自主培训。
		强化履职评估，检验民警“做得怎样”。建立覆盖四个层面的岗位评估机制，督促全体民警学习。
人才培养	针对人才队伍建设与警务发展不适应问题，探索全方位、多元化的人才培育应用模式，建立复合型、高层次的公安人才队伍。	加强人才挖掘培育。研究制定公安专业人才五年规划，设计多重培养路径。
		加强人才动态管理。建立专业人才个人档案，每年进行资质评估，打破“一评定终身”格局。
		加强人才实战应用。制定出台专业人才管理工作规范，安排专业人才参与一线实战。

续表

通道	作用机制	具体措施
警力配置	针对组织调配与民警岗位意愿难以匹配问题，改变以往警力资源单向调配的模式，创新实施双向选择的方法，实现人岗匹配。	实施积分选岗定岗。在新警岗位初次分配中，采取自愿申报、积分排序的方式，确定新警岗位。
		创新岗位交流模式。明确四类交流调整类别，重点加强对不适应岗位要求民警的交流调整。
		改进领导干部选拔方法。以实绩、实干为导向，根据不同警种岗位的任职要求，实施定向选拔。
职业管理	针对组织管理与民警认同不紧密问题，强化组织的管理和引导，为民警提供良好的职业发展环境。	塑造职业精神。举办“警察文化节”，建立荣誉从警制度，不断增强民警职业责任感和自豪感。
		强化考核奖惩。研发“警务绩效动态考核服务系统”，建立“三挂钩一捆绑”考核机制。
		严格职业纪律。落实领导干部“一岗双责”，推进“三级同创”，出台执纪问责“六条硬性规定”。

（五）研发网络平台，实现流程管理

为保证信息流通顺畅、机制运转高效，南通市公安局充分发挥公安信息化建设的优势，自主研发了民警职业生涯规划管理信息系统。规划管理信息系统主要由民警规划平台和组织管理平台两部分组成（见表 5-5）。

表 5-5　民警职业生涯规划管理信息系统主要模块

民警规划平台	组织管理平台
我的档案	民警档案
职业环境	互动研判
我的规划	规划管理
意愿表达	人才管理
自助服务	政策法规

通过这两个平台，民警可以查询分析个人岗位履职的基本信息、向组织提出意愿申请、接受组织的引导帮助；各级组织可以了解掌握民警的基本信息、履职能力、综合素质等动态情况，按照民警的意愿需求，开展交流互动，提供组织保障。

这一平台中，最突出的是建立了民警意愿采集与组织互动回应的闭合回路：一方面，将人事档案信息整体移植至信息系统，民警可以通过查询档案，更加准确地进行自我定位，从而使其职业发展规划更趋理性；另一方面，设定了系统分类汇总、共性需求传递以及层级答复回应等工作流程，使各级组织能实时回复、常态互动。同时，还把各类规范全部嵌入信息系统，实现了一网搜索展示。

（六）扩充人员队伍，落实权责体系

在推动民警职业生涯规划管理的过程中，南通市公安局依托心理咨询师（100 余人的队伍）和政工干部队伍，确定了一批“职业规划师”。他们是民警的

“辅导员、引路人和保障者”。所谓辅导员，就是帮助民警确立自己的职业发展目标和素质提升计划；所谓引路人，就是积极引导民警认真对待自己的选择，静下心来做好本职工作；所谓保障者，就是综合采取各种激励保障措施，尽量为民警创造良好的软环境和工作环境。

同时，按照“上下联动、一体推进”的工作思路，南通市公安局明确了各层各级推进民警职业生涯规划管理工作的职责任务。市局重点是立足整体设计，强化指导协调、研究解决难点问题；县级公安机关主要是配合做好轮岗锻炼、骨干培养、典型选树、适岗评估等工作；基层所队层面，以民警意愿采集为主，引导民警自我评估、自我规划、自我提升，帮助解决民警个体困难。

二、实施成效

经过探索实践，南通市公安局有效破解了队伍管理中的一些重点难点问题，逐步形成一套全新的工作模式和工作环境，逐步完善了一个凸显民警职业引导的制度框架体系。职业生涯规划管理工作成效渗透和体现到民警个人、警察队伍和社会各个层面。

（1）民警能力素质得到提升，工作积极性大大增强。通过职业规划，民警明确了发展方向和自身差距，自觉地朝着规划目标努力奋斗。近3年来，全市通过高等级学历教育、国家司法资格考试，以及获得国家心理咨询师资格的民警，分别新增了72名、66名、114名；民警执法、打防、服务等核心战斗力进一步提升；全市978个集体和个人受到市级以上表彰，涌现出时代先锋顾瑛、二级英模尤建华、全国最美警察陈忠林等一大批先进典型。随着能力素质的提升，大批民警感觉才华得到了施展、自我价值得到了实现，进而工作积极性更高。比如，社区民警许飞，经申请调换到纠纷处理岗位。通过师徒传帮带、参加司法考试等形式，他的工作能力不断提升，得到了领导及群众的认可。他认为，职业生涯规划让他找到了前进的方向，增添了工作动力。

（2）民警队伍活力更足，警力配置更加优化。全市共有6 863名民警制定提交了职业发展规划书，1 618名民警通过信息系统表达了职业发展意愿，大部分需求得到了及时回应。这一过程是对以往“按需供应”的警力调配模式的改良。首先，它将力求民警意愿与岗位需求有效结合，实现了“人尽其才，才尽其用”。其次，在调配岗位的过程中，逐步建立起一整套制度，用以规范用人过程、明确用人标准。这一方面向全体民警明确传达了组织认可的能力素质标准，另一方面在队伍内部营造了公平公正、和谐规范的良好氛围。最后，职业生涯规划管理工作是对传统思想政治工作的创新，使思想政治工作职能更加明晰、效果更加明显。

（3）警务工作业绩突出，得到社会广泛认可。伴随着民警职业生涯规划管理工作的深入推进，南通市公安局全局上下齐心协力，取得了显著的工作业绩：社会安全感、公安工作满意度调查一直位居全省前列；公安综合绩效持续向好；群众信访案件、涉法投诉数量逐年下降。2010 年、2012 年，南通市公安局蝉联“全国公安机关执法示范单位”，2011 年、2012 年连续两次被评为全市“落实党风廉政建设责任制示范点”；南通市被公安部评为落实“210 工程”全国警务保障示范市，是全省唯一一个获奖的地级市。

三、案例评析

自 20 世纪初美国职业指导运动兴起以来，职业生涯规划与管理作为一种人力资源开发与管理的手段，广泛应用于各种公共或私营组织，在促进员工职业发展、提升组织整体绩效方面起到了良好的作用。然而，在我国，尤其是在我国的公共部门，这一活动尚属“试水阶段”。南通市公安局开展的民警职业生涯规划与管理工作，一方面在工作理念、制度框架、运行机制等方面形成了自己的特色，另一方面也面临一些困境，在理论基础、方法技术、体制机制等方面均存在一定的问题。

（一）本案例的特色

1. 以人为本，提升素质

坚持以人为本的理念，关注人员素质的提升和利用对组织绩效的促进作用，是人力资源开发的出发点。南通市公安局始终重视回应民警需求，提升民警素质，调动民警积极性，充分体现了对“人力资源是第一资源”这一理念的坚持。首先，他们了解和回应了民警的需求。通过划分四个职业阶段、建立网络信息反馈平台等，构建起一个表达、研判、反馈民警需求的闭合回路，最大限度地满足民警需求，起到激励作用。其次，他们明确了“规划的不是职位和岗位，而是能力和素质”的理念，着眼于民警个体和整个警队素质的提升，引导民警把个人的奋斗目标与组织发展目标相结合，通过各种形式锤炼素质，提升能力，促进民警人力资源的提升和补充。

2. 上下联动，全员参与

职业生涯规划，是一个成员与组织深入沟通、加强了解的过程。只有组织各个层级的全体成员都参与到这一过程中，才能真正使员工更了解自己、更了解组织，从而真正实现个人发展与组织发展的双促双赢。南通市公安局通过网络平台、制度规范、动态机制的建立，将中高层领导、专业咨询师和政工干部队伍、各基层所队长以及普通民警均纳入规划管理体系。通过各级成员深度沟通互动，最终使得民警个人职业理想与组织管理目标相一致、民警成长进步与公安事业发展相一致。

3. 系统协调，整体推进

当今世界，人力资源是资源要素中最活跃、最积极的生产要素。[①] 相应地，

---

① 萧鸣政．人力资源开发概论．北京：北京大学出版社，2014.

培训与人力资源开发也从一项单纯的管理职能向组织的“战略促进者”转变。① 因此，培训与人力资源开发的手段需要与组织运行的其他环节协调一致，共同促进组织战略。南通市公安局的民警职业生涯规划管理系统很好地实现了这一点。在内部一致性方面，从工作理念到制度规范、运行机制，再到网络平台、权责体系，都围绕着提升民警素质，调动民警积极性展开；在外部一致性方面，整个工作与绩效考核、人员选拔、薪酬管理等其他人力资源管理职能环环相扣，并紧紧服务于“构建实战化职业警队”这一重大战略。

（二） 本案例的问题

1. 理论研究基础薄弱

应当说，南通市公安局对民警职业生涯规划管理的各个方面都进行了诸多理论探讨，也取得了一定的成果。但从整体上看，南通市公安局的探索主要还是对实践经验的总结，缺乏一定的理论高度。这种理论研究的薄弱主要表现在：（1）理论背景上，主要是基于职业锚理论、需要层次理论等展开探讨，未能引入心理学、管理学、经济学等理论，以便从宏观和微观两个层面深入挖掘。（2）研究方法上，主要运用文献研究等定性研究方法，概述这一制度的目标、原则、框架等，缺少定量研究方法的运用。

2. 职业生涯规划与管理的专业化程度低

作为一种开发手段，职业生涯规划涉及一系列开发技术，比如需求分析、人力规划、教育培训、课程设计等。② 其中，尤以人员素质测评技术和工作分析技术最为关键。人员素质测评技术可以帮助组织成员了解自己的性格特征、知识技能、职业倾向、职业兴趣；工作分析技术可以明确组织中各个岗位的权责划分、任职资格、工作环境、职业前景等。完成这两个环节需要规划师具有较强的专业知识与技能。然而，目前规划师的角色主要由政工干部承担。由于种种原因，目前公安政工干部队伍中普遍存在“不专职、不尽责、水平低”等问题。③ 这就可能造成民警不能真正“知己知彼”，进而影响职业生涯规划管理系统的运行效果。

3. 职业发展通道拥塞，发展前景不够明朗

通畅的职业发展通道和良好的职业发展前景是促使员工积极开展职业生涯规划的前提。然而，在我国公共部门中，由于职位分类制度不完善、公务员队伍“只进不出”、“官本位思想”等原因，其职业发展通道拥塞现象较为严重。④ 在本案例中，这一问题的主要表现有：（1）纵向上看，职位晋升机会较少。目前，公安队伍的管理结构呈现金字塔形，层级越高职位越少，晋升渠道单一且晋升空间有限。（2）横向上看，职位类别不够多元，横向岗位交流的机会仍需增加。（3）从工作报酬上看，由于职位、职级不分，职业发展受阻的民警在待遇、社会

①② 萧鸣政．人力资源开发概论．北京：北京大学出版社，2014.

③ 龚正荣，杜星．新时期推进公安政工干部专业化建设的思考．第三届江苏警务发展论坛文集，2014.

④ 宁本荣．公务员职业发展的优化策略．中国人力资源开发，2008（1）.

地位等其他方面也得不到补偿，这将进一步挫伤其积极性。

（三）本案例的改进建议

针对上述问题，应该一方面加强理论研究，一方面提升专业水准，同时理顺相关体制机制，促使职业生涯规划管理工作进一步完善，取得更长远的发展。

1. 加强相关理论研究，夯实发展基础

正确的理论对于实践发展具有巨大的指导作用。南通市公安局的民警职业生涯规划管理工作，只有在总结实践经验的基础上，推动理论研究不断深入，才能进一步改进。具体来说，一是要充实研究力量，通过与国内知名高校、科研院所合作等形式开展研究；二是要扩展理论基础，引入心理学、管理学、经济学等多元理论开展研究；三是要吸纳多元的研究方法，针对职业生涯规划管理的实际效果等开展实证研究。

2. 建立职业咨询系统，提升专业化水准

所谓职业生涯咨询系统，指的是由组织领导、部门主管和职业专家，为所属员工提供职业咨询的一种管理辅助模式。① 公务员职业咨询可以使公务员解除职业困惑，理清职业思路。② 可以说，专业的职业咨询系统是职业生涯规划管理的基础。在公安民警队伍中建立职业生涯咨询系统，一方面要引入专业的职业生涯规划师，开展科学系统的人员素质测评和组织工作分析，为职业生涯规划奠定良好基础；另一方面要强化对政工干部、单位领导等责任主体的培训，提升其开展工作的专业化水平。

同时，还应在民警职业生涯规划管理系统中引入更多新兴的技术和方法。比如，对于新入职的民警，可采用员工组织化、实际工作预览等方法促使其尽快融入环境；对于处于职业成熟期的民警，可采用职业动机开发等方法克服职业倦怠，帮助其度过职业高原；对于即将退休的民警，也应注重退休咨询。③

3. 引入职业资格制度，扩展岗位空间深度

在现行体制下，公安队伍晋升空间狭小的问题暂时难以解决。可以从扩展岗位空间深度入手，拓宽民警职业发展通道。所谓岗位空间深度，就是指一个人在自己的工作中获得提升的学识、修养、能力水平以及机遇④，它可以使民警在现有岗位上不断自我实现、获得满足、保持积极性。扩展岗位空间深度的具体途径有：

(1) 引入职业资格制度。⑤ 目前，南通市公安局已经建立了8个针对不同岗位的人才标准。将这些标准进一步完善，并与薪酬待遇、职级晋升等挂钩，就可

---

① 胡丽文．浅谈公务员职业生涯咨询系统的构建．求实，2006 (S1).

② 丁猛猛．当前公务员职业生涯管理问题分析．职业圈，2007 (19).

③ 萧鸣政．人力资源开发概论．北京：北京大学出版社，2014.

④ 曹慧．论民警职业生涯发展与岗位深度空间．第三届江苏警务发展论坛文集，2014.

⑤ 萧鸣政．人力资源开发概论．北京：北京大学出版社，2014.

以建立起组织内部的职业资格制度，从而起到规范组织、激励民警的作用。

（2）探索建立职位与职级分开的制度，确保扎根基层、专注本职工作的民警在薪酬、福利、社会地位等方面能够正常晋升，保障其基本需求，从而引导广大民警安心本职工作，在平凡的岗位上施展才干，实现自我价值。

本章小结

本章首先介绍了职业开发与职业生涯规划的区别，两者主要存在时间和内容两个维度的区别。

其次介绍了职业开发的内容与对象。职业开发的内容主要包括能力的开发、态度的开发、职业资本的开发和社会资本的开发。在职业开发过程中，开发主体可以定义为接受开发的员工，通过职业开发这种方法，达到个人工作能力的提升，从而促进个人目标与组织目标双赢的效果。

本章的重点在于对职业开发技术的介绍，重点方法包括工作设计、工作专业化、工作轮换、工作扩大化以及工作丰富化。

◆ 进一步阅读文献

[1] 裴芳芳，李东花．霍兰德职业选择理论述评．职业技术，2012（2）．
[2] 贠娜，杨晴帆．人员选拔与聘用的匹配模式述评．企业导报，2012（13）．
[3] 张维洁，孙小庆．企业文化视角下的员工职业生涯决策．广西大学学报，2009（S1）．
[4] 萧鸣政．人力资源开发概论．北京：北京大学出版社，2014．
[5] 孙彤．组织行为学．北京：高等教育出版社，2000．

◆ 本章习题

一、单项选择题

1. 职业的一种定义可以解释为个人职务晋升与发展的过程，也可以解释为（　　）。

A. 工作本身　B. 工作特征　C. 工作环境　D. 工作级别

2. 职业开发的定义是通过职业活动本身提高与培养（　　）的开发形式。

A. 员工绩效　B. 组织绩效　C. 员工素质　D. 组织利益

3. 职业规划中的个人规划是指由个体采取的了解和试图控制其（　　）的活动。

A. 工作发展方向与内容　B. 员工潜质

C. 员工工作意向　D. 职业生涯

4. 职业开发的理论是强调（　　）的结构型理论和强调员工成长过程中不断发展的发展阶段理论。

A. 工作特征性质　B. 组织结构

C. 工作任务与员工相匹配　D. 组织目标

5. 美国职业学家萨伯把人的职业发展划分为五个大的阶段，萨伯将其中的成长阶段分为幻想期、（　　）、能力期。

A. 兴趣期　B. 模仿期　C. 生长期　D. 探索期

6. 工作设计包括激励型、机械型、生物型和（　　）。

A. 鼓励型　　B. 知觉运动型　　C. 技能型　　D. 效率型

7. 工作丰富化表现在对原有岗位工作六个方面的改变：责任、决策、反馈、考核、培训、（　　）。

A. 成就　　B. 内涵　　C. 素质　　D. 反应

8. 根据我国实际情况，可以把工作设计归纳为促进型、优化型、卫生型及（　　）工作设计。

A. 政府型　　B. 决策型　　C. 心理型　　D. 事业型

9. 工作轮换的情况包括管理类新员工的巡回轮换、培养“多面手”员工的轮换、培养经营管理骨干的轮换及（　　）。

A. 素质提高的轮换　　B. 组织需求的轮换

C. 组织利益的轮换　　D. 潜能开发性的轮换

10. *核心工作丰富化要素包括技能多样化、工作完整化及（　　）。

A. 工作重要化　　B. 工作效率化　　C. 工作质量化　　D. 工作操作化

二、多项选择题

1. 培训与人力资源开发是开发者通过学习、教育、培训、管理等有效方式，为实现一定的（　　）和（　　），对既定的人力资源进行利用、塑造、改造与发展的活动。

A. 经济目标　　B. 组织目标　　C. 发展战略　　D. 组织利益

2. 培训与人力资源开发者可以归纳为（　　）。

A. 组织　　B. 主管　　C. 个人　　D. 开发者自我

3. 职业规划包括（　　）。

A. 组织规划　　B. 个人规划　　C. 生涯规划　　D. 阶段规划

4. 职业规划是指规划者对每个员工职业选择的可能性及（　　）进行认真分析与计划的过程。

A. 制约因素　　B. 发展方向　　C. 发展内容　　D. 发展结果

5. 职业开发的特点有（　　）。

A. 引导性　　B. 长期性　　C. 短期性　　D. 功利性

6. 特质因素论中的特质包括（　　）。

A. 能力倾向　　B. 兴趣　　C. 价值观　　D. 人格

7. 美国职业学家萨伯把人的职业发展划分为（　　）。

A. 成长阶段　　B. 探索阶段　　C. 建立阶段　　D. 维持阶段

E. 衰退阶段

8. 职业开发的具体内容包括（　　）。

A. 能力开发　　B. 态度开发　　C. 职业资本开发　　D. 社会资本开发

9. 职业开发的客体可以是（　　）。

A. 知识　　B. 技能　　C. 能力　　D. 态度

10. 职业开发的方法包括（　　）。

A. 工作设计　　B. 工作专业化　　C. 工作分析　　D. 工作轮换

三、简答题

1. 简述职业开发与职业规划的区别。

2. 简述职业开发的特点。

3. 简述职业开发的主体与客体。

4. 简述工作轮换的优缺点。

四、论述题

1. 工作轮换对于组织的培训与人力资源开发有什么意义?

2. *对于职业开发，新职工和在职员工有何区别?

3. 请论述核心工作丰富化要素的作用。

案例与分析

1. 根据本章内容与职业开发方法应用案例分析，你认为该组织在员工职业生涯设计与培训与人力资源开发方面都有哪些值得我们学习的地方?

2. 根据案例归纳该组织所采用的具体职业开发方法，并且与中国其他地方的实践进行比较，你认为有哪些优点与不足?

3. 根据本章内容与案例分析结果，你认为应该如何进一步改进该组织所采用的职业生涯设计与管理工作?

第6章 组织开发

学习目标

1. 了解组织的性质和类型。
2. 明确组织结构及其对培训与人力资源开发的影响。
3. 明确组织行为及其对培训与人力资源开发的影响。
4. 明确组织发展及其对培训与人力资源开发的影响。

组织开发，在这里不是指对组织本身的开发，而是指通过组织这个中介，对组织中的成员进行开发的一种形式与活动。具体地说，组织开发是通过创设或控制一定的组织因素与组织行为，进行组织内培训与人力资源开发的活动与形式。组织不是开发的目标，只是开发的手段。例如，通过组织文化改变员工的态度、价值观以及信念，以适应组织内各种变化，通过组织设计、组织重组与变革对员工带来变化与影响。本章从组织的性质入手，简单介绍组织的类型和结构，以及不同组织结构对开发效果的影响，最后详细阐述组织开发的具体技术。

第1节 组织类型及其与培训与人力资源开发的关系分析

本节旨在介绍组织的性质，通过对不同的组织性质的了解，揭示组织性质对培训与人力资源开发的影响。

一、组织特性与人力资源的关系

从广义上说，组织是指由诸多要素按照一定方式相互联系起来的系统。从狭义上说，组织是指人们为实现一定的目标，互相协作结合而成的集体或团体，如党团组织、政府组织、企业、学校、医院与军事组织等。在现代社会生活中，组织是人们按照一定的目的、任务和形式联结起来的社会集团，组织不仅是社会的细胞、社会的基本单元，也可以说是社会的基础。

巴纳德（Barnard）认为，正式组织是有意识地协调两个以上的人的活动与力量的体系。卡斯特（Kast）对组织的定义则是，组织是一个系统，包括环境、技术、结构、社会心理与管理方面的多个子系统。具体地说，包括一个属于更广泛环境的分系统，在这个分系统中包括怀有目的并为目标奋斗的人们；一个技术分系统，在这个分系统中人们使用知识、技术、装备和设施；一个结构分系统，在这个分系统中人们在一起进行整体活动；一个社会心理分系统，在这个分系统中每个人处于社会关系中；一个管理分系统，在这个分系统中需要负责协调各分系统，并计划与控制全面的活动。[①] 组织的定义有很多，人们对组织的认识仍处于不断深入的过程中，随着人类实践的向前发展，人们的认识还会进一步演变和深化，但这并不妨碍人们对组织的理解。

基于上述不同概念，本书将组织界定为一种基于一定的目标或任务，以互相协作与结合为主要运行方式、由几个人或者更多的个体组成的集体。

组织的特性是由组织本身决定的，或者说是由组织的构成要素决定的，组织的性质同时也反映了组织的构成要素，可以通过了解组织的性质了解组织的构成要素。从人的认识过程来说，也是先了解组织的外在性质，然后才能进一步去研究组织的内在构成要素。在系统科学研究中，人们从各个方面描述了系统的具体特性，例如整体性、统一性、结构性、功能性、层次性、动态性、目标性、开放性等。其中整体性、目标性和开放性是系统最普遍、最本质的特征。组织也是系统，因此，所有组织，无论是社会组织或生物组织都具有整体性、目标性和开放性这三个主要特性。

（一）整体性影响

在系统和组织研究中，人们从各个方面描述了系统的具体特征，在系统的特性中，整体性是首要的，也是最重要的。整体性决定了组织的运行方式。如上所述，组织是基于一个共同的目标而存在的，因此组织内的成员必须为了达成这个目标而互相协作，这个协作的过程就在某种程度上体现了组织的整体性。

将组织的整体性与组织培训与人力资源开发相结合，其重要性不难理解。因为要达成同一个目标，组织的人力资源部需要有效地配置人力资源，并在组织追求目标实现的过程中，不断调整人力资源管理方法，这种管理方法中自然也包括培训与人力资源开发。正如上一章中所描述的一样，组织为了达成目标，会在工作过程中对员工进行职业开发，其具体手段包括工作设计和工作轮换等。虽然具体方法不同，但都是从组织的整体性出发。

---

① 包政．巴纳德揭示的组织与管理世界．管理学家，2010（8）.

（二）目标性影响

组织目标是指一个组织未来一段时间内要实现的目标，它是管理者和组织中一切成员的行动指南，是组织决策、效率评价、协调和考核的基本依据。任何一个组织都是为一定的目标而组织起来的，目标是组织的最重要条件。无论其成员各自的目标有何不同，都一定有一个为其成员所接受的共同目标。

组织目标就是组织的宗旨或纲领，它说明建立这个组织的目的。不同组织有不同的目标。组织目标是识别组织的性质、类别和职能的基本标志。任何组织都把确定组织目标作为最重要的事。组织目标对组织的全部活动起指导和制约作用。组织目标具有差异性、多元性、层次性和时间性。组织目标的确定大致可分三步：内外部环境的分析、总体目标的确定、总体目标的分解和协调。

组织目标为组织前进指明了方向，也为组织活动确定了发展路线。确定目标是组织的战略、计划和其他各项工作安排的基础，只有把笼统的目的化为具体的目标，组织实现预期的效益才有比较大的希望。对管理者来说，目标就好比路标，它指明了组织努力的方向，确定了组织应在哪些领域取得成就的标准，管理者在管理实践中要想得到满意的效益，就不能停留在目标性阶段，而应上升到自觉追求目标的阶段。

如前所述，组织是在不断地追求目标中生存下去的，为了更好地生存，组织就需要对组织内的成员进行不断的管理与开发，只有这样才能确保组织朝着其所设定的目标良好地运行下去。

（三）开放性影响

系统管理理论学派的理论要点是组织是一个开放系统，最早提出开放系统概念的是冯·贝塔朗菲，他在《一般系统论：基础、发展和应用》一书中说："生命系统本质上是开放系统。开放系统被定义为与环境交换物质的系统。"系统学派的代表人物卡斯特接受了这种观点，他认为物理系统和机械系统在它们与其环境的关系中可以认为是封闭系统。与此相反，生物系统与社会系统则不是封闭的，而是与其环境不断相互作用的。这种将生物和社会现象视为开放系统的观点对社会科学和组织理论具有深远的意义。传统管理理论认为组织是个封闭系统，现代管理理论则认为组织在它与其环境的相互关系方面是个开放系统。组织的开放性指的是，组织具有不断与外界环境进行物质、能量、信息交换的性质和功能。任何具体组织作为整体，都不是孤立存在的，它总是处于一定的环境之中，并且同环境相互联系、相互作用，从而表现出自己的整体性能。组织向环境开放是组织得以向上发展的前提，也是组织得以稳定存在的条件。

从组织的开放性层面而言，组织的目标性和整体性可能更加偏向组织的内部属性，组织的开放性则体现了组织的外部属性。从人力资源管理层面上讲，其中的招聘步骤最能体现组织的开放性，因为组织需要不断地从外部吸收营养，才能达成组织的目标。

二、组织类型与人力资源的关系

组织的类型一般包括公共部门、私人部门、非营利组织等。

（一） 公共部门

公共部门是指负责提供公共产品或进行公共管理，致力于增进公共利益的各种组织和机构，最典型的公共部门是政府部门，它以公共权力为基础，具有明显的强制性，依法管理社会公共事务，其目标是谋求社会的公共利益，对社会与公众负责，不以营利为目的，不偏向任何集团的私利。公共部门包括政府组织、事业单位与国有企业。

人们在认定公共部门内涵和外延时，采纳的标准和评价方式不同，对公共部门范畴的界定并不统一。我们在分析公共部门的内在性质和外延范畴时，根据一系列标准和特征，将公共部门的范围和主要类型划分为以下几类。

1. 第一类公共组织

第一类公共组织是指，公共部门体系中具有最为突出特征的一大类组织——拥有公共权力，制定和执行国家宪法、法律，维持社会秩序，从事社会公共事务管理，提供公共产品和公共服务，运营经费全部来源于国家公共财政划拨，追求公共利益实现，不以营利为目的的国家政权组织系统，包括国家各级立法机关、行政机关、司法机关和检察机关。在传统意义上，它们构成“公域”的中心，是公共组织最重要的组成部分。

2. 第二类公共组织

第二类公共组织是指，由国家政权组织委托和授权的，从事公共服务的，为公众提供科学、文化、医疗卫生等公共产品，其运营经费一部分来源于国家公共财政的划拨，一部分来源于为收回成本而向服务接受者收取的费用，不以营利为目的的组织体系。在我国，它们是从事公共事业服务的国有的或民营的事业单位或组织，包括公立医院、疗养院、养老院、公立学校、科学研究机构、文化馆、图书馆、美术馆、社区公益服务组织、社会工作的志愿者组织等。今天，它们也属于“第三部门”，是非营利组织的重要组成部门。尽管这些组织越来越多地采用企业化经营的模式，形成了企业式的运营过程，但是，由于它们的基本性质是提供公共服务，并且与私营企业不同，它们不以营利为目的，所以也是公共部门的一部分。

3. 第三类公共组织

第三类公共组织是指，由政府出资组建，生产满足社会需求的物质产品，以营利和国有资产增值为目的，以企业化方式运营的组织体系，主要是指各种国有企业和公司。在内部经营方式上，国有企业与私营企业区别不大，但由于其产权性质属于国有，运营资源来源于公共的资源，又受到政府主管部门或授权主管部门的监督、管理，所以可视为公共部门的一部分。

由此可见，公共部门是一个庞大的组织体系，由内部运营方式并不相同的组织构成，这决定了在公共部门中，针对不同性质类型的公共组织，人力资源管理的模式和形态也是多样化的。

（二） 私人部门

私人部门是公共部门的对称，是指个人、家庭和私人或者少数人所拥有的企事业单位。私人部门经济行为主体的共同特点是它们的活动依赖于个人的收入、个人所有的资产，并且以少数人自身利益为活动的宗旨，分为两个子部门：个人与少数几个人拥有的企事业部门。前者是从事个人消费活动的，后者则从事少数几个私有投资的生产；前者的行为目标是个人效用最大化，后者的行为目标是利润最大化。

私人部门与公共部门的区别，主要体现在以下方面：

1. 政治与效率

公共部门与私人部门在人力资源管理中的价值取向差异首先表现为政治与经济的冲突。政府治理中首要的价值取向是政治优先性。政府必须将政治回应性与社会公平作为人力资源获得的首要原则。政府在基本保障个人权利的同时必须体现社会的公平性。

公共部门由于其公共性，掌握着绝大部分资源的分配权，它在处理各种公共事务中首先必须公平和公正，来实现整个社会资源分配、获取资源的机会分配方面的公平公正。而私人部门包括企业作为社会资源的获得者，追求效率、效益是它基本的价值取向，它所管理和拥有的人力资源也服务于这一目的。企业人力资源管理部门只听命于领导者，领导者完全可以决定员工的任命与使用，对员工的需要通过专业化的工作分析来获得，并通过职位说明书及培训计划等充分展现出来，录用和解雇员工时较少考虑外部压力，政治责任与社会责任相对缺失。

私人部门的人力资源管理首先考虑的不是政治回应性与社会公平，而是经济生活中的交换与回报。市场经济体系中的平等法则几乎不受政治价值的影响，人力资源管理主要考虑的是谁进入这些职位最有利于企业的发展，企业所给予的回报则是基于员工对企业所做的贡献，而非员工的性别、民族或以往的经历。

2. 稳定与效率

私人部门与公共部门价值取向的另一个差异是对稳定与效率的关注不同。中国正处于社会转型时期，在此大背景下，政府、事业单位、国有企业等公共部门的人力资源管理服从于政治系统的总目标，在面临稳定与发展的冲突时，首先趋向稳定。公共部门的人力资源管理部门必须忠诚于这一基本的价值取向，致力于寻求一套合理有效的人力资源管理运作程序，并努力使之法制化。判断这一制度成功与否的基本标准不是其推动社会发展的效率，而是其透明化程度、公众的接受程度，能否从根本上保障公共部门运作的稳定，进而维护社会的稳定。

私人部门的人力资源管理则更多关注运行效率，效率是其生命。私人部门的人力资源管理部门围绕效率这一核心制定人力资源管理规范，同时也基于效率的需要而打破这些规范。

3. 政治关联度

私人部门与公共部门价值观的差别还体现在组织与政治的关联度上。公共部门所追求的价值与组织的政治目标有极大的关系。西方国家的公务员制度强调“政治中立”，而我国对“政治中立”持否定态度，我国的公务员制度是有明确的政治立场的。

政府管理是基于外部需要即社会需要而存在、发展的，其人力资源管理系统必然是面向社会，承受社会的压力，在管理过程中，经常是内在的需求屈从于外在的压力。特别是在人力资源获取过程中，决策层在决定录用什么人时，常常将外在压力作为首先考虑的因素。

私人部门的人力资源管理与政治的关联远不如公共部门密切，而与经济和市场的关联却十分密切。企业的人力资源管理将企业的内在需要作为第一动力。组织的内在需要通过专业化的工作分析而得以确认，并通过职位说明书及培训计划等充分展现出来。因为政治责任与社会责任相对缺失，组织在录用或解雇员工时，较少考虑外在压力。

（三） 非营利组织

非营利组织是指不以营利为目的的组织，它的目标通常是支持或处理个人关心或者公众关注的议题或事件。非营利组织所涉及的领域非常广，包括艺术、慈善、教育、政治、宗教、学术、环保等。非营利组织的运作并不是为了产生利益，这一点通常被视为这类组织的主要特性。然而，某些专家认为将非营利组织和企业区分开来的最主要差异是：非营利组织受到法律或道德约束，不能将盈余分配给拥有者或股东。

非营利组织还必须产生收益，以提供其活动的资金。但是，其收入和支出都是受到限制的。非营利组织因此往往通过公共部门和私人部门捐赠来获得经费，而且经常是免税的状态。私人部门对非营利组织的捐款有时还可以抵税。

1. 非营利组织的特征

非营利组织在不同国家和地区有不同的称谓。非营利组织是美国广泛采用的概念，美国财务会计准则委员会（FASB）将其定义为符合以下特征的实体：

（1）该实体从捐赠者处获得大量的资源，但捐赠者并不因此而要求得到同等或成比例的资金回报；

（2）该实体经营的目的不是获取利润；

（3）该实体不存在营利组织中的所有者权益问题。

2. 中国的非营利组织特征

在我国，非营利组织作为一个独立的概念在正式文件中基本没有出现过。在研究非营利组织时，不少人常常谈到事业单位。从经营目的来说，我国的事业单位应属于非营利组织的范畴，但因为其具有国有属性，且多是由财政拨款的，因此，不宜将事业单位与非营利组织混为一谈。

我国《民间非营利组织会计制度》规范的主要是民间非营利组织的会计核算问题，指出民间非营利组织应具备以下特征：

(1) 该组织不以营利为目的和宗旨；

(2) 资源提供者向该组织投入资源并不得以取得经济回报为目的；

(3) 资源提供者不享有该组织的所有权。

可以看出，此定义借鉴了美国的定义，且更加突出了非营利性和社会公益目的。该会计制度用列举的方式指出我国的民间非营利组织包括依照国家法律、行政法规登记的社会团体、基金会、民办非企业单位和寺院、宫观、清真寺、教堂等，这就与我国的事业单位区分开来。社会团体是指由中国公民自愿组成的，为实现会员共同意愿，按照其章程开展活动的非营利社会组织；基金会是指对国内外社会团体和其他组织以及个人自愿捐赠资金进行管理的民间非营利组织，是社会团体法人；民办非企业单位是指私有部门的事业单位、社会团体和其他社会力量以及公民个人利用非国有资产举办的，从事非营利性社会服务活动的社会组织。

（四）组织类型与人力资源的关系分析

基于上述内容，我们可以看到，组织的类型与组织中的成员之间的关系密不可分。总体上来讲，不论是公共部门、私人部门还是非营利组织，组织的目标都严格地规范着其成员的行为与思想，影响着其人力资源的形成与发展。这种影响作用是相互的，具体表现为以下几个方面：

(1) 成员是组织的基本构成要素。一个组织如果没有成员，就不能称其为组织，组织的愿景、目标、战略就无法实现。

(2) 组织的目标必须为成员所明确，成员的目标必须与组织的目标相一致，只有这样才能使组织和个人共同发展。

(3) 组织中的成员必须具有组织承诺感和组织忠诚度，当个人目标与组织目标冲突时，成员应该仔细思考二者之间的关系后再采取行动，不然不仅个人目标难以实现，组织的发展也会受到影响。一般情况下，组织的目标对于成员具有引领作用、规范作用与制约作用。

(4) 组织应该具有自己的主题文化，进行组织文化建设，确保组织内成员被组织文化感染，只有这样，组织成员才会在个人利益与组织利益发生冲突时做出正确的选择。

基于上述影响关系的分析，我们不难了解，公共部门、市场化与私人部门、非营利组织因为各自的组织目标与文化特点不一，因此其人力资源的形成与发展相互间必然存在不一致性或者差异性。这就在一定程度上表明，不同的组织类型对于培训与人力资源开发具有不同的影响与作用。

第2节 组织结构及其对培训与人力资源开发效果的影响

本节将介绍几种常见的组织结构，包括直线制、职能制、直线职能制、事业部制与矩阵制，在此基础上，探讨不同组织结构对培训与人力资源开发的影响。

一、组织结构的特点

不同的组织结构对于组织中的成员具有不同的组织要求，影响着组织中人力资源的形成与发展。

（一）直线制

直线制组织结构是最简单的集权式组织结构形式，又称为军队式结构，其领导关系按垂直系统建立，不会设立专门的职能机构，组织结构自上而下形同直线，因此称为直线制组织结构。

直线制组织结构最突出的优点是权力的集中度极高，权责分明，命令统一。在这种组织结构下，信息沟通快捷方便，管理层便于统一指挥和集中管理。

但是，管理学界普遍认为直线制组织结构具有以下缺点：

（1）组织中的各职能单位容易自成体系，不重视工作中的横向信息交流，本位主义思想导致注重局部利益，容易导致部门间的不协调乃至矛盾现象，从而对组织的管理效率造成影响。

（2）如果组织中的某个职能部门因为其重要性而被授予过大的权力，则总命令系统很容易受到该部门的干扰。

（3）按职能分工的组织往往弹性不足，容易导致组织对环境变化的反应过于迟钝。

（二）职能制

职能制组织结构又称为分职制组织结构或分部制组织结构，指组织同一层级横向划分为若干个部门，每个部门业务性质和基本职能相同，但互不统属、相互分工合作的组织体制。职能制的优点是行政组织按职能或业务性质分工管理，选聘专业人才，发挥专业特长的作用；利于业务专精，思考周密，提高管理水平；同类业务划归同一部门，职有专司，责任确定，利于建立有效的工作秩序，防止顾此失彼和互相推诿。

职能制组织结构能够适应现代化工业企业生产技术复杂、管理工作精细的特点。

但是职能制也存在明显的缺陷：

（1）不便于组织之间各部门的整体协作，容易各自为政，导致管理协调出现困难。

（2）较容易出现多头领导，当组织管理者与部门管理者的命令发生矛盾时，下级通常感到无所适从，影响工作生产的正常进行。

（三）直线职能制

直线职能制组织结构是现代工业中最常见的一种结构形式，在大中型组织中尤为普遍。这种组织结构的特点是：以直线为基础，在各级行政主管之下设置相应的职能部门（如计划、销售、供应、财务等部门）从事专业管理，作为该级行政主管的参谋，实行主管统一指挥与职能部门参谋-指导相结合。在直线职能制结构下，下级机构既受上级部门的管理，又受同级职能管理部门的业务指导和监督。各级行政领导人逐级负责，高度集权。因而，这是一种按经营管理职能划分部门，并由最高经营者直接指挥各职能部门的体制。

直线职能制组织结构的优点在于它既保持了直线制组织结构的统一指挥的优点，又综合了职能制组织结构的精细分工、专业化管理的特点，管理效率大大提高。

但是，直线职能制组织结构也存在缺陷：

（1）与直线制组织结构类似，高度集权，下级管理者缺乏自主权。

（2）因为具有直线制组织结构的特点，其横向信息流动较差。

（3）在直线职能制组织结构中，其信息传递过程往往较长，反馈速度极慢，这对组织适应外界环境的变化带来了一定的难度。

（四）事业部制

事业部制组织结构亦称 M 形结构（multidivisional structure），或多部门结构，有时也称为产品部式结构或战略经营单位。即按产品或地区设立事业部（或大的子公司），每个事业部都有自己较完整的职能机构。事业部在最高决策层的授权下享有一定的投资权限，是具有较大经营自主权的利润中心，其下级单位则是成本中心。事业部制具有集中决策、分散经营的特点。集团最高层（或总部）只掌握重大问题决策权，从而从日常生产经营活动中解放出来。事业部本质上是一种企业界定其二级经营单位的模式。事业部制适合规模庞大、品种繁多、技术复杂的大型企业，是国外较大的联合公司所采用的一种组织形式，近几年我国一些大型企业集团或公司也引进了这种组织结构形式。

事业部制组织结构的优点在于，首先，能够帮助高层管理者摆脱繁杂的日常行政事务，专注于全局战略问题。其次，一般的事业部制组织都拥有独立核算系统，大大提高了中层管理者的积极性。最后，各事业部之间的竞争也能促进组织的发展。

但是，事业部制组织结构也同样存在缺陷，具体表现为组织与事业部的职能机构出现重叠，这就造成了管理人员的浪费。由于采取独立核算系统，在促进竞争的同时容易引起本位主义，这会影响部门之间的协作。

（五）矩阵制

矩阵制组织由职能部门系列和为完成某一临时任务而组建的项目小组系列组成，它的最大特点在于具有双道命令系统。矩阵制组织形式是在直线职能制垂直形态组织系统的基础上，再增加一种横向的领导系统，可称之为“非长期固定性组织”。

矩阵制组织结构的优点在于这种组织结构加强了部门间的横向联系，专业设备和人员得到了充分的利用。为完成某一临时任务而组建的项目小组的存在，使得矩阵制组织具有极大的机动性。

但是，矩阵制组织结构也存在缺陷，比如其组织内部成员位置的不固定性会造成成员的临时观念，导致责任心下降。该组织结构的内部成员受到双重领导，有时容易导致责任划分不明确的现象。

二、不同组织结构对培训与人力资源开发效果的影响

不同的组织结构具有不同的特点要求，会对其人力资源的开发效果产生不同的影响。

（一）直线职能制对培训与人力资源开发效果的影响

在现实的组织形式中，单纯的直线制与职能制目前已很少见，一般都是两者结合的直线职能制。直线职能制组织结构是一种既按命令统一原则设立直线指挥系统，又按专业化原则设立智能管理系统的组织结构形式。在这种组织内部，职能人员是直线指挥人员的参谋与助手，其对下级机构或人员只有业务上的指导权，没有行政命令权。

直线职能制组织有助于组织内部成员效率意识、责任意识和纪律服从意识的培养与开发，还有助于专业管理人员的培养与开发。但在这种组织结构下，下级部门中人员之间的团队意识会受损，员工的积极性与创新意识也会受到抑制，不利于员工的全面发展。

（二）事业部制对培训与人力资源开发效果的影响

事业部制组织结构允许组织的管理层集中决策并且掌握关键职权，分散经营的同时赋予下级部门独立核算的权力。

这种组织结构有利于中高层领导人员综合管理能力的开发，对于中高层管理人员的个性解放和创造能力也有着积极的意义。同时，事业部制还有利于基层负责人员管理能力的全面开发与培养，并建立集团高层干部赛马式选拔机制，通过

观察比较把人才提拔到最合适的位置。但是，事业部制不利于不同事业部之间的员工团队意识的培养。

（三） 矩阵制对培训与人力资源开发效果的影响

矩阵制组织结构的特点在于员工接受双重领导，具有双重责任，但是项目经理没有完整的职权。

矩阵制组织结构有利于员工团队意识、民主意识、创造性的培养与开发，但是不利于纪律与服从意识的培养与开发。

（四） 变形制对培训与人力资源开发效果的影响

变形制组织结构是近年来较为流行的一种组织结构形式，多用于工商业。其特点是结构上没有定式，以利润为中心，分权经营，以组织结构的变化应对外部环境的变化。

这种组织结构形式有利于组织成员民主性、创新性、灵活应变能力、自我控制能力与团结协作意识的培养与开发；同时还有利于员工的个性、独立自主性的培养与开发。但是，变形制组织结构不利于员工纪律性、服从性与忠诚意识的培养与开发。

三、组织结构的内部环境因素对培训与人力资源开发效果的影响

组织结构是一个系统，与组织内部的环境相互联系与影响。因此我们有必要分析一下组织内部环境对于培训与人力资源开发效果的影响。

组织的内部环境一般包括组织战略、人员状况、组织文化与组织技术等因素。

（一） 组织战略

一般来讲，组织战略因素会对培训与人力资源开发带来一定的影响。组织战略一般包括成长战略、稳定战略和收缩战略。成长战略包括内部成长战略和外部成长战略。内部成长战略指组织主要依靠自身资源的积累来实现规模的扩大；外部成长战略指组织借助外力因素，依靠外部资源来实现规模的扩大。稳定战略指组织保持目前的规模，既不扩大也不缩小，从而实现组织的稳定运行。收缩战略是指组织缩小自己的规模。

（二） 人员状况

组织的人员状况决定了组织现有的人力资源状况，培训与人力资源开发要从现有员工状况出发，以现有人力资源状况为基础，根据客观实际制定行之有效的规划，开展行之有效的活动。

（三）组织文化

组织文化是指企业在发展过程中逐步形成的企业成员所共同具有的价值观念、道德准则等观念形态的总和。一般来讲，组织文化包括组织的控制程度、组织的开放程度、集体意识、过程倾向、风险容忍度、宽容程度、公平观念等一系列因素。

可以说，组织文化与员工心理密切相关，而员工心理恰恰决定了员工在组织内的工作态度，因此，培养一套健康的组织文化是非常重要的。

（四）组织技术

组织技术主要是指组织内部的科技技术。科学技术包括科学知识和技术两个方面，其中对培训与人力资源开发影响最为深刻的应属信息技术革命。

在高度发达的信息社会，培训与人力资源开发面临空前的机遇与挑战。一方面，培训与人力资源开发以其朝气蓬勃的生命力，为新兴信息技术的使用和发展提供了广阔的空间；另一方面，依托互联网和应用系统平台，培训与人力资源开发正在向企业战略性合作伙伴的目标稳步迈进。

信息技术的应用可以提高培训与人力资源开发效率。传统的培训与人力资源开发需要挤占大量的人力和时间，而运用信息技术可以使培训与人力资源开发专业人员与客户和参与者之间保持高度密切的接触，节省了沟通时间，提高了沟通效率。另外，远程教育、培训、员工职业规划等方面，在有多媒体网络参与的情况下，都大大提高了培训与人力资源开发的效率。

组织的内部环境对组织的培训与人力资源开发的广度、深度、成效及成本有着重大的影响。组织内部环境的建设和优化，可以从组织文化、组织战略、人员状况等方面着手，创造一个有利于培训与人力资源开发和人才脱颖而出的和谐环境。

不同的内部环境因素从不同的方面影响和制约着组织的培训与人力资源开发，因此，人力资源管理者在进行培训与人力资源开发的同时，必须认真研究其内部环境因素，并积极努力调动各方面的力量，不断改造和优化组织的内部环境，实现组织发展同培训与人力资源开发的良性互动。

第3节　组织行为及其对培训与人力资源开发效果的影响

除去上文所述的一些组织结构与内部环境因素，西方的一些组织行为理论所揭示的组织行为对培训与人力资源开发也有重要影响。本节将就组织承诺、组织公民行为与领导行为理论对培训与人力资源开发的影响进行探讨。

一、组织承诺对培训与人力资源开发的影响

（一）组织承诺

承诺的概念是美国学者贝克尔（Becker）于 1960 年基于单边投入理论提出的。[①] 该概念得到了广泛的关注与研究，尤其是在组织行为领域，因为组织承诺对员工的离职有显著的预测作用。伴随着组织承诺概念的发展，20 世纪 70 年代波特（Porter）、莫迪（Mowday）等学者认为，组织承诺的基础不仅仅是基于经济交换关系的单边投入，更是基于情感依赖对组织的依附。[②]

（二）组织承诺对培训与人力资源开发的影响

组织承诺是员工对组织的一种态度，它可解释员工为什么要留在某组织，因而也是检验员工对组织忠诚度的一种指标。员工基本承诺可分为五类：一是感性承诺，表现在对工作单位的认可，感情深厚，愿意为单位的生存和发展做出贡献，甚至不计报酬，在任何情况下都不会离开单位。二是理想承诺，这种人重视个人的成长，追求理想的实现，也非常关注个人的专长在这个单位里能不能得到发挥，能不能提供个人的学习条件、工作条件和个人晋升的机会。三是规范承诺，这类员工对组织的态度是依照社会规范，以职业道德为准则，对组织有责任感，对单位尽心尽责。四是经济承诺，员工担心离开单位会蒙受经济损失，所以他才留在这个单位。五是机会承诺，这类员工留在单位是因为还没有找到或找不到更满意的单位。

关于组织承诺的研究揭示了各类员工的行为表现，人力资源管理部门可据此将员工分成不同的类型，有针对性地制定培训与人力资源开发规划，采取不同的开发方法以培养组织需要的人才。其应用价值就是根据对影响因素的分析，人力资源管理部门可以提出改善管理的建议，有针对性地提出一些开发方法来克服消极因素，强化积极因素。

二、组织公民行为对培训与人力资源开发的影响

（一）组织公民行为

奥根（Organ，1983）在吸收了巴纳德（Barnard，1938）“合作的意愿”和卡茨（Katz，1964）“角色绩效和创新性的自发行为”之后提出了“组织公民行为”（OCB）。但直到 1988 年，奥根才正式对 OCB 进行概念界定，即在组织的正

---

① 廖梦珩．组织承诺相关研究综述．管理观察，2012（3）．

② 李昌林．组织承诺研究综述．中国商界，2009（1）．

式制度中没有得到直接承认，但整体而言有益于组织绩效的各种行为。[①] 波德萨科夫（Podsakoff）[②] 等人对2000年以前的组织公民行为的概念、维度和影响因素进行了系统的总结，可以视作组织公民行为研究的一个里程碑。华人学者樊景立等在研究中发现中国文化背景下组织公民行为有其特有的表现形式，如维护人际和谐、保护组织资源、参加社会公益活动等。

（二）组织公民行为对培训与人力资源开发的影响

基于上述内容，组织如果想要成为高绩效的、有竞争力的组织，除了在资金、设备、技术等方面进行投入之外，也不能忽视对组织中员工的工作态度和行为的培养。除了员工的本职工作行为之外，员工的主动、创新等超越本职角色行为的自发性工作行为可以更加高效地促进组织的效率与绩效。基于这些原因，组织的人力资源管理部门应该从招聘选拔开始，选取具有良好组织公民行为的员工，在培训与开发过程中，除了对工作技能的开发，还要注意培育和提倡员工的组织公民行为。

三、领导行为对培训与人力资源开发的影响

（一）领导行为

行为特质理论（trait approach）是最早提出的领导行为理论。扎卡罗（Zaccaro）、肯普（Kemp）、巴德（Bader）等学者认为领导行为来自领导者特质，将领导者特质定义为一种相对稳定和一致的人格特质的集合，这类特质能使个体在不同的团体或组织情境中塑造出特定的领导行为模式，同时也反映了一系列稳定的个体差异，包括人格、气质、动机、认知能力、技能以及专业等。

戴（Day）与达卡罗（Daccaro）补充认为，个人特质并不会直接导致具体的行为，却是我们了解特定行为的标签和捷径。不过，柯克帕特里克与洛克（Locke）的研究揭示，尽管这些特质更多地出现在领导者身上，但并不必然保证个体能够成为一名成功的领导者。

行为过程理论（behavioral approach）将领导行为的研究重点从特质转向了特定领导行为的过程以及领导者所从事的活动。人们从特质的角度来探究领导行为背后的原因，而从行为的角度试图建立起领导者的外在标准。因此行为理论的研究者更关注领导者“做什么”而不是他们“有什么”。然而尽管领导行为理论使得人们能够认识到那些至关重要的领导行为，但是要成为一名成功的领导者远远不是表现出这些关键行为那么简单。一些研究表明，领导者运用权力以及影响员工的过程对于领导者的成功来说至关重要，因此在接下来的内容中我们将就这一问题展开讨论。

---

① 闫丽娜．组织公民行为研究述评．经济视角，2012（5）．

② 展翔．组织公民行为本质初探．现代商业，2008（6）．

变革型领导（transformational leadership）是指能够对组织员工产生重大影响，使其态度与行为发生变化，并且建立起对组织目标与战略的承诺的领导过程。变革型领导的过程通常被看作不同阶层和不同子单元共同参与、同时发挥影响的过程。

魅力型领导（charismatic leadership）的界定相对要窄一些，它是指员工感觉到领导者拥有非凡的天赋，是独一无二且与众不同的。魅力型领导理论主要关注某个领导者个体，而不是由若干领导者所共享的领导过程。

（二）领导行为对培训与人力资源开发的影响

之所以要介绍领导行为理论，首先是因为领导行为的主体本身在组织中也是一种人力资源，也需要进行培训与人力资源开发。在领导行为研究领域最受争议的一个问题便是领导者及其行为到底是天生的还是后天训练的。问题的答案可谓仁者见仁，智者见智。但不可否认的是，有一些领导者的行为能力是可以在培训与人力资源开发过程中实现的，比如一些具体的能力（沟通能力、决策能力等）。

其次，领导风格直接影响组织的人力资源管理模式。刻板的领导和管理模式容易忽视员工的心理感受，会降低工作效率；而过于开放的领导风格又容易使员工产生投机取巧的心理。因此，在进行培训与人力资源开发时，领导力和领导风格是一个必须考虑的问题，只有准确把握领导风格，才能制定出有效的培训与人力资源开发方式。

第 4 节　组织发展及其对培训与人力资源开发效果的影响

组织开发不能离开组织自身的发展，组织发展的方法主要包括组织变革、组织设计与组织成长。

一、组织变革及其对于培训与人力资源开发的影响

组织变革必然会对组织成员产生重要影响，人力资源管理部门应该认真分析组织变革给员工带来的各种影响作用，从而利用这些影响作用进行培训与人力资源开发的设计。

组织变革是指运用行为科学和相关管理方法，对组织的权力结构、组织规模、沟通渠道、角色设定、组织与其他组织之间的关系，以及对组织成员的观念、态度和行为，成员之间的合作精神等进行有目的的、系统的调整和革新，以适应组织所处的内外环境、技术特征和组织任务等方面的变化，提高组织效能。组织的发展离不开组织变革，内外部环境的变化、组织资源的不断整合与变动，

都给组织带来了机遇与挑战，这就要求组织关注变革。

组织变革的诱因主要有环境变化、内部变化和成长要求三个方面。

环境变化主要强调组织外部环境的变化，比如国民经济增长速度的变化、产业结构的调整、政府经济政策的调整、竞争观念的改变、科学技术的发展引起产品和工艺的变革等。组织结构是实现组织战略目标的手段，组织外部环境的变化必然要求组织结构做出适应性调整。

组织的内部变化主要包括技术条件的变化，如企业实行技术改造，引进新的设备，要求技术服务部门加强服务职能以及技术、生产、营销等部门进行调整。人员条件的变化，如人员结构的变化和人员素质的提高等。管理条件的变化，如实行计算机辅助管理，实行优化组合等。

成长要求指随着社会的进步，组织规模、能力等不断成长，对培训与人力资源开发也就提出了新的要求。

二、组织设计及其对于培训与人力资源开发的影响

组织设计是一个动态的过程，包含众多工作内容。科学地进行组织设计，要根据组织设计的内在规律有步骤地进行才能取得良好效果。组织设计可能的三种情况包括：新建的组织需要进行组织结构设计；原有组织结构出现较大的问题或组织的目标发生变化，原有组织结构需要进行重新评价和设计；组织结构需要进行局部的调整和完善。

组织设计主要遵循拔高原则、优化原则、均衡原则、重点原则、人本原则、适应原则和强制原则。

拔高原则是指在为组织进行组织结构的重新设计时，整体设计应紧扣组织的发展战略，充分考虑组织未来所要从事的行业、规模、技术以及人力资源配置等，为组织提供一个可在几年内相对稳定且实用的平台。

优化原则是指任何组织都存在于一定的环境之中，组织的外部环境必然会对内部的结构形式产生一定的影响，因此组织的重新设计要充分考虑外部环境，使组织结构适应外部环境，谋求组织内外部资源的优化配置。

均衡原则是指组织结构的重新设计应力求均衡，不能因为组织现阶段没有需求而合并部门和职能，在组织运行一段时间后又要重新进行设计。牢记一句话：职能不能没有，岗位可以合并。

重点原则是指随着组织的发展，会因环境的变化而使组织中各项工作完成的难易程度以及对组织目标实现的影响程度发生变化，组织的工作中心和职能部门的重要性亦随之变化，因此在进行组织结构设计时，要突出组织现阶段的重点工作和重点部门。

人本原则意味着在设计组织结构前要综合考虑组织现有的人力资源状况以及组织未来几年对人力资源素质、数量等方面的需求，以人为本进行设计，切忌拿所谓先进的框架往组织身上套，更不能因岗设人，因岗找事。

适应原则是指组织结构的重新设计要适应组织的执行能力和良好习惯，使组织和员工执行起来容易上手，不能脱离组织实际进行设计，更不能使组织为适应新的组织结构而严重影响正常工作的开展。

强制原则是指重新设计的组织结构必然会因组织内部认识上的不统一、权力重新划分、人事调整、责任明确且加重、考核细致并严厉等而导致管理者和员工的消极抵制甚至反对。在这种情况下，设计人员和组织领导要有充分的心理准备，采取召开预备会、邀请员工参与设计、舆论引导等手段，消除阻力。在最后实施时，必须强制执行，严厉惩罚一切违规行为，确保整体运行的有序性，某些被证明不适合组织的设计可在运行两三个月后再进行微调。

组织设计必然会改变整个组织的发展，从而会对于人力资源的开发产生各种影响作用，因此，人力资源管理部门应该认真分析与把握不同的组织设计对于培训与人力资源开发所产生的影响作用，把培训与人力资源开发嵌入组织设计中。

三、组织成长及其对于培训与人力资源开发的影响

一般来讲，一个组织从最开始的诞生到最后的衰退，会经历以下几个阶段：创业阶段、发展阶段、规范化阶段、膨胀阶段和衰退阶段。在不同的组织成长阶段，组织具有不同的特征。

在创业阶段，组织处于幼年期，规模比较小，指挥模式一般属于组织管理者的个人指挥，在这个阶段，组织的产品与服务相对单一。

伴随着组织的发展，组织会经历其发展阶段，在这个阶段，组织迅速发展，但是组织的结构处于变动期，信息沟通不畅，领导具有很高的权威。

在规范化阶段，组织一般会开始实行制度化与规范化管理。

经历了上述阶段后，组织会进入膨胀阶段，在这一阶段，组织规模庞大，开始实行严格的规范化管理。

衰退阶段通常伴随着市场占有率的下降、员工情绪散漫，在这个时期，若不加以积极地引导与管理，组织将会衰退并走向没落。

在不同的成长阶段，组织的培训与人力资源开发效果也各有不同。

在创业阶段，有利于组织高层领导的实干能力、责任感与使命感的培养与开发；对于员工来讲，则有利于其开拓性、创造性、吃苦耐劳、坚韧不拔精神的培养与开发。

在发展阶段，有利于员工使命感与归属感的培养与开发，更能对整个组织的人力资源的团结性和服从性进行培养。

在规范化阶段，有利于对员工的纪律性、责任心与业务能力进行培养，但却抑制了员工创新性、效率意识与开拓性的进一步发展。

在膨胀阶段，有利于对员工的纪律性、责任心与业务能力进行培养，但却限制了员工竞争意识、风险意识以及效率意识的发展。

在衰退阶段，有利于对员工进行危机意识、团结协作精神与开拓精神的开发，但是伴随着组织的衰退，员工的忠诚度、归属感会大打折扣。

本章小结

本章旨在介绍培训与人力资源开发中的组织开发。

首先，本章明确了组织的特性以及类型，其中重点包括组织的整体性、目标性与开放性。组织的类型则包括公共部门、私人部门与非营利组织。

其次，本章重点介绍了几种组织结构，其中包括直线制、职能制、直线职能制、事业部制与矩阵制，并对上述不同组织结构对培训与人力资源开发效果的影响进行了介绍。

再次，本章简单介绍了组织行为对培训与人力资源开发的影响。

最后，本章着重介绍了组织发展对于培训与人力资源开发的影响作用，包括组织变革、组织设计与组织成长。

◆ 进一步阅读文献

[1] 闫丽娜．组织公民行为研究述评．经济视角，2012（5）．

[2] 展翔．组织公民行为本质初探．现代商业，2008（6）．

[3] 包政．巴纳德揭示的组织与管理世界．管理学家，2010（8）．

[4] 廖梦珩．组织承诺相关研究综述．管理观察，2012（3）．

[5] 李昌林．组织承诺研究综述．中国商界，2009（1）．

◆ 本章习题

一、单项选择题

1. 组织的性质是由（　　）决定的。

A. 组织外部环境　　B. 组织本身

C. 组织的领导者　　D. 组织的投资者

2. 最典型的公共部门是（　　）。

A. 政府部门　　B. 非营利组织　　C. 外资机构　　D. 民营企业

3. 以下不属于组织结构的是（　　）。

A. 直线制　　B. 职能制　　C. 事业部制　　D. 流线制

4. 以下不符合职能制的是（　　）。

A. 互不统属　　B. 相互分工合作

C. 部门性质差异较大　　D. 部门基本职能相同

5. 以下不是变形制组织结构对人力资源的影响的是（　　）。

A. 利于民主性　　B. 利于创新性

C. 利于员工个性开发　　D. 利于员工纪律性培养

6. 在考虑组织的经济因素对培训与人力资源开发效果的影响时，首先要考虑的是（　　）。

A. 经济体制　　B. 经济水平　　C. 经济目标　　D. 经济导向

7. 组织的培训与人力资源开发与管理活动要从（　　）出发。

A. 扩大组织规模　　B. 现有人力资源情况

C. 竞争对手发展情况　　D. 组织形象

8. 以下不属于组织外部环境的是（　　）。

A. 经济环境　　B. 社会环境　　C. 技术因素　　D. 组织战略

9. 组织变革的诱因主要有环境变化、内部变化和（　　）。

A. 成长要求　　B. 心态变化

C. 技能培训要求　　D. 技术进步

10. 以下不属于组织特征的是（　　）。

A. 整体性　　B. 目标性　　C. 开放性　　D. 统一性

二、多项选择题

1. 无论是社会组织还是生物组织都具有（　　）特征。

A. 目标性　　B. 整体性　　C. 开放性　　D. 统一性

2. 企业人力资源管理首先考虑的是（　　）。

A. 社会公平　　B. 经济交换和回报

C. 政治回应性　　D. 企业利益

3. 直线制组织的特点有（　　）。

A. 信息沟通快捷　　B. 权责分明

C. 独立核算系统　　D. 组织有极大的机动性

4. 矩阵制组织的特点有（　　）。

A. 多头领导　　B. 不利于部门协作

C. 内部成员位置不固定　　D. 加强部门横向联系

5. 以下属于变形制对人力资源影响的是（　　）。

A. 利于民主化　　B. 灵活应变能力强

C. 不利于员工纪律性开发　　D. 抑制员工积极性

6. 以下不属于组织战略范畴的是（　　）。

A. 组织成长　　B. 组织文化　　C. 人员状况　　D. 组织稳定

7. 组织内部环境的建设和优化可以从（　　）方面入手。

A. 组织文化　　B. 组织战略　　C. 人员状况　　D. 社会文化

8. 组织外培训包括（　　）。

A. 全日制大中专　　B. 成人高等院校　　C. 个别培训　　D. 目标培训

9. *以下属于头脑风暴特点的是（　　）。

A. 操作简单　　B. 互动性强

C. 不利于提升个人信心　　D. 体现团队智慧

10. 以下属于膨胀阶段组织特点的是（　　）。

A. 严格规范管理　　B. 员工情绪散漫

C. 市场占有率下降　　D. 组织规模庞大

三、简答题

1. 组织目标及其特点是什么？

2. 举例说明 M 形结构组织的特点及优缺点。

3. 阐述组织内外部环境对其培训与人力资源开发的影响。

4. 阐述组织发展分为几个阶段以及不同阶段的相应特征。

四、论述题

1. 论述开放性对于组织的重要性。
2. 举例论述直线职能制为什么适合大中型企业。
3. 论述组织外部环境和内部环境对其培训与人力资源开发的重要性。

案例与分析

A企业集团的人力资源管理

2019年的一天，A企业集团人力资源开发中心丁主任的办公桌上放着员工汪华为的辞职信。

汪华为是刚进集团工作不久的大学生。在集团下属的电冰箱厂工作时，他表现突出，提出了一些有创造性的工作意见，被评为“揭榜明星”。领导看到他的发展潜力，将其提升为电冰箱厂的财务处干部。这既是对其已有成绩的肯定，也为其进一步磨炼提供了一个更大的舞台。汪华为作为年轻的大学生，在A企业集团有着良好的发展前途，缘何要中途辞职？丁主任大为不解。

经了解，汪华为接受了另一家用人单位月工资高出近2 000元的承诺，正准备跳槽。仅仅是因为更好的物质待遇吗？事情恐怕没有这么简单。虽然汪华为在A企业集团的努力工作得到了及时肯定，上级也赋予他更大的权力和职责，但他仍认为一流大学的文凭应是一张王牌和优势至上的通行证，理所应当，他可以一进厂就担当要职，驾驭别人而非别人驾驭他。而A企业集团提出的“赛马不相马”的用人机制更注重实际能力和工作努力后的市场效果，人人都有平等的竞争机会，“能者上，庸者下”；岗位轮流制更是让人觉得企业中“仕途漫漫”。作为刚进入社会的大学生，汪华为颇有些心理不平衡。另外，A企业集团有着严格的内部管理制度，员工不准在厂内或上班时间吸烟，违反者重罚；员工不准在上班时间看报纸，包括《A企业集团报》；匆忙去接个电话，忘了将椅子归回原位，也要受到批评，因为公司有一条“离开时桌椅归回原位”的规章制度；《A企业集团报》开辟了“工作研究”专栏，工作稍一疏忽就可能在上面亮相；每月一次的干部例会，当众批评或表扬，没有业绩也没犯错误的平庸之辈也被归入批评之列；海豚式升迁、能上能下的用人机制更让一般人感到一种无处不在的压力。当另一家用人单位口头承诺重用他时，汪华为便递上了辞职信。

刚上任的丁主任认为这件事非同小可，因为任何事情都能以小见大，不能“一叶障目，不见泰山”，忽略A企业集团人力资源开发中或许较大的隐患。或许这是一个完善现有人力资源开发工作思路的契机。

丁主任望着办公大楼的外面，今年新招入的一批大学生正在参加上岗前的军训，与草地浑然一色的橄榄绿让人真正感受到了这些年轻人的活力和朝气。究竟一个企业该如何为刚走出校门的大学生提供施展才华的空间？企业如何才能争来人才、留住人才并保持合理的人员流动性？丁主任很想找汪华为谈谈，或者找这群刚入集团的大学生聊聊，充分了解他们的想法，或许沟通不足是问题的关键。丁主任不禁反反复复地思索起A企业集团人力资源开发的各项政策和思路来。

一、A企业集团的用人理念

企业管理一般主要管四样东西：管人、管物、管财、管信息。这些都是要由人去管理和操作。人是行为的主体，可以说，人的管理是企业管理的核心。因此，现代企业总是把人力资源开发放在重要的位置。每个企业都有自己的一套用人理念，A企业集团当然也不例外。

韩愈说："世有伯乐，然后有千里马。"而作为中国家电行业排头兵的A企业集团在市场经济形势下，却明确提出：所谓"伯乐相马"式的人才选拔是对市场经济的反动，主张"人人是人才，赛马不相马"，即为A企业集团的所有员工提供公平竞争的机会和环境，尽量避免"伯乐"相马过程中的主观局限性和片面性。

A企业集团总裁针对干部必须接受监督制约指出：所谓"用人不疑，疑人不用"在市场经济条件下是一种反动理论，是导致干部放纵自己的理论基础。

《A企业集团报》曾发表专文讨论此问题。该文指出，通过赛马赛出了人才就用，但用了的人才不等于不需要监督。封建社会靠道德力量约束人，如忠士、士为知己者死，市场经济则靠法治力量，目前法规还不健全，需要强化监督。市场是变化的，人也会变。必要的监督、制约制度对于干部来说，是一种真正的关心和爱护，因为道德的力量是软弱的，不能把干部的成长完全寄托在个人的修炼上。"无法不可以治国，有章才可成方圆"，在市场经济条件下，权力失去监督，就意味着腐败。所谓的道德约束、自身的休养、素质的提高往往在利益面前低下了头。"将能君不御"，但权力的下放并不等于监督制约的放弃。越是有成材苗头的干部，越是有突出贡献的干部，越是委以重任的干部，越要加强管理与监督。总之，只要他们手中有权、有钱，就必须建立监督制约机制。

A企业集团总裁认为，企业领导者的主要任务不是去发现人才，而是去建立一个可以出人才的机制，并维持这个机制的健康持久运行。这种人才机制应该给每个人相同的机会，把静态变为动态，把相马变成赛马，充分挖掘每个人的潜质；每个层次的人才都应接受监督，压力与动力并存，方能适应市场的需要。

在以上人力资源开发思想的指导下，A企业集团建立了系列的赛马规则，包括在位监控制度；届满轮流制度；三工并存、动态转换制度；海豚式升迁制度；竞争上岗制度和较完善的激励制度等。下面简要介绍前三者。

二、A企业集团的系列赛马规则

1. 在位监控

对于在位监控，A企业集团提出了两个内容：一是干部主观上要能够自我控制，自我约束，有自律意识；二是作为集团要建立控制体系，控制工作方向、工作目标，避免犯方向性错误；控制财务，避免违法违纪。

A企业集团建立了较为严格的监督控制机制，任何在职人员都要接受三种监督，即自检（自我约束和监督）、互检（所在团队或班组内互相约束和监督）、专检（业绩考核部门的约束和监督）。干部的考核指标分为五项，一是自清管理；二是创新意识及发现、解决问题的能力；三是市场的美誉度；四是个人的财务控制能力；五是所负责企业的经营状况。对这五项指标赋予不同的权重，最后得出评价分数，分为三个等级。每月考评，工作没有失误但也没有起色的干部也被列入批评之列，这使在职干部随时都有压力。《A企业集团报》上引用一句话："没有危机感，其实就是有了危机；有了危机感，才能没有危机；在危机感中生存，反而避免了危机。"

戈总是A企业集团运输公司的总经理，2013年初运输公司一直是员工抱怨和投诉的对象。2013年1月8日《A企业集团报》登出文章——《对员工说不的运输公司赶紧刹车》；4月2日

“工作研究”栏目里又出现了批评运输公司的文章——《运输公司，且莫吃这碗家常便饭》；5月14日点名批评总经理——《戈总：真不好意思再说你》，这种严格的监控制度使运输公司不得不重新调整工作，包括设立职工意见箱、投诉电话和便民服务车。

在这种严格的监控制度下，A企业集团的员工无时不感受到一种巨大的压力，许多刚踏入社会的大学生可能一下子还受不了这种约束。

2. 届满轮流

A企业集团另一颇具特色的人力资源开发思路就是届满轮流。集团的经营在逐步跨领域发展，从白色家电涉足黑色家电，产品系列越来越多。但是A企业集团内部的发展并不平衡，企业与企业之间不仅有差距，有的差距还很大；而且集团整体高速发展也并不等于每个局部都在健康发展。那些不发展的企业的干部看不到自己的现状与竞争对手间的差距，头脑逐渐跟不上市场的变化，于是就原地踏步。市场原则是不进则退。随着集团的逐步壮大，越来越需要一批具有长远眼光，能把握全局、对多个领域了如指掌的优秀人才。针对这种情况，A企业集团提出“届满轮流”的人员管理思想，即在一定的岗位上任期满后，由集团根据总体目标并结合个人发展需要，调到其他岗位上任职。届满轮流培养了一批多面手，但同时也让许多年轻人认为这是“青云直上”的一种客观障碍。

3. 三工并存、动态转换

A企业集团实行“三工并存、动态转换”制度。三工，即在全员合同制的基础上把员工的身份分为试用员工（临时工）、合格员工、优秀员工三种，根据工作态度和效果，三种身份之间可以进行转换。“今天工作不努力，明天努力找工作。”三工的动态转换与物质待遇挂钩，在这种用工制度下，工作努力的员工，可及时地转换为合格员工或优秀员工，同时也意味着有的员工只要一天工作不努力，就可能得用十天、百天甚至更长的时间来弥补过失，就会有优秀员工被转换为合格员工或试用员工，甚至丢掉岗位。另外，在A企业集团的生产车间里通常有一个S形的大脚印，每天下班前，班组长做工作总结，当天表现不好的员工要当着大家的面站在S形的大脚印上，直到下班。

A企业集团内部采用竞争上岗的原则，空缺的职位都在公告栏统一贴出来，任何员工都可以参加应聘。A企业集团建立了一套较为完善的激励机制，包括责任激励、目标激励、荣誉激励、物质激励等。这对于处处感到压力的A企业集团员工来说，无疑是一种心理调节器。

A企业集团的用人机制可以概括为“人人是人才，赛马不相马”。A企业集团管理层的最大特色是年轻，平均年龄仅26岁，其中A企业集团冰箱公司和空调公司的总经理都才31岁。松下电器公司到A企业集团参观时，曾戏称此为“毛头小子战略”。《中国消费者报》《经济日报》《中国商报》等多家报纸都对A企业集团的人力资源开发经验做了报道。丁主任的办公桌边上正放着公司编辑的长篇文章：《赛马不相马及海豚式升迁》，全面介绍了A企业集团的人力资源管理。

“正步走！”外面教官的声音打断了丁主任的思路。望着那群斗志昂扬、对明天满怀憧憬的年轻人，丁主任禁不住又拿起了那份让人感觉沉甸甸的辞职信。虽然汪华为可能是一时受了蝇头小利的诱惑，但丁主任深知这件事非同小可。许多问题摆在了丁主任的面前：是否A企业集团的管理过严？怎样培养员工尤其是刚进入社会的大学生的“市场无情”意识？如何完善现有的人才机制，特别是激励机制？如何在放权与监控机制之间找到一个最佳的结合点？如何使各层次人才的责、权、利有机地结合?

资料来源:“赛马不相马”——海尔公司的人力资源开发.(2009-04-04). http://blog.sina.com.cn/s/blog_4bf143610100d1af.html.

[讨论题]

1. 结合案例,如果你是丁主任,你会如何解决这些问题?

2. 该案例是否属于组织开发?哪些内容属于组织开发?哪些内容不属于组织开发?为什么?指出它们具体属于哪种开发方式。

第7章 自我开发

学习目标

1. 掌握自我开发的基本概念及其理论基础。
2. 掌握自我开发的内容以及不同客体的开发方法。
3. 重点掌握自我开发的方法与技术。

前两章分别从职业开发、组织开发角度来阐述培训与人力资源开发，无论是职业开发还是组织开发，其主体都是组织，客体为被开发者，职业开发或者组织开发最终都要通过被开发者自身发挥作用，所以被开发者的自我开发是根本性的、基础性的。本章主要介绍自我开发的概念与理论基础、自我开发的特性及其重要意义、自我开发的内容与对象以及自我开发的方法与技术，最后通过案例来介绍自我开发，帮助读者理解自我开发在实际工作中如何操作。

第1节 自我开发概述

什么是自我开发？自我开发在培训与人力资源开发中有哪些作用与价值？自我学习的理论基础是什么？对于这些问题的回答，就成为本节的主要内容。

一、自我开发的概念

人力资源的能动性决定了培训与人力资源开发的内在主体是被开发者自我。外在主体的开发必须通过内在主体的开发才能发挥效用。实际上，自我开发是建构培训与人力资源开发系统的出发点与目标。自我开发是个人结合组织发展目标与个人职业生涯规划，有计划有目标地针对知识、技能、能力、品德与生理等某一方面或多方面，采取有效途径进行自我认知、自我学习从而提升自我、增强个人竞争力的过程。自我开发是被开发者向开发目标自我努力的过程，也是被开发者自我学习与自我发展的过程。自我开发方法包括自我认知、自我学习、自我申报等方法。

自我认知是指员工对自身优势、劣势、归属、价值观、行为方式等进行充分的认识和反省，以充分发挥自身潜能。自我认知本质上是一个自我对话过程，它是职业目标选择、组织内外流动机会选择、自我培训、选择职业发展路径等职业发展决策的基础。通过深层次的自我对话，可以帮助员工弄清楚"我到底要成为一个什么样的人?""我适合做什么，做什么才是我的强项，并符合我的目标和兴趣? 哪些是我的弱项?""我做什么工作才是最有意义和价值的?"这些虽然很基本，却是自我开发中非常重要的问题。任何员工在组织中的重要性，都取决于其与组织目标的一致性，以及为组织目标实现所做出的贡献。员工需要不断分析怎样才能为组织做出更大的贡献，自己真正的价值在哪里，并在此基础上确立职业发展目标，更好地将职业目标与自身显在或潜在优势结合起来。

在自我学习维度方面，员工感知到学习压力和继续学习的社会外部要求，通过自我培训和学习，不断提高自身的能力和知识水平，自我学习是员工自己决定学习什么和如何学习产生的自主倾向，是一种自我激励手段和成长方式、一种高级的心理特征。组织变革、管理升级、新技术和新产品的推出，都要求知识员工将学习转化为自身习惯，做到"学习工作化"和"工作学习化"。[①]

自我申报作为自我开发的一种方法，将在本章第3节详细介绍。

二、自我开发的理论基础

下面我们主要介绍归因理论、建构主义与学习型组织等与自我开发有关的理论观点。

（一）归因理论

1958年，海德（Fritz Heider）在他的著作《人际关系心理学》中提出了归因理论，该理论认为日常生活中人们会基于不同视角找出事件的原因并且因此影响其下一步的行为。美国心理学家韦纳则用归因理论来解释个体的成就行为，认为学习者把其学习成就归结为不同的原因，会产生不同的继续学习的动机。

1. 归因理论与学习动机[②]

学习动机的激发，是指把学习需要由潜伏状态转化为活跃状态，使其成为学习活动的直接动力。学习动机是构成学习积极性的基本因素，它不仅为学习提供直接动力，而且制约着学习的方向和进程。因此，为了充分调动学习积极性，必

---

① 杨廷钫，凌文辁．知识员工自我管理结构维度研究．中国科技论坛，2011（8）.

② 廖洪玲．研究归因理论，激发学习动机．教育探索，2003（6）.

须激发学习动机。归因理论对学习动机激发的分析非常清晰。

一般来说，可把成功或失败的结果归结于个人的能力、努力的程度、工作任务的难度以及运气这四个因素。我们可以根据这些因素把成功行为结果的促成作用区分为内部的（能力、努力）和外部的（任务难度、运气），稳定的（能力、任务难度）和不稳定的（努力、运气）四个方面。例如，能力就是一个内部的稳定因素，努力就是一个内部的不稳定因素（见表7-1）。

表7-1 韦纳四维表

	内部的	外部的
稳定的	能力	任务难度
不稳定的	努力	运气

专家的实验研究结果表明，一部分被试把学习成绩差的原因归于能力、努力这些内部因素，这部分被试往往乐于接受外界的帮助，表示要继续努力学习，以求下次取得好成绩。与此相反，一些被试则把失败的原因归结于任务难度、运气等外部因素。这部分被试往往表现为不愿意去寻求外界的帮助，不愿付出努力去学习，缺乏学习的动机。

归因分析四因素中的努力因素对激发学习动机的作用受到人们的特别注意。这是因为，努力因素不同于能力因素、任务难度因素和运气因素，努力因素是受意志控制的。不少实验研究表明，如果被试把过去的失败归因于自己努力的程度不够，往往能够起到增强学习动机的作用。根据韦纳的理论，当人们相信增加努力将带来成功时，他们就会在工作中坚持更长的时间，从而不断提高工作绩效。

2. 归因理论与自我开发

归因理论是西方关于认知者推断和解释他人和自己行为原因的社会心理学理论，不仅为人们分析一般的社会问题提供了一种方法论，对于培训与人力资源开发的归因也具有一定的启示。人不是类似于没有意识或意志，完全受环境力量控制的机器，而是有理性的认知者、决策者、信息加工者，是能够自我决定、具有主观能动性并伴随着积极心理的人。这种变化部分来自心理学从机械主义向行为动力学的认知观的整体转变。在成就领域内，归因理论认为在确定成功与失败的原因时，人们会进行因果寻求。奥地利社会心理学家海德认为，行为的原因或者在于环境，或者在于个人。如果在于环境，行动者对其行为不负什么责任；如果在于个人，行动者则要对个人的行为结果负责。

海德的归因理论对于培训与人力资源开发中的自我开发具有一定的启示。从个人自我开发的进程来看，无论个人处于顺境还是逆境，都应该朝积极进取的方向努力。在顺境中，应该珍惜自己的环境，抓住机会，进行自我开发，促进自我增值；在逆境中，很多人容易把受挫的原因归结于外在因素，即环境或者他人。海德与韦纳的归因理论启示我们，在遇到挫折后，应更多地从个人的情绪、态度、能力、技能等自我努力与个人因素的维度反思，承担自己的责任，继续努力，从中找到自我改进的空间，进行自我开发，从而改变境遇。

从唯物辩证法角度来看，内因是事物自身运动的源泉和动力，是事物发展的根本原因。外因是事物发展变化第二位的原因，内因是变化的根据，外因是变化的条件，外因通过内因起作用。因此，职业环境对于个人发展有一定的影响，但是自我态度与努力、能力、技能与知识积累等是决定职业发展最为根本的因素，而这些均需要通过不断的自我开发进行提升。此外，不论是职业开发、管理开发还是组织开发，最终都需要通过自我开发来发挥作用。所以只有正确归因，从内因出发，意识到自己是职业发展与业绩创造的主宰者，才会获得自我开发、自我完善与自我学习的不竭动力，从而促成个人成长的最大化，使自己的潜能得到最大限度的发挥。

（二）建构主义

建构主义主张通过知识、技能与品德结构体系的完善来改进与提升工作绩效，被认为是学习理论中行为主义到认知主义（cognitivism）的进一步发展，是与客观主义（objectivism）不同的另一方向的发展。客观主义反映在学习上，认为学习就是通过强化建立刺激与反应之间的联结，无视在这种传递过程中受众的理解及心理过程。认知主义基本上还是采取客观主义的传统。建构主义的认知学习观主要在于解释如何使客观的知识结构通过个体与之交互作用而内化为认知结构。建构主义强调学习的主动性、整体性和情境性。

建构主义的核心是研究学习者知识建构的机制问题，学习是一种认知结构的改变，学习行为是由知识结构自我完善的需要决定的，学习是个体主动建构自己知识的过程，学习是在先前经验的基础上进行的，错误和失败在学习过程中具有重要意义，学习的目的是学习者保持有机体的适应与生存，提高适应环境的“生存力”。①

学习是学习者主动地建构内部心理表征的过程，它不仅包括结构性的知识，而且包括大量的非结构性的经验背景。古宁汉（Cunningham，1991）认为，“学习是建构内在的心理表征的过程，学习者并不是把知识从外界搬到记忆中，而是以已有的经验为基础，通过与外界的相互作用来建构新的理解”。

根据建构主义的观点，人力资源自我开发过程中，人是学习的主体和中心，学习者应该根据自己的经验背景，主动地建构比较完善的知识结构体系，对外部信息进行主动的加工和处理，从而获得自己的能力与绩效。

（三）学习型组织

学习型组织最早由彼得·圣吉在《第五项修炼：学习型组织的艺术与实务》一书中提出，自20世代90年代以来，组织学习（organizational learning）和学习型组织（learning organization）一直受到西方学术界和企业界的广泛重视，学习型组织的内涵一直在丰富和扩展。我们认为学习型组织是指以信息和知识为基

---

① 张桂春．建构主义学习思想解读．教育科学，2005（4）．

础的组织，这种组织实行目标管理，成员能够自我学习、自我发展和自我控制。由于组织中的信息流是自下而上的，因此要想使以信息为基础的系统发挥作用，必须要求每个人和每个部门都为他们的目标、任务和联系沟通承担起责任。每个人都必须自问：我能为组织贡献什么？我必须依靠谁来获取信息、知识和专门技能？反过来，谁又依靠我获取信息、知识以及专门技能？这样的组织能促进成员的自我学习和自我发展。

学习型组织和自我开发的主体虽然不同，前者是组织，后者是个体，但是两者的本质相同，都是通过内在修养行为进行自我控制和自我发展。在学习型组织中，学习已经内化为组织的日常行为，融入组织的血液之中。主动学习、自觉学习将代替被动学习，制度性学习、系统化学习将代替零星式学习。这样的组织在实现组织规模扩大的同时，也实现了内在素质的提高。所以，学习型组织与自我开发是相辅相成的，自我开发是学习型组织的基础，学习型组织的构建促进个体自我开发。在学习型组织中自我开发的行为将更加积极、主动与有效。

三、自我开发的重要性

自我开发在培训与人力资源开发中具有重要的作用与不可替代的地位，具体体现在以下几个方面。

（一）员工增强竞争力的必然要求

在人的一生中，学校阶段只能获得需用知识的20%左右，其余80%的知识必须在工作中不断学习才能获得。同时，只靠学历教育已经跟不上形势的发展，日益发展的形势要求员工树立自我开发、自我学习、终身教育的新理念。也就是说，员工想要不断提高自身的能力，想要胜任目前和将来所要担负的工作，想要在竞争中立于不败之地，仅靠学校教育和企业培训是不够的，更多的是靠自我学习、自我管理、自我发展，也就是自己开发自己，不树立自我开发的思想，就不可能在组织里有所作为。自我开发还有利于员工正确认识自己，挖掘自己可能拥有的潜能，克服缺点，充分施展自己的才华。

（二）组织开发与管理开发发挥作用的必然途径

组织开发与管理开发是组织通过组织发展或者组织行为向员工产生影响、提供工作所必需的知识与技能的过程，是创造环境条件，或者是创设一套制度政策来吸引、激励员工能力与素质的提升，从而实现员工与组织的共同成长。但是组织开发与管理开发能否成功，还取决于员工自我主观能动性的发挥，取决于员工的自我开发。

（三）实现组织核心竞争力与个人全面发展的根本途径

根据马斯洛的需要层次理论，人的需要分为五个层次：成就需要、尊重需要、社会需要、安全需要、生理需要。其中，成就需要，即自我实现的需要，是人的最高需要，这与整个人类社会发展的最终目标——全面发展是一致的。马克思主义关于人的全面发展学说告诉我们，所谓人的全面发展，是指人的智力和体力的统一，精神劳动、物质劳动和享受的统一，生存和发展的统一；并且个人的潜能和天资、兴趣和才能得到前所未有的充分发展，个人的身心、精神（道德）、才能、个性全面丰富地发展。个人的全面发展是社会发展的最高尺度，只有个人的体能、智能、品德以及各种潜能得到充分协调的发展，才能推进组织和社会的健康发展。但是个人的自我实现和全面发展不仅依赖于社会的进步和教育，更依赖于自我开发与自我学习；组织发展的核心竞争力是一种其他组织难以模仿的自我完善与自我发展的能力，这种自我完善与自我发展的能力的基础是组织内部每个员工的自我开发与自我学习的能力。因此，要实现组织核心竞争力的提升与个人的全面发展，就必须进行人力资源的自我开发。

第 2 节　自我开发的对象与客体

自我开发的对象，主要指自我开发中应该重点关注的内容；开发的客体，是指开发对象的载体，我们对于开发对象的开发必然要通过开发客体来实现。

一、开发对象

开发对象，在这里主要指人力资本、生理健康、心理资本与社会资本。这些是个人与组织特别关注的开发对象。

（一）人力资本开发

人力资本是指存在于人体之中的具有经济价值的知识、技能、品德和体力等质量因素之和。20 世纪 60 年代，美国经济学家舒尔茨和贝克尔首先创立了比较完整的人力资本理论，这一理论有两个核心观点：一是在经济增长中，人力资本的作用大于物质资本的作用；二是人力资本的核心是提高人口质量、人员素质与员工能力，教育投资与人员培训是人力资本投资的主要部分。

1. 知识开发

知识开发是指通过学习、实践或探索获得知识、判断或技能，让知识与信息通过获得、创造、分享、整合、记录、存取、更新、创新等过程，不断地回馈到知识系统内，形成不间断的积累个人智慧的循环。

知识开发的良好途径与标志是学历教育，学历是指人们进行学习的一种经历，譬如高中学历、大学学历、研究生学历，以及近年来针对在职人员开设的 MBA、EMBA 等课程。虽然学历不是衡量人才知识的唯一标准，但是毫无疑问，在教育普及化的今天学历已成为人力资源的一项重要指标，高学历工作者晋升的竞争力仍相对较大，薪酬待遇也相对较高。

这对于人力资源提出了更高的要求，可从以下两个方面理解：一方面，对于原本学历层次偏低的人来说，提高学历是必需的和迫切的；另一方面，由于教育的飞速发展以及人与人之间的竞争，人的总体学历水平处在不断变化之中。因而，学历教育成为员工进行知识开发的重要方式与标志。

在职人员可以通过远程网络教育、自学考试、MBA及MPA课程等方式进行知识开发。从在职人员的学历课程设置上说，很多院校都从实际应用上着眼，以实际案例为主，结合部分理论，从而使学员能够很好地融会贯通，做到学以致用，对工作起到切实的帮助作用。对课程中所学到的专业知识员工应该主动及时在工作中去实践和运用，使学习变得实用，学习目标明确，并且更加有学习的动力。

2. 技能开发

员工技能一般可分为三个层次。一是基本技能（也称通用性技能），如语言表达技能、数学运用技能、办事能力等。二是操作技能，如外语应用技能、计算机操作技能、汽车驾驶技能等。三是业务技能（也称专有性技能），是指在一般能力的基础上，不同领域、不同岗位所要求具有的不同技能，如政府机构办事人员要具备人际沟通协调技能，营销人员要具备营销技能，财务人员要具备财务知识等。

员工个人可以通过自身努力以及在工作中利用组织提供的培训学习机会进行自我开发，努力汲取知识营养，注重培养工作效率，开阔职业思路和积极踏实工作等途径，提高职业素质和发展各种技能。

以沟通技能为例，员工可以通过五多即多读、多看、多写、多动、多思，进行自我开发，锻炼、提高沟通技能。多读就是要博览群书，通过读书获取没有的经验并不断积累掌握各种知识点，为沟通打下坚实的语言和文字基础。多看就是通过互联网、电视等多种媒体获取当今社会的热点信息，为沟通积累素材，从而找到共同感兴趣的话题而引导至想要表达的主题上去。多写是通过多练写钢笔（毛笔）字、写文章来提高自己的书法和文字表达能力，增强自己在他人心目中的文化品位，从而为沟通打下印象基础。多动是要多走出去参加一些活动，如聚会、讲座、文娱体育活动等扩大交友面，从而为沟通带来铺垫。多思就是勤思考，通过思考模拟沟通对方的心理活动，提高自己的应变能力，在沟通过程中无论遇到什么情况都能处变不惊，沉着应对。

组织在新员工入职之初提供的培训如办公自动化知识培训、操作技能培训，以及之后的在职培训包括语言培训、沟通技巧培训等，都是进行技能开发的良好途径，员工需要抓住机会进行学习。

（二）生理健康开发

有的人与组织认为，生理开发是儿童与青少年期间的事情，在成年人中各项生理发育与成长指标已经定型，没有必要开发了。事实上，员工的生理系统是培训与人力资源开发的基础，基础不牢，人力资源体系就将地动山摇。所以，在成年期间对员工进行生理开发仍然是必要的。不过，成年期间的生理开发任务主要是身体健康发展、预防与控制职业病发生与生理机能的有效维护。

1. 上班族身体素质现状分析

有关自我开发的研究，之前集中于心理开发、智力开发、技能开发等，忽视了生理开发。现代社会，上班族常出现身心疲惫，导致各种疾病。调查显示，很多上班族处于亚健康状态，高血压、心脏病、糖尿病等普遍低龄化。同时很多人因长期伏案工作，患有腰肌劳损、颈椎病、鼠标手、视力下降等职业病。

其原因如下：一是工作压力过大，严重影响到身体的健康，导致相当比例的员工处于“亚健康”甚至是“不健康”状态；二是饮食习惯不健康；三是体育锻炼不够。经常参加体育锻炼的人口虽然数量在不断上升，但其中大部分为退休的中老年人以及青少年，表现为“两头热，中间冷”的不合理的健身年龄结构。

2. 生理健康开发方法

生理健康开发在于保持身体健康，提高抵抗力，调节心情，舒缓紧张情绪，为工作提供良好的生理机能、健康的体魄和长久的耐力。

首先，营养均衡。在饮食方面，需要平衡营养，避免单一饮食，可以参考饮食结构“金字塔”。

其次，适度锻炼。如果平时不锻炼，要循序渐进地做运动，养成锻炼身体的习惯。在坚持体育锻炼的同时，还要养成良好的生活方式，注意生活中的点滴细节，如作息规律。运动也需要均衡，饮食讲究不挑食，这一原则在运动健身方面也同样适用。在运动时要注意全面性，有氧、力量、呼吸、柔韧等四个方面的练习都要涉及。体育锻炼不能有所偏废，应因人而异、因势利导，要结合自己的身体状况进行体育锻炼。

最后，要进行工作设计与工作安全保护。工作设计是通过工作流程、工作环境与工作任务的设计，减少工作过程给员工带来的各种生理与心理负荷。例如，工间休息、轻重任务交叉、工作间环境布置、工作座椅调节装置等设计减少视觉疲劳与作业持续压力；工作安全保护是通过采取各种安全保护设备与防护措施，减少工作过程中给员工带来的各种身体与生理伤害。例如，计算机保护屏、工作防护衣，建筑工人作业安全防护网等。

工作设计与安全保护，通过运用科学的原理和方法，一方面有利于员工有效地进行劳动，另一方面能够有效地消除疲劳、减少危险与伤害。员工应自我全面了解消除疲劳的各种方法和途径，根据个体生物钟的原理，掌握和运用工作节律，科学地安排自己的工作日程，充分利用“高效期”，避开“低潮期”，也是减少疲劳、提高效率的有效措施。

（三）心理资本开发

美国著名学者卢桑斯（Luthans）于 2004 年提出心理资本（psychological

capital）概念并延伸到人力资源管理领域。所谓心理资本，是指个体在成长和发展过程中表现出来的一种积极心理状态，是超越人力资本和社会资本的一种核心心理要素，是促进个人成长和绩效提升的心理资源。[①] 心理资本的内涵包括员工的动机、心态、心智模式、情商、意志、潜能及心理素质等，其中动机和心智模式至关重要，影响着员工的行为方式和行为习惯。

心理资本开发，主要是针对工作者的需求动机与内在心理素质，调动工作者的积极性和主动性，增强工作动力与工作能力。

1. 心理动力开发

心理开发中最为重要的是动力开发，动力开发中最为基本的是生存动力开发。L. 罗恩·哈伯德提出了“生存动力论”，所谓生存动力，是指蕴藏在所有活动背后的基本指令“生存”空间。

人的生存动力一般包括四种：一是个体为满足其自身最佳生存的要求，包括该个体的直接共同体，为其自身利益的扩展以及姓氏的不朽进行扩展；二是个体通过性行为、子女的创造及养育而实现最佳的生存方式；三是个体追求在群体中的最佳生存方式；四是个体追求整个人类的最佳生存方式。以上四种动力从个体到群体，直至整个人类，逐步扩大，都以追求个体与人类的最佳生存空间为核心。

2. 目标激励开发

目标激励可以看作目标激励开发的一种方式。洛克提出的目标激励模式如图7-1所示。

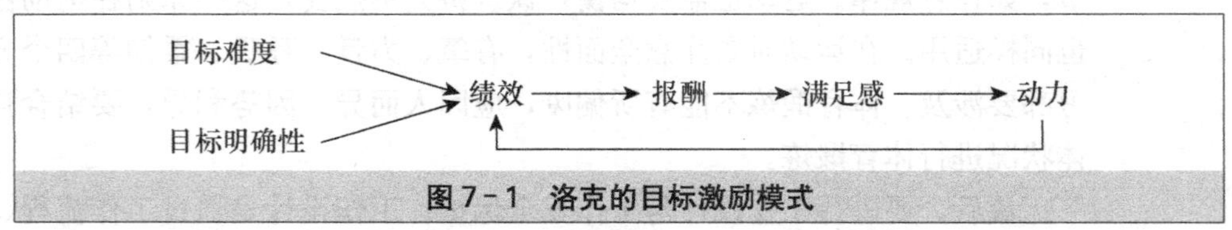

图7-1 洛克的目标激励模式

洛克的目标激励模式表明：绩效改进主要是由目标难度和目标明确性共同作用形成的。目标难度告诉我们目标的设置要具有挑战性，要求员工用一定的努力来完成。人们愿意尽全力去完成难度较大的目标，却不能接受无法达到的目标。目标明确性告诉我们设置的工作目标要明确，越明确的目标越能够激励员工立即行动去完成目标。采用量化的方式与具体的方式进行目标描述有助于目标明确性的提升。

3. 社会压力开发

社会压力开发包括竞争机制开发以及群体压力开发。

竞争有助于培养人的良好个性心理品质，增强人的智力效能，促使人的注意力集中，保持良好的记忆状态，提高操作能力，且有助于充分发挥人的创造性。

① 王婧婧，刘勇．心理契约、心理资本对人力资源管理创新的应用．管理观察，2012（28）.

在社会生活的各个方面引入竞争机制，有助于激发员工的内在动机与潜力。

所谓群体压力，是指某种群体规范对其成员在心理上产生的压力。当一个人发现他的绩效和行为与群体规范所提出的要求不尽一致时，就会感到群体的压力，因而促使其产生与群体行为与要求相一致的愿望。[①] 实践表明，在一定的群体压力范围内，员工的绩效提升同压力大小成正比。社会压力开发，正是基于这种来自群体规范与竞争机制带来的压力而形成的动机驱动作用，使员工的行为朝着我们所期望的管理目标发展。

（四）社会资本开发

有关社会资本的定义很多，布迪厄（P. Bourdieu，1997）、罗纳德·伯特（Ronald Burt，1992）是其重要代表。布迪厄指出："社会资本是实际的或潜在的资源的集合体，那些资源是同对某种持久的社会关系网络占有密不可分的。"罗纳德·伯特认为，社会资本指的是朋友、同事和更普遍的联系，通过它们你得到了使用（其他形式）资本的机会……组织内部和组织间的关系是社会资本……它是个人与组织竞争成功最后的决定因素。

美国学者贝克（Baker，2002）根据多年的理论研究和实践经验，认为成功既依赖于个人，也依赖于个人和他人之间的关系。每个人的薪酬、升职和绩效在很大程度上是由他的人际和企业关系网络的组织结构决定的。就连天赋、智力、教育、个人努力和所谓的运气等决定职业生涯成功的因素，也根本不属于独立的个人素质，它们全都是借助和他人之间的联系而发展、形成和体现出来的。所谓社会资本，则是指人际和组织关系网络中的资源，以及通过人际和组织关系网络所能获得的资源，包括信息、构思、线索、商业契机、金融资本、权力与影响、情感支持，甚至还有良好的祝愿、信任与合作。

社会资本，还包括个人在社会网络中建立起来的信誉，包括在社会和人际交往中形成的一些能力和个性品质。个人获得信息、赢得资源以及在职业生涯中得到帮助的多寡，对一个人的持续发展起关键作用。积极开发和利用社会资本，可以有效地促进个人发展。从中国社会转型的特殊时期来看，社会资本在社会资源配置和地位获得中，具有特殊和重要的作用。社会资本不仅是决定人们社会地位的一个重要因素，也是社会资源分配的一个重要依据。

在网络社会中，建立和运用社会资本将成为人们更为基本的技能。因此，注重建立内部和外部的人际网络对保障职业生涯成功非常重要。

二、开发客体

对于开发客体的划分有多个维度、多种方法。根据入职时间可以把开发客体划分为初入职的新员工、已入职的老员工等；根据员工性别的不同可以划分为男

① 毕德．群体心理的变迁与现代思想政治工作．广西大学学报（哲学社会科学版），2000（3）．

性员工、女性员工；根据职位职务的不同可以划分为一般员工、技术人员以及管理者等。根据统计数据，2019年我国农民工数量2.9亿，如此庞大的人力资源群体面对越来越高的职业要求，如何引导其进行自我开发？女性员工是当今社会的“半边天”，无论在工作还是生活中都有着不可替代的作用，如何引导其进行自我开发？管理者处于组织的高端位置，管理级别越高，能够从组织中得到的培训与开发越少，但是对于创新、决策等能力的要求却越来越多，在一多一少间如何引导其进行自我开发？这些都是培训与人力资源开发实践中应该特别关注的内容。

（一）农民工的自我开发①

对农民工来说，掌握一门技术并不能一劳永逸，需要不断学习新技能、新方法，才能在竞争中处于主动地位。目前，人力资源市场正由单纯的体力型向智力型、技能型转变，综合素质低、工作技能差的人员在就业市场上逐渐失去竞争力。

农民工应树立人力资本投资理念，改变“等、靠、要”的观念，提高个人支出中用于教育、培训的比例，主动进行人力资源的自我开发。

要坚持“边干边学”的理念。“干中学”是人力资本增值的一个重要途径。一般说来，农村劳动力接受国民教育的程度普遍不高，文化素质总体偏低。然而，为了适应新的竞争环境，他们往往通过多种学习途径进行自我开发，努力提高自身的素质，以期获得较高的收益。主要有：一是通过传统的师徒关系进行拜师学艺，学会一门手艺或一种技能；二是在工作中主动要求进行工作轮换，形成应变能力和多种技能；三是在某一领域中，个人长期刻苦摸索，成为专家或技术能手。在农村劳动力流动中，人力资本形成方法的多样性，不仅提高了农民工的整体收益水平，而且全面提升了农民工在就业过程中的适应性和竞争力。

（二）女性员工的自我开发②

女性员工要强化自我开发意识，树立“终身教育”的观念，要努力学习市场经济中所需要的科学文化知识，提高自身文化和政治水平，强化自身竞争意识。还要克服传统的过分依赖男性、依赖社会的脆弱心理，培养健康的人格，力争做到自尊、自强、自信、自立。

首先，开展自我教育，发掘自身的潜力。充分的自我认识是女性成才的起点。女性不仅是母亲、妻子、管家，而且是一个独立的人，有自己的潜质和能力，应该在国家与世界进步过程中付出一份力量并享有一份成果。女性的形象不应局限在家庭之内。21世纪的女性应该得到自己在社会上应有的地位，可以有自己的事业。只有当女性具备这种观念时，才有可能进行自我认识。女性只有在认识到自己对社会的价值的前提下，才会克服传统的自卑、依附等心理缺陷，也

① 阮晓莺．农民工人力资本的自我开发和制度激励．周口师范学院学报，2005（1）．

② 成荷萍．女性人才全面发展的自我开发．当代教育论坛（宏观教育研究），2007（11）．

才会相信自己。

其次，善于自我控制是女性进行自我开发成才的关键。在人们的印象中，女性总是与“性格柔弱”“情绪波动”等特点相连。也正是这些传统的看法和弱点阻碍着女性的自我开发与成才。女性的自我控制，一要学习如何控制自己的思想，使之既能放，又能收。这就要求女性具有良好的思维品质，当自己将思想集中在某一方面时，就不能让其他方面来干扰，又需灵活地运用其他方面的知识来解决问题。这样，才能将精力聚集一点，才会有所突破、有所收获。二要较好地控制自己的情绪。作为女性须清楚：愤怒、忧虑、怀恨、妒忌都是阻碍自己发展的情感因素。应该抑制这些不良情绪的产生，而代之以慷慨、热情等情感体验，拥有良好的心理素质，善于自我调节，应对多变的环境。良好的心理素质表现为：自信、坚韧、乐观、灵活，思维开放，善于审时度势，富有挑战精神，具有风险意识，能迅速适应新环境和新变化等。

最后，要能够不断地自我改正。女性应该明白自我开发之路绝非一帆风顺。立志成才者，其选定的目标、思维方法等都须在实践中不断反省、不断改正，只有这样，才能选定最佳目标，采取最佳方法，达到最佳效果。

（三）管理者的自我开发

在组织的生存和发展过程中，管理者处于核心地位，其能力和素质关系到组织的发展命运。管理者所具备的领导力是一种凭借其人格魅力、品德、风格、声望、心理品质、礼仪修养等个人内在与外在素质的综合作用，能够激发团队组织成员的热情与想象力，引导组织成员全力以赴去完成组织成长目标的能力。作为领导者，必须开发自己的智慧、乐观、进取、正直、公平、宽容等个性品质，并以此来激励组织成员潜能的发挥，提高工作效率。

管理者要重视领导力的自我开发，而且不同层级的管理者要注重在自己特定级别上的能力素质的开发。从一般意义上讲，管理者进行领导力自我开发，可从以下几个方面做起。

首先，学习力的自我塑造与提升。领导力自我开发的关键是学习，学习是提升领导力的决定性因素。作为全球化和信息化时代的领导者，需要对学习力进行有效的自我管理。[①] 领导者的学习力就是领导者个人的学习态度、学习能力和学习成果之和，它包括学习动力、学习毅力、学习能力和学习转化力等要素。领导者应该既有广博的背景知识，又有专业知识，这样才能充分适应领导活动的复杂性。

其次，决策力的自我塑造与提升。决策力是领导者面对各种备选方案进行抉择的能力。在现代知识经济和社会化大生产条件下，领导者需要把握时机，果断做出决定，切忌犹豫和武断。

再次，创造力的自我塑造与提升。现代管理工作本质上也是一种创造性的工

---

① 戴维新．领导力的提升与开发．中共南京市委党校南京市行政学院学报，2006（3）．

作，开拓创新成为领导者必备的能力素质。领导者塑造与提升开拓创新力，需要做到：第一，确立强烈的创新意识，要有积极学习、积极创新的态度。一切从实际出发，培养兴趣，善于调查分析，勇于创新，在领导工作中有新思路、新设想、新计划、新方式，敢于打破常规、标新立异。第二，进行创新思维训练和创新实践活动，形成思维的广阔性、主动性、批判性和跳跃性。把创造想象融入创新思维活动之中，充分发挥逻辑思维和直觉思维的优势，把握创造灵感，积极进行创新活动。第三，创新工作方式，磨炼创新个性。领导者面对工作中的困难，要从细节入手，把握问题的根源，用创造性的方式和手段解决各种困难，同时磨炼创新个性、勇敢心理、独立自主心理等创新品格。

最后，沟通才能的自我开发。沟通才能一定程度上表现为说服才能，说服才能既包括语言的说服，也包括行为的说服。管理者获得组织成员的拥戴，说服组织成员心悦诚服地追随他们，并非仅靠职权的威力，还需要自信以及理性的说服。更重要的是，身体力行是最强的说服，管理者需要身先士卒，为组织成员树立标杆，引领组织成员向组织愿景努力。

以上能力及素质的自我开发可以通过以下方式进行：(1) 行动学习；(2) 跨职能的岗位轮换；(3) 360°反馈；(4) 参与组织的战略议程；(5) 选择正式或者非正式的导师；(6) 读书；(7) 身边案例研究等。领导能力的提高是一个长期的系统性工程。作为管理者，在管理活动中需要时刻积极主动地学习获取知识，进行自我开发。

第3节　自我开发的方法与技术

自我开发的方法与技术，可以划分为自我学习、自我申报、自我职业生涯规划、自我塑造与自我变革等。

一、自我学习

（一）自我学习的概念

在目前的组织中，自我开发的形式主要是学习与自我申报制度。学习是指学习者为了实现自我发展或自我改变主动地获取信息、改变行为、适应环境与开发目标的活动。人们总是通过各种经验与经历，学习适应环境的方法，通过观察模仿与思考改变自我，通过知识、技能与品性的学习使个人获得成长。如果一个人不能做到自我学习，就难以在社会中生存，难以适应现代社会市场经济与经营环境的飞速变化。因此，联合国教科文组织提倡个人终身学习与组织终身教育的理念。自我学习，在这里是指对工作与经验的体验，如新知识、新技术、新技能、新思想、新行为与新资格的获得与发展等。

（二）自我学习的方法

自我学习的形式多样，其中操作学习、积累学习、发现学习、结构学习、范例学习、试探学习、观察学习、联想学习等理论与方式值得我们借鉴。

1. 操作学习

操作学习，即通过对某一技能或方法的实际运用来获取真正的知识、技能与思想方法。所谓实践出真知就是这个道理。一般来说，通过操作实践获得的知识经验，体会较深，把握牢靠，经久不忘，比较适合那些较为复杂、抽象的理论知识与具体实用的技术方法的学习。这种学习形式的基础是动手能力、直觉能力与归纳能力。

2. 积累学习

积累学习，即通过对某种学习对象的逐渐认知、记忆与理解而掌握相关的知识、技能与思想。这种学习建立在大量练习与活动的基础上，依据从量变到质变的哲学思想，主张"一分耕耘，一分收获"。这种学习形式的基础是观察能力、记忆能力、联想能力与归纳能力。

3. 发现学习

发现学习，即通过模拟前人的研究与探索过程，获得对某一知识、技能与思想的理解与掌握。"发现"在这里并不局限于发现人类尚未知晓的真理，而是包括用自己的头脑获得真理的一切形式。

例如，如果我们想让一个孩子发现代数学中的交换律，就可以让他按照以下方式学习：

(1) 让他自己动手操作，在天平的左边距离中心点为 9 的钩子上挂上 2 个小环。

(2) 让他在天平的右边，寻找能保持天平平衡的各种组合，并把它们一一记录下来。

在上述操作中，这个孩子就会根据玩跷跷板的经验，发现在天平的右边距离中心点为 2 的钩子上挂上 9 个小环，在距离中心点为 3 的钩子上挂上 6 个小环，或者在距离中心点为 6 的钩子上挂上 3 个小环，都能保持天平的平衡。这样，这个孩子不但知道了 $2\times9=9\times2=3\times6=6\times3$，甚至能推断出 $a\times b=b\times a$。这个孩子因此就像数学家一样，发现了代数学中的交换律。

通过发现学习掌握的东西会经久不忘。这种学习形式的基础是记忆力、观察力、直觉思维能力与推断能力。这种学习形式有助于培养与开发员工的创新能力。

4. 结构学习

结构学习，即通过对学习对象基本框架结构的了解，达到对具体知识、技能与思想的掌握。这是一种忽略具体细节、注重整体思路与结构的学习方法，有助于开发与培养员工的抽象概括能力与宏观把握能力。例如，在上述的天平操作学习过程中，操作者先是通过天平发现 2×9＝9×2，3×6＝6×3，后来移去天平，让他凭借头脑中形成的视觉映象来运算，他会发现 1×18＝18×1，1×7＝7×1，6×5＝5×6……最后这个孩子熟练掌握了运算规则，不用实物视觉映象，用符号也能自如地运算了，甚至能推断 a×b＝b×a，等等。因此，我们只要把握每种知识、技能与思想的基本结构，根据员工表象系统形成的特点来设计培训，那么任何智力正常的员工都能掌握较大难度的培训内容。结构学习所注重掌握的是相关知识、技能与思想的结构，而不是具体的内容，因此，必然会迫使学习者注意学习过程、学习方法和学习态度，而不仅仅是学习结果。结构学习的基础是记忆能力、想象能力与直觉思维能力。

5. 范例学习

范例学习，即通过少数具体典型的个案学习，达到掌握更为全面与系统的知识、技能与思想的目的，是一种解剖麻雀式的学习方法。例如，MBA 中的案例教学就是范例学习的形式。这种学习方式适合经验性较强的知识与技能的学习。在浩如烟海的知识、技能系统中，对人们真正有启发作用的并不多，全面掌握不如选择其中较为典型的范例进行精心研究。这种学习形式的基础是分析能力与演绎能力。

6. 试探学习

试探学习，即通过不断试验与探索，获取第一手资料与信息的学习形式。“摸着石头过河”就是这种学习思想的表现。当前每个人、每个组织都会面临许多新问题、新环境、新变化与新挑战，改革与创新是当前时代的最强音。这些都要求我们进行试探学习，这样才能适应工作要求。这种学习形式的基础是创新能力与操作能力。

7. 观察学习

观察学习，即通过观察别人对知识、技能与思想的学习行为，达到获得与掌握相关知识、技能与思想的目的。实践中，许多知识、技能与思想并不都需要我们去试探、操作与亲自学习，而是可以通过观察榜样或模仿掌握。观察学习的基础是注意力、观察力、记忆力、想象力。

8. 联想学习

联想学习，即通过把未知的东西与已知的东西联系起来进行学习的一种形式。例如，由鸽子联想到鸟，由沙发床联想到家具，由北京、上海联想到大都市，由《共产党宣言》联想到马克思，由鸟的飞翔联想到飞机设计等，都是联想学习。许多发明创造与仿生产品，其实都是联想学习的结晶。这种学习形式适合创新能力的开发。联想学习的基础是观察力、类比分析力、记忆力、想象力。

二、自我申报

自我申报是目前组织培训与人力资源开发实践中的一种方法。我们把它归结为自我开发的一种方法。

（一）概念

自我申报是员工对自己的工作内容和适应性进行自我分析与自我评价的过程，包括定期申报轮岗与能力开发的计划与申请。

在日本，自我申报一开始是一种收集员工人事信息的方法，是一种辅助性的人事考核制度。所以，申报（制度）一直是作为人事考核的相关制度得以实施。然而近年来，随着人们对职业发展的重视与关注，申报（制度）逐渐与职业发展管理配套使用，作为职业发展中员工开发的一种方法。

据日本学者尾原丰教授介绍，目前，自我申报表的格式以及提交的方法都有很成熟的做法。申报表中的项目一般包括对性格、资格、技术、特长、技能、业务能力、适应性等的自我分析与评价，同时还包括自己现在或将来想承担的业务、想参加的培训、家庭状况以及对公司的意见等。

（二）作用

在员工开发中，自我申报能为开发者提供以下信息及帮助：

(1) 在了解员工的工作情况时，可以提供以下帮助：让工作分工更合理，为工作分工的变更提供依据，分析知识、技术教育与指导方面的需求，改善岗位环境，改良、补充、完善岗位的各种设备，改革、完善完成工作的各项系统。

(2) 在了解工作以外获得的知识技能时，可以提供以下帮助：作为判断员工流动的依据，为根据员工兴趣趋向进行最有效的配置提供便利。

(3) 关于工作建议方面的申报要求，可以开发员工的创造力。

(4) 可以消除对岗位的不满和抱怨。

(5) 有助于工作设计，以便适应员工的生活环境与素质条件，增强员工对工作的适应性。

我国学者认为，自我申报能为任职者创造一种最大限度发挥现有能力的氛围。[①]

按照行为科学理论，人只有在做他喜欢的事情时，才会有最大的主观能动性；任职人只有在做与自己的个性素质匹配的工作时，才有可能最充分地发挥出他所具有的潜力；当任职者具有工作选择权、员工意识到自己对工作的自主性时，才会产生主人翁责任感。

（三）程序与方法

按照制度规定，当员工在组织内进行自我申报时，首先由员工完全根据自己的思想、愿望、要求等，填写申报表（具体形式见表 7－2）；其次，本部门主管

① 罗锐韧，曾繁正．稳定人才的三大法宝．领导文萃，1999 (1).

进行汇总与阅读；再次，部门主管根据工作的需要与整个部门其他人的申报情况，与申报人进行面谈，互相沟通思想，统一看法；最后，部门主管在申报表上签署意见，上报人力资源部，整个过程需要 3～4 个月。在此期间，部门主管可能要反复与申报人进行沟通，做思想工作。

表 7-2　自我申报表

<table>
<tr><td>姓名</td><td></td><td>等级、级号</td><td></td><td>所在部门</td><td colspan="2"></td></tr>
<tr><td>就职</td><td>就业时间：__年__个月
本企业工龄：__年__个月</td><td colspan="2">□毕业生就职
□中转职工</td><td>现任
职务</td><td></td><td>□自宅　□寄宿
□租房　□公房
□合租　□其他</td></tr>
<tr><td rowspan="2">现有
学历</td><td>□大学及以上
□大专、中专
□高中
□初中</td><td colspan="2" rowspan="2">主要工作经历、工作种类与年限、技术资格或学生证书、称号</td><td colspan="3" rowspan="2"></td></tr>
<tr><td>专业科目：</td></tr>
<tr><td rowspan="2">对现任
工作的
看法</td><td>工作适应性</td><td colspan="2">工作忙闲（工作量）</td><td colspan="3">工作难易度</td></tr>
<tr><td>□非常合适
□基本合适
□一般
□不太合适
□不合适</td><td colspan="2">□工作太忙
□相当忙（稍嫌过多）
□正合适
□再增加一些亦可
□空闲过多（工作量太少）</td><td colspan="3">□太难
□稍嫌困难
□正合适
□再复杂些亦可
□过分容易</td></tr>
<tr><td>对过去
一年
工作的
回顾</td><td colspan="6">（从自己的适应性、素质、能力考虑，自由填写对过去一年工作的感想）</td></tr>
<tr><td>对今后
工作的
展望</td><td colspan="6">（请写出对今后工作的想法，包括今后希望的或争取承担的职务、职种、工作地点等）</td></tr>
<tr><td colspan="7">直接上级的观察（职务________姓名________）</td></tr>
<tr><td>关于现
任工作</td><td colspan="6">（从适应性、能力、效率、协调性等观点出发）</td></tr>
<tr><td>关于
今后
工作
（指导
要点等）</td><td colspan="6">（从能力开发、教育培训计划等观点出发）</td></tr>
</table>

整个操作程序如图 7-2 所示：

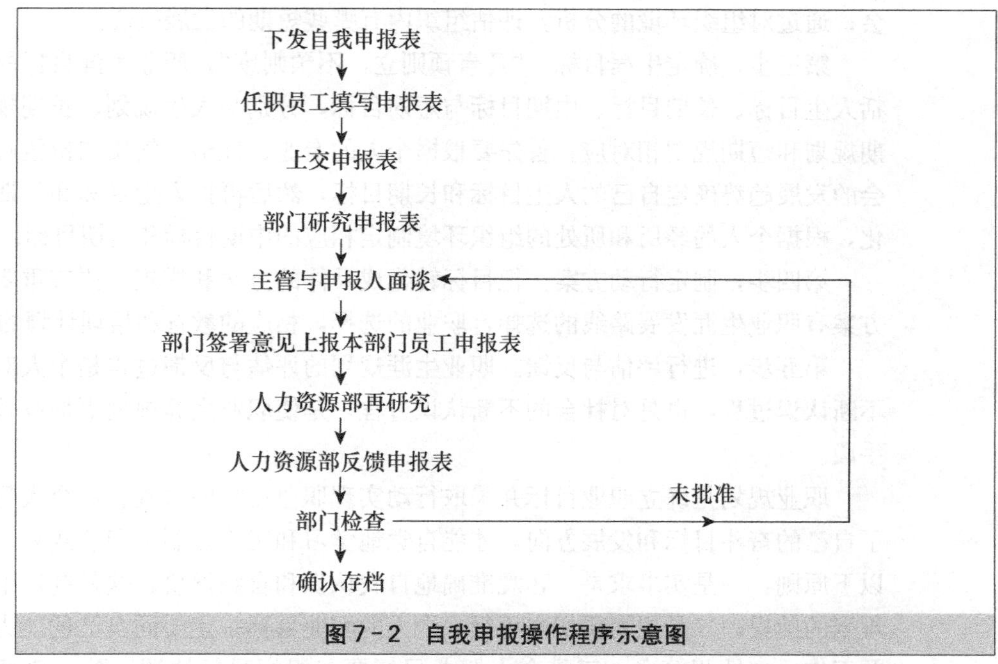

图7-2　自我申报操作程序示意图

三、自我职业生涯规划[①]

自我职业生涯规划是指个人与组织要求相结合，在对一个人职业生涯的主客观条件进行测定、分析、总结的基础上，对自己的兴趣、爱好、能力、特点进行综合分析与权衡，结合时代特点，根据自己的职业倾向，确定其最佳的职业奋斗目标，并为实现这一目标做出行之有效的安排。[②] 职业生涯是“自觉生涯”“主动生涯”，以既有的成就为基础，在了解自己的基础上，确立人生的方向，提出奋斗的策略。

自觉主动进行职业生涯规划可以准确评价个人特点和强项，重新认识自身的价值并使其增值，评估个人目标和现状的差距，发现新的职业机遇，准确定位职业方向，突破固有的发展路线，塑造充实自信，从而增强职业竞争力。

职业生涯规划的步骤如下：

第一步，要进行自我评估。主要包括对个人的需求、能力、兴趣、性格、气质等的分析，以确定什么样的职业比较适合自己和自己具备哪些能力。尽可能多地了解自己，了解自己的欲望、爱好、能力、潜力、内心愉悦度等。

第二步，要进行组织与社会环境分析。短期的规划比较注重组织环境的分析，长期的规划更多地注重社会环境的分析。要对长期机会和短期机会进行评估。通过对社会环境的分析，结合本人的具体情况，评估有哪些长期的发展机

① 职业生涯的8条原则和6个步骤．财会学习，2007（7）．

② 姜静，王蕾，张欣欣．如何实现职业生涯规划目标．中小企业管理与科技，2012（1）．

会；通过对组织环境的分析，评估组织内有哪些短期的发展机会。

第三步，确定生涯目标。“凡事预则立，不预则废”，职业生涯目标的确定包括人生目标、长期目标、中期目标与短期目标，分别与人生规划、长期规划、中期规划和短期规划相对应。首先要根据个人的专业、性格、气质和价值观以及社会的发展趋势确定自己的人生目标和长期目标，然后再把人生目标和长期目标细化，根据个人的经历和所处的组织环境制定相应的中期目标和短期目标。

第四步，制定行动方案。把目标转化成具体的方案和措施。比较重要的行动方案有职业生涯发展路线的选择，职业的选择，相应的教育和培训计划的制定。

第五步，进行评估与反馈。职业生涯规划的评估与反馈过程是个人对自己的不断认识过程，也是对社会的不断认识过程，是使职业生涯规划更加有效的有力手段。

职业规划是确立职业目标并采取行动实现职业目标的过程。一个人只有明确了自己的奋斗目标和发展方向，才能自觉地学习和工作。制定职业规划，要把握以下原则：一是实事求是、客观准确地自我认识和自我评价，这是制定个人职业规划的前提；二是规划要切实可行，个人的职业目标一定要同自己的能力、特长及工作适应性相符合；三是个人职业目标要与组织目标协调一致，离开组织目标，便没有个人的职业发展，甚至难以在组织中立足；四是在动态变化中制定和修正个人职业规划，随着时间的推移，员工本人的情况及外部环境条件都会发生变化，这就要求员工必须及时调整自己的职业规划。

四、自我塑造

自我塑造包括自我激励、自我效能、广泛联系、自我实践等。

（一）自我激励

考诺（Corno）和盖瑞森（Garrison）发现，动机和意志在发动和维持自我学习努力时具有重要作用。他们认为，动机驱动自我学习的力量，意志维持人们自始至终实现自我学习目标的愿望。也有研究认为，自我学习能让人们意识到自己学习的意义，并进行自我监督。因此，自我塑造中应该学会自我激励。自我激励的核心在于自我激发学习动机与学习意志。

（二）自我效能

自我效能理论是班杜拉社会认知理论的重要部分，认为个人的行为、环境和认知因素（即成果期望和自我效能）之间是高度相关的。一般的自我效能广义上是指个人能有效地处理各种压力环境的能力。该理论适合研究自我学习，因为自我学习没有外界的监督，依赖于个人的学习能力和学习动机。学习中有很大的学习自主权，自我效能潜在地影响他们的动机、信任与能力。因此，自我学习者必须有较高的自我效能，对自己完成学习任务有较大的自信心，否则不可能有较大的动机和毅力。因此，自我塑造中应该积极提升自我效能。

（三） 广泛联系

得到广泛认同的一种思想是强调知识的社会结构和自我学习的社会内容。布鲁克菲尔德认为，如果把自我学习理解成缺乏外部资源的帮助，自我学习行为是不会发生的。自我学习并不是注重个人、孤立学习而忽视社会内容。这与一般人们所认为的自我学习有差异，即自我学习并不是个人封闭式学习，而是能够合作和需要合作的学习，进而把在自我学习基础上的个人学习转化为团队学习和组织学习，为自我塑造提供更大的空间。

（四） 自我实践

自我实践的核心是开发特定领域内的知识以及将概念性知识转化应用到新环境中的能力，它考虑人们在现实生活中消除知识和现实问题之间的距离。该种观点强调了自我实践在自我塑造中的作用，强调把所学知识转化为实际工作中的能力，学以致用。

五、自我变革

自我变革是指自我开发者通过自我意识与行动，改变过去的习惯思维与习惯行为而获得新发展的过程。自我变革的方法主要包括走出心理舒适区、改变思维模式。

（一） 走出心理舒适区

舒适区是指一个人在心理上与生理上感到轻松自在的有限范围。在舒适区内，人们感到轻松自在，能够有效运作。一旦离开了自己的舒适区，会紧张不安，想退回到自己感到舒适的状态，久而久之思想就会保守、封闭以至萎缩，甚至僵化、消亡。所以，舒适区具有双重作用，既可以保护个体的心理与健康，又会阻碍个人的成长与发展。因此，要想开发员工的心理潜能就应驱使他们不断走出自己的心理舒适区。

走出心理舒适区的方法包括：首先，不断树立高成就感。不满足于自己已有的成就，克服不思进取、贪图舒适的心理满足感。其次，不断寻找自我实现的新契机。自我价值的实现需要寻找与捕捉机会，寻找并充分利用机会，从而使个人的潜能得到充分的发挥。最后，不断调整自己的思维习惯与态度。旧的传统思维习惯往往成为人们的思维定式，会束缚人的创新行为。一旦改变传统的、陈旧的思维模式与习惯，创新就有可能发生。

（二） 改变思维模式

思维模式即人们思考问题的方式和方法，思维模式不一样其结果会完全不同。因此，鼓励与引导员工掌握思维方式往往比拥有知识与能力更重要。我们提倡的思维模式有以下三种。

1. 求异思维

求异思维是针对求同思维而言的。所谓求同思维，是运用相同的方式方法和途径去实现某一目标。这种思维方式是安全的，但却是保守的，难以转向开拓创新。而求异思维是寻找不同的方式方法和途径去实现某一目标。对自我开发而言，求异思维可以用于自身工作方法的改变、工作模式的革新，也可以运用到自身职业发展的规划与设计中去。只有敢为人先，才能在激烈的竞争中立于不败之地。

2. 组合思维

组合思维即将两个不同的事物或者思路组合在一起，形成一个全新的事物与思路。组合思维是创新的一种方式。例如，大炮和碉堡的组合发明了坦克，收音机和录音机的组合发明了收录机，鸡尾酒是几种酒的典型组合。由此可见，鼓励与引导员工敢于并善于组合思维，才能使其不断产生创新行为进而创造业绩。

3. 顺序颠倒思维

顺序颠倒思维又叫逆向思维。人们的思维往往有两种方式：第一种是正常思维，即先考虑条件和方法，再去考虑目标与结果。例如，我们的任务是过河（目标），为了过河，首先要解决桥和船（条件方法）的问题。这段话运用的是正常思维方式。第二种是顺序颠倒思维，即先考虑目标与结果，然后再去考虑实现目标与结果的条件和方法。仍以上段话为例，假如先考虑过河这个目标，如果这条河本来就不应该过，即使有船有桥也不过；如果这条河本来就应该过，有船有桥应当过，没船没桥也要过，哪怕是游过去。所以，在自我开发中，应该先确立目标，然后考虑实现目标的途径与方法，把目标建立在自己“向往”的基础上，而不是“可能与不可能”的基础上。①

第4节　自我开发方法的应用案例②

2005年，欧洲最大的汽车制造商之一B公司陷入了困境：年亏损超过1亿美元，内部管理混乱，产品质量江河日下，劳资关系恶化，员工士气低落，前景一片黯淡。而几年之后，B公司却摇身一变成为全球最富生命力的汽车制造商之一。在北美和亚洲，其产品供不应求，汽车全球销量几乎增加了一倍，产品质量优异，几乎囊括了业界所有的质量奖，人均创收增长了4倍。同时，员工的满意度和生产率也创历史新高，并且持续高涨。2007年对B公司34 000名员工的调

① 窦胜功，周玉良．职工潜能及潜能的开发．冶金经济与管理，2007（4）．

② 张德．人力资源开发与管理案例精选．北京：清华大学出版社，2002．

查表明，超过85%的员工对自己的工作感到满意，认为受到了良好的培训，并且愿意齐心协力扩展团队的绩效。

B公司振兴的秘诀何在？调查显示，高层领导和一线员工一致认为，B公司重振雄风最大的功臣首推公司长期推行的发展学习型组织策略。B公司成功导入了学习型组织项目，并在很短的时间内发生了翻天覆地的变化。

B公司首先成立了专司学习管理的机构学习事业部。作为一个独立的管理机构，其主要职责是推进全体员工的学习，力求使学习成为每个人和每个团队工作不可分割的一部分，并为学习提供必要的支持与帮助。通过学习事业部的工作，员工、团队、部门都通过自我学习不断增长新知识与新经验，从而使公司不断进步。学习事业部的主要职责有：

(1) 倡导学习。主要是刺激、鼓励、扶持员工和团队克服思维局限，不断拓展自我，强化个人与集体的协同意识。

(2) 学习过程辅导。为了引导与指导员工与团队自我学习，学习事业部提供必要的学习工具，给予技术和方法支持。

(3) 标杆管理。通过设定标杆，引导、支持员工与团队向公司内外先进的生产、管理实践学习，并在公司内合理分配、使用这些知识，在不同部门之间达成知识、技术、数据的共享。

(4) 供应商、分销商和顾客一起成长。塑造世界一流的企业，离不开供应商、分销商和顾客等外部环境的配合，为了提高自我学习效果，必须提高他们的自我学习能力，并把他们纳入企业考虑的范围，使他们与企业协调起来，共同进步。

(5) 负责内外的沟通与交流。学习事业部很重要的一项任务就是负责内外的沟通与交流，使员工认识到自我学习的重要性，在公众心目中树立业界最佳学习型组织的形象。

学习事业部的建立揭开了B公司人称“公司内真正意义上的革命”的序幕。通过学习事业部的努力，自我学习逐渐在全体员工心中扎下根。

学习事业部提供的产品与服务包括：

(1) 为员工自我学习提供广泛的兴趣课程资料。公司请相关专家讲授、录制与工作间接相关的兴趣课程，可选择的课程资料包括新闻编辑、咨询、书法、语言、哲学。几年间已有17 000多名员工参加了兴趣课程的自我学习。

(2) 为员工完成学历教育提供自我学习系列课程。学习事业部与当地大学建立了合作关系，设计不同类型的学历自学课程，各类方案可以充分满足员工的不同需要。员工若需要提升学历，可以先修基础的文学和数学课程。对B公司员工而言，这是个特殊的挑战，因为大多数辍学的人是在15岁时离开正规课堂的。2002—2007年的5年中，1 000名员工获得了大学学历，有些人学习了研究生课程甚至获得工程学博士学位。

(3) 为员工自我学习建立个人发展档案。这是一个员工用于创建自己的职业发展计划的工作簿。该档案包括由学习事业部设计的自我评价，使员工能够自我鉴定现有的技巧和能力，并为未来的职业发展设立目标。档案的使用是自愿的，但是员工总数中有2/3建立并且保留了自己的个人发展档案，在自我学习中不断与管理人员商议修正个人的自我发展计划。

（4）为员工个人自我学习提供在线指导支持。这是一种图表式工具，可应用于确定最适合自己性格和技巧的学习方式。在其指导帮助下2 000多名员工自我设定自我学习流程与地图，得到自我学习工具支持，包括上网笔记本、工作记录簿、录音机和录像机。

（5）为员工自我学习提供学习日记本。这种自我学习日记本，日记格式按照工作流程设计，方便合理，员工只要简单地进行选择勾画，就可以把工作流程中的感受、疑问与需求随时进行记录。所有员工都得到一个可携带的日记本，成为一种自我学习的有效工具，记载了个人工作中遇到的问题、体会、兴趣、改进行为和改善生理心理状况的需求。同时，学习事业部配合活动设立了各类奖励，包括一次家庭周末休假、一次个人发展课程、一次参观标杆企业的旅行和免费文体活动。

（6）为不同部门的员工自我学习设立员工发展中心。每个员工发展中心都有公用的学习设备，配备有高端电脑和交互式录像机，软件程序可用于电脑辅助员工自我选择与设置学习任务与阶段目标。员工发展中心也提供电脑应用的软件操作，以及管理、工艺技巧、语言、压力控制和放松等内容的课程。

学习事业部十分注意为员工自我学习创造条件。公司每年支付员工津贴用于员工个人自我学习，鼓励员工发展多方面的技能技巧，不仅鼓励员工学习与本职工作有关的知识技能，而且鼓励、允许员工掌握其他自己感兴趣的新知识、新技术，拓宽视野，创造一个有利于创新的工作环境。

对待员工自我学习，学习事业部的基本原则是：主动参与、反馈机制、学习转移、行为强化、激励、变革的意愿、反复练习、寻找时间，并为员工自我学习提供必要的服务与帮助。

本章小结

本章主要介绍了培训与人力资源开发中自我开发的概念、理论基础与重要性，介绍了自我开发的内容以及不同客体如何进行自我开发，介绍了自我开发的方法与技术，介绍了自我开发在企业组织中的运用。

首先，自我开发在培训与人力资源开发的不同开发类型中具有十分重要的作用，职业开发、组织开发、管理开发等开发方法均需通过自我开发发挥作用。自我开发是被开发者向开发目标自我努力的过程，也是被开发者自我学习与自我发展的过程。自我开发包括自我认知、自我学习、自我申报等方法。

其次，自我开发的内容包括人力资本开发、生理健康开发、心理资本开发和社会资本开发。其中人力资本开发包括知识开发、技能开发；心理资本开发包括心理动力开发、目标激励开发、社会压力开发等；社会资本开发是职场人士需要特别关注的，人总是处于一定的社会网络中，一定意义上说，人的成功或失败取决于所掌握的社会网络资源。

不同客体具有侧重点不同的开发对象以及方法，本章选取农民工、女性以及管理者这三个群体介绍不同行业、不同类型、不同性质的个体如何结合自身特有的情况进行自我开发。

最后，自我开发既需要个人的努力，也需要组织的支持。从个人层面来讲，可以通过自我学习、自我申报、自我职业生涯规划与自我变革进行自我开发。从组织层面，组织要营造良好的自我开发环境，提供全面的资源条件支持。

◆ 进一步阅读文献

[1] 沃纳，德西蒙．人力资源开发：第 4 版．北京：中国人民大学出版社，2009.

[2] 萧鸣政．人力资源开发的理论与方法．北京：高等教育出版社，2012.

[3] 萧鸣政．人力资源开发与管理 .2 版．北京：科学出版社，2009.

[4] 约克斯．战略人力资源开发．大连：东北财经大学出版社，2007.

[5] 杨廷钫，凌文辁．知识员工自我管理结构维度研究．中国科技论坛，2011 (8).

◆ 本章习题

一、单项选择题

1. 在培训与人力资源开发中，根本性、基础性的开发是（　）。

A. 职业开发　B. 组织开发　C. 自我开发　D. 管理开发

2. 解释如何使客观的知识结构通过个体与之交互作用而内化为认知结构的学习理论是（　）。

A. 行为主义　B. 建构主义　C. 认知主义　D. 客观主义

3. 学习型组织概念是彼得・圣吉在（　）中重点提到的。

A.《第五项修炼：学习型组织的艺术与实务》

B.《第五项修炼・实践篇》

C.《变革之舞》

D.《学习型学校》

4. 学历教育是（　）的良好载体。

A. 动机开发　B. 技能开发　C. 生理开发　D. 知识开发

5. （　）是自我开发中其他开发的基石。

A. 心理开发　B. 心智开发　C. 生理开发　D. 知识开发

6. 归因分析四因素中的（　）因素可以激发学习动机。

A. 努力　B. 能力　C. 任务难度　D. 运气

7. 体现“实践出真知”理念的学习方法是（　）。

A. 操作学习　B. 积累学习　C. 发现学习　D. 观察学习

8. MBA 中的案例教学属于（　）。

A. 范例学习　B. 试探学习　C. 结构学习　D. 发现学习

9. 以观察力、类比分析力、记忆力、想象力为基础的学习方式是（　）。

A. 联想学习　B. 观察学习　C. 试探学习　D. 范例学习

10. 成功依赖于个人，同样也依赖于个人与他人之间的关系，持这一观点的理论是（　）。

A. 人力资本理论　B. 心理资本理论

C. 社会资本理论　　D. 生理资本理论

二、多项选择题

1. 自我开发的内容包括（　　）。

A. 人力资本开发　　B. 心理资本开发

C. 社会资本开发　　D. 生理资本开发

2. 人力资本开发的对象包括（　　）。

A. 知识开发　　B. 技能开发　　C. 心理开发　　D. 生理开发

3. 技能开发包括的层次有（　　）。

A. 基本技能（也称通用性技能）　　B. 操作技能

C. 业务技能（也称专有性技能）　　D. 沟通技能

4. 自我开发的重要性在于（　　）。

A. 员工增强竞争力的必然要求

B. 组织培训发挥充分作用的必然途径

C. 实现人类全面发展的根本途径

D. 有利于员工正确认识自己，挖掘自己可能拥有的潜能，充分施展自己的才华

5. 生存动力论中包含的要素包括（　　）。

A. 自我　　B. 性　　C. 群体　　D. 人类

6. 洛克激励模式表明：绩效主要是由（　　）决定的。

A. 目标难度　　B. 目标明确性　　C. 动力　　D. 报酬

7. 首先创立了比较完整的人力资本理论的美国学者包括（　　）。

A. 舒尔茨　　B. 贝克尔　　C. 彼得·圣吉　　D. 皮特·卡普里

8. 人力资本理论的核心观点是（　　）。

A. 在经济增长中，人力资本的作用大于物质资本的作用

B. 在经济增长中，物质资本的作用大于人力资本的作用

C. 人力资本的核心是提高人口质量，教育投资是人力投资的主要部分

D. 人力资本的核心是提高人口质量，健康投资是人力投资的主要部分

9. 管理者需要着重进行自我开发的才能是（　　）。

A. 学习力　　B. 决策力　　C. 创造力　　D. 沟通才能

10. 自我塑造开发包括以下内容（　　）。

A. 自我激励　　B. 自我效能

C. 广泛联系　　D. 自我实践

三、简答题

1. 自我开发的内涵是什么？包含哪些方面？

2. 学习型组织与自我开发的联系与区别是什么？

3. 人力资本包括哪些方面？如何进行自我开发？

4. 什么是社会资本？如何进行社会资本开发？

四、论述题

1. 试论述女性为何要注重进行自我开发以及如何进行自我开发。

2. 结合归因理论，试论述为何自我开发在多种培训与人力资源开发途径中是根本性、基

础性的。

3. 试论述为什么组织在员工自我开发中应该有所作为，如何为员工自我开发提供必要的支持和服务。

案例与分析

根据本章第 4 节案例，试分析：

1. B 公司学习事业部在引导与指导员工的自我开发中发挥了什么作用？采取了哪些方法？
2. B 公司学习事业部在哪些方面体现出了学习型组织与自我开发活动的有机结合？

第 3 篇

技术篇

第8章 培训与人力资源开发技术

学习目标

1. 重点掌握培训与人力资源开发的需求分析程序和方法。
2. 了解有关的教育培训技术，能够在实践中根据具体情况灵活选用。
3. 理解课程设计的有关思想，熟悉培训与人力资源开发课程设计的策略，能够根据现有的几种课程设计模式设计培训与人力资源开发课程。

在前面几章中我们主要阐述了培训与人力资源开发的各种方法及其应用。培训与人力资源开发方法效用的发挥，必须有相应的培训与人力资源开发技术来支持。本章通过需求分析、人力规划技术、培训技术、课程设计技术等内容介绍培训与人力资源开发过程中所用到的重要技术，其中一些为近年来新兴的技术。培训与人力资源开发评估技术将在第9章专门介绍。值得注意的是，这里所说的技术，是相对于培训与人力资源开发活动来说的，因此，在需求分析、人力规划、课程设计、教育培训与效果评估中称之为方式方法的内容，在这里都属于技术的范畴。

第1节 需求分析

需求分析是整个培训与人力资源开发活动的前提与基础，见图8-1。

从图8-1可以看出，需求分析是培训与人力资源开发中十分重要和关键的一种技术。因此，虽然前面章节有所涉及，但本节将更系统深入地讨论什么是需求分析，需求分析包括哪些方法，需求分析以什么为主要内容，谁进行需求分析最合适，如何进行需求分析等内容。

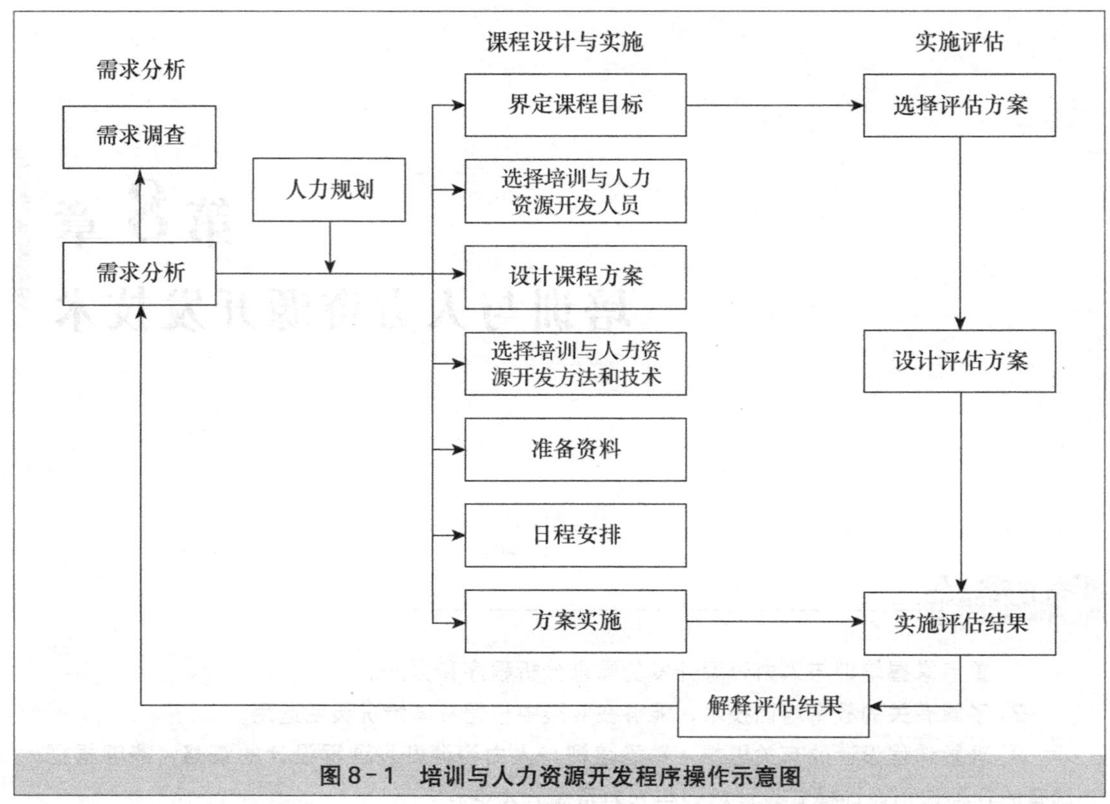

图8-1 培训与人力资源开发程序操作示意图

一、培训与人力资源开发需求及其分析

（一）培训与人力资源开发需求及其模式

任何一种培训与人力资源开发活动，都是根据需求进行的，因此培训与人力资源开发需求在现实中是客观存在的。培训与人力资源开发需求，简单地说就是人力资源持有者与使用者对培训与人力资源开发的需要或需求。这种需要或需求的产生大致来源于以下几方面的差距分析：

(1) 组织发展目标与实现这些目标过程中人员素质水平的差距，员工现有素质水平与组织发展所要求的素质之间的差距。

(2) 组织预定目标与实现这些目标实际绩效之间的差距，员工现有绩效水平与组织要求的绩效之间的差距。

(3) 员工现有绩效水平与员工个人理想水平之间的差距。

(4) 员工现有素质水平与员工个人理想水平之间的差距。

上述差距分析来自组织与个人两方面，因此培训与人力资源开发的需求可以用以下的数学公式表示：

$$\text{培训与人力资源开发需求} = \text{目标需求（绩效与发展）} - \text{现实水平（绩效与素质）}$$

或　　　培训与人力资源开发需求 A=目标绩效－现实绩效

培训与人力资源开发需求 B=目标素质水平－现实素质水平

培训与人力资源开发需求首先产生于目标绩效水平与现实绩效水平之间的差距：当素质水平达到目标绩效水平所规定的要求时，绩效差距并非由素质因素产生，因此不需要进行培训与人力资源开发，这时培训与人力资源开发的策略是改变工作环境，进行组织开发、制度开发、奖励就可以了。当素质水平足够低，绩效差距完全由素质因素产生时，培训与人力资源开发的需求即为立即进行全方位的素质开发与培养。当素质水平介于目标绩效与现实绩效之间，那么绩效差距来自两个方面，其中个人素质差距需要由培训与人力资源开发解决，而非个人素质差距需要由非培训与人力资源开发的其他开发方式来解决。当素质水平介于目标绩效与现实绩效之间，绩效差距来自个人素质差距、组织素质差距和环境及其他差距三个方面时，除进行培训与人力资源开发外，还需要战略、其他管理措施与环境因素的改进。当素质水平远远高于目标绩效水平时，此时的差距并非由素质因素产生，这时的培训与人力资源开发需求并非培训与人力资源开发本身，而是制度调整、环境改善与人员激励。当这一系列开发活动进行后，就有可能消除现有的绩效差距，但是还需要进一步提高目标绩效水平，进行潜力开发。

（二）培训与人力资源开发需求分析的形式

从上面的分析可以看到，培训与人力资源开发需求分析实际上是一个用来辨别与揭示绩效差距背后具体影响因素及其开发方式的过程与程序。

培训与人力资源开发需求分析是整个培训与人力资源开发过程中的基础技术，它与人力规划技术、教育培训技术、课程设计技术和开发效果评估技术的关系如图 8-2 所示。

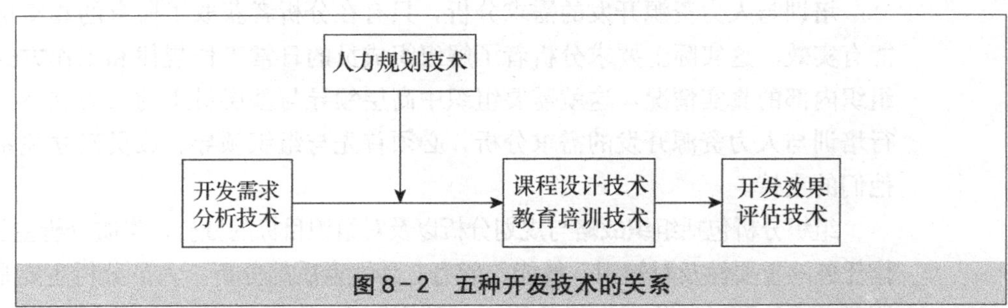

图 8-2　五种开发技术的关系

培训与人力资源开发需求分析至少可以从组织、任务与人员三个层次来进行。组织分析的目的在于揭示组织中哪些部门需要培训与人力资源开发以及在何种背景下进行培训与人力资源开发；任务分析的目的在于揭示为了有效地完成工作任务，必须做什么以及如何做，需要什么样的素质；人员分析的目的在于揭示谁需要进行培训与人力资源开发，培训与人力资源开发究竟开发什么，需要进行什么样的培训与人力资源开发。

（三）培训与人力资源开发需求分析的一般程序

进行培训与人力资源开发需求分析，存在一定的程序。了解与把握这些程序，对于提高培训与人力资源开发需求分析的效率与效果十分有益。图 8－3 是进行培训与人力资源开发需求分析可以参考的一般程序。

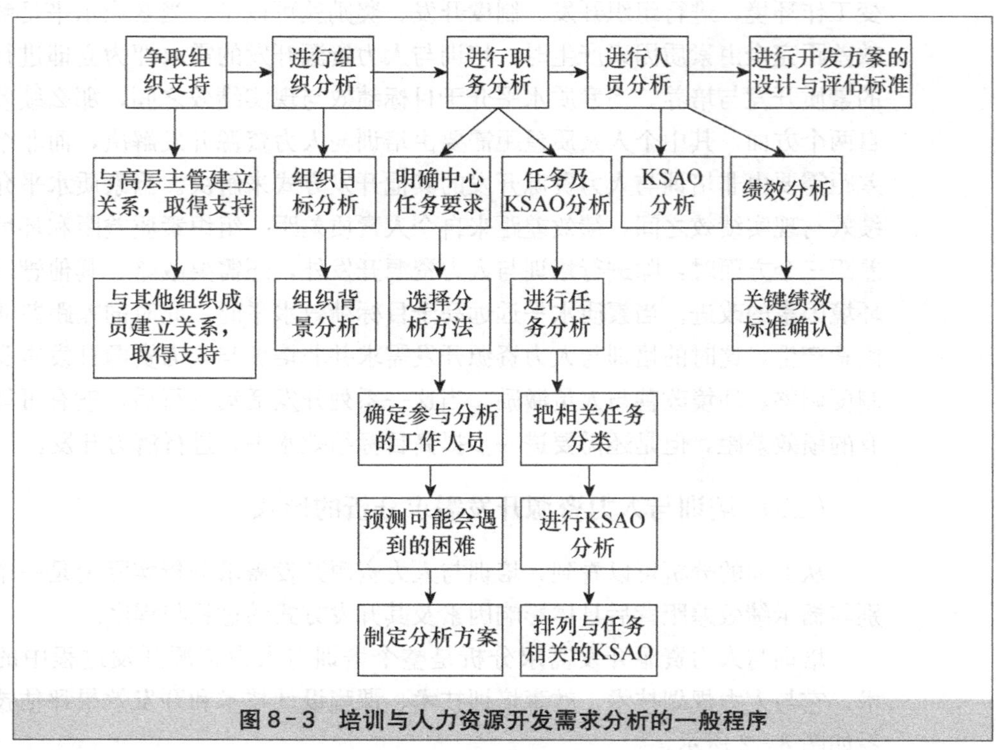

图 8－3　培训与人力资源开发需求分析的一般程序

培训与人力资源开发的需求分析，只有在分析者获取了所有的真实情况后才能有实效。这实际上要求分析者了解组织成员的日常工作规律和工作方式，了解组织内部的真实情况，这就需要组织中高层领导与基层员工的大力支持，因此进行培训与人力资源开发的需求分析，必须首先与组织领导、成员建立关系，取得他们的支持。

组织分析包括组织战略与规划分析以及对组织目标的分析；素质分析主要是对工作任务的重要性及对知识、技能、能力、品性素质的分析；人员分析主要是分析任职者是否达到了每项工作任务所要求的 KSAO（knowledge，skill，ability，others）水平，实际上达到了什么水平，并由此决定培训与人力资源开发的具体要求。

二、培训与人力资源开发需求分析的技术概述

培训与人力资源开发需求，是通过比较目标水平与现实水平之间的差距来确定的，因此培训与人力资源开发需求分析的技术主要是目标水平确定的技术、现实水平确定的技术以及两者之间比较的技术。

（一）目标水平确定的技术

当目标水平的内容为标准的工作内容、工作能力与工作绩效的规定时，目标水平确定的技术就是素质分析。素质分析包括职责任务分析、职责任务要求分析、职能资格条件分析。这里的标准能力与绩效水平要求，是职务本身所要求的最低标准。除此之外，还有一种期望标准以及未来标准。无论哪一种标准，都需要专家进行规范与界定。

1. 最低标准

最低标准是指保证工作进行的最低要求，一般由素质分析具体确定。

2. 期望标准

期望标准是指高于最低标准和在当前条件下经过努力能够达到的标准。期望标准并非最高标准，而是当事人认为最好的标准。其确定方法有以下几种：

（1）把其他优秀或类似组织已经达到的标准作为制定的依据。

（2）把公认的代表某一行业或一类组织的中等标准或中上标准作为期望标准，例如行业协会推荐的标准等。

（3）根据当前组织发展与经营目标确定有关的期望标准。

（4）根据本组织过去采用或已经达到的标准，作为制定期望标准的依据。

3. 未来标准

未来标准是指根据发展规划预测将来可以达到或应该达到的标准。这种标准建立在预测的基础之上，是面向未来的。当然也可以把目前国内外一流组织所达到的标准或国内优良水平的行业标准，作为组织的未来标准。

（二）现实水平确定的技术

现实水平确定的内容与维度，一般根据目标水平的要求而定。确定的方法，一般是职业资格考评技术或人员素质测评技术，包括考试、心理测验、面试、评价中心技术、履历分析、日常观察、现场观察、答辩法、试用、比赛、情景模拟、实物鉴定等。

（三）两者之间比较的技术

目标水平与现实水平之间比较的技术，主要包括测评与考评、自我评判、专家评判与集体评判等。测评是指把现实水平调查及其与目标水平的比较进行一体化评判，而考评主要指通过专家或广大群众调查取证进行评判。

三、组织开发需求分析

组织开发需求分析，是指从组织层面对组织的当前特征及其原因进行分析，从而决定哪里需要进行培训与人力资源开发，需要什么样的培训与人力资源开发，以及在什么情况下进行培训与人力资源开发。

（一）组织开发需求分析的内容

组织分析的重心与中心是组织的绩效目标。但实际进行组织分析时，需要在更大的范围内进行。因此，组织分析一般包括组织目标与战略、薪酬系统、计划系统、控制系统、沟通反馈系统、决策系统、组织环境、组织资源、组织氛围、组织效率等。

例如，对组织氛围的分析指标包括：不满、流动、旷工、建议、生产率、事故、短期生病、员工行为表现、工作态度、顾客投诉。

对组织效率的分析指标包括：劳动成本、物资成本、产品质量、设备利用率、工资成本、浪费量、停工期、推迟交货、维修时间。

（二）组织开发需求分析的技术

组织层面的分析技术比较多，如记录报告分析、管理诊断分析、管理开发审查、组织氛围调查、组织发展预测等。例如，组织发展预测中的趋势和机遇分析技术，主要通过以下问题进行问答分析：

（1）我们未来的发展前景如何？

（2）我们未来的战略应该是什么？

（3）员工需要什么样的新KSAO才能适应未来的趋势和把握未来的机遇？

（4）可能危及我们未来市场地位的因素是什么？

（5）什么样的KSAO将不再需要？

（6）培训与人力资源开发的重点是什么？作用是什么？

（7）未来潜在的资源是什么？

组织开发需求一般取决于下列因素的变化：产品、服务与市场，原材料与能源，基础设施，技术，管理技术与方法，法律，社会、政治环境，经过一定教育与培训的人力的供给，贸易和贷款方式，区域经济的增长。

对于上述因素变化的预测，可以通过报纸、媒体以及国家管理部门发布的相关信息来分析，但这种分析结果中的经验性与主观性较强。要想更为科学地进行预测分析，则需要借助技术经济预测、德尔菲技术、头脑风暴法、市场研究、人口统计与社会发展研究、战略计划等，从理论与数据上进行分析。

组织开发需求还可以通过表8-1中的资料进行分析。

表8-1 组织开发需求分析的资料来源

资料来源	对于需求分析的参考意义
1. 组织目的与目标	确定开发的重点可以而且应该放在哪里，这些将提供分析方向及分析的规范标准，该规范标准可以反映出偏离的目标及其绩效问题
2. 人力资源存量清单	确定哪里需要培训与人力资源开发来填补由于退休、流动、年龄等问题引起的人力资源差距，提供了有关开发需求范围重要的基础资料

续表

资料来源	对于需求分析的参考意义
3. 知识技能清单	每一个技能组（工种）的员工数、知识和技能层次、每种技能的培训时间等，提供了对具体培训需求的重要性的估计，对培训项目的成本收益分析有益
4. 组织氛围指数 （1）员工劳动-管理数据 （2）员工行为观察 （3）态度调查 （4）顾客投诉	这些组织的氛围指数可以帮助集中解决要培训的问题（如果培训已经作为相关问题的解决办法），所有这些与工作参与或生产率相联系的指数既对分析有益，又可帮助管理者通过培训解决希望解决的问题（罢工、封闭工厂等）
5. 效率指数分析（包括劳动成本、物料成本、产品质量、设备利用率、运输成本等）	有益于填补实际结果与组织预期结果之间的差距；有价值的反馈，特别注意典型和重复投诉成本的计算可以阐释实际绩效与所希望的或标准绩效的比率
6. 系统或新系统的变化	新的或改变了的设备可能带来培训问题
7. 管理要求或管理咨询	决定培训与人力资源开发需求的最常用的技术之一
8. 离职面谈	一些在别处得不到的信息经常可在此处得到，特别是有关问题领域和主观培训需求的信息
9. 工作目标或工作计划	提供绩效评估、潜力评估和长期经营目标；提供实际绩效数据，以便了解底线标准，比较和分析后来的绩效是否提高或下降

资料来源：Moore M L，Dutton P. Training needs analysis：review and critique. Academy of Management Review，1998，3（3）.

四、素质分析

如前所述，素质分析是通过系统地收集与分析具体工作的内容、要求、方式与方法等资料，以确定要获得最理想的绩效需要对任职者进行什么样的培训与人力资源开发。素质分析的结果一般包括绩效标准以及为达到此标准而需要的工作方式与KSAO。

在工作分析过程中，需要完成以下任务：

（1）建立工作说明书；

（2）进行职责任务分析；

（3）确定工作目标及最低绩效标准；

（4）确定完成任务最有效的方式；

（5）观察工作样本；

（6）查阅与工作有关的文献，包括专业杂志、档案、政策法规、专家研究成果等；

（7）询问与工作有关的问题，包括询问任职者、主管与高层人员各种问题；

（8）召开培训与开发方案研讨会议；

（9）操作问题分析，包括维修工期报告、浪费行为与结果、维修原因、推迟交货原因、质量控制等方面；

（10）对所选择的培训与开发的方式方法与建议的重要性进行分类。

进行工作分析要按照以下五个步骤进行。

（一）建立全面的工作说明书

对某一职务或几个职务建立一个全面的工作说明书。这种工作说明书主要是对职务中主要职责任务及其任职条件的说明。许多组织有现成的工作说明书，而且会定期升级，以便及时准确地反映工作的变化情况。因此，只要得到这些资料并进行抽样核实就可以了，否则，就需要进行工作分析，建立一个较为全面地反映职务工作内容与要求的工作说明书。

（二）进行职责任务分析

职责任务分析主要是对工作中任务的结构、内容及其要求的分析，即弄清每个职务的主要任务是什么，每项任务完成后应该达到什么标准。

职责任务分析可以采用以下五种方法：

（1）刺激、反应与结果分析法。即从刺激、反应与结果三方面分析每一项任务，从而正确把握其内容、方式与标准要求。

（2）时间样本法。即由分析人员在一段时间内随机地对职务工作进行观察，记录每项任务的内容与频率。

（3）关键事件技术法。这种方法是让那些对职务工作非常熟悉的人记录一段时间，例如一年来有效与无效的重要工作行为。记录的内容包括这些重要行为发生的环境与具体表现，并描述有效与无效的原因。

（4）任务清单分析法。首先由熟悉职务工作的人以清单的形式列出该职务所有的任务，并交给众多的主管或任职人，就每项任务的重要性和所需要的时间，进行5～7分制评估；然后进行统计分析，确定职务中各项任务的结构、内容与重要性。

（5）职责任务与技能要求分析法。这种方法是首先把职务划分出几个方面的职责，然后为每一项职责找出其任务与子任务，最后确定完成每个子任务所需要的KSAO，如表8-2所示。

表8-2 职责任务与技能要求分析法在培训与人力资源开发专业人员工作分析中的运用

工作名称：培训与人力资源开发专业人员		具体职责：任务分析
任务	子任务	知识和技能要求
1. 列举任务	（1）观察行为 （2）选择动词 （3）记录行为	列举行为的重要特征；给行为分类；熟悉行为任务所对应的动词；语法技能为人所理解；整洁
2. 列举子任务	（1）观察行为 （2）选择相应的动词 （3）记录行为	列举所有相关的行为；给行为分类；正确地陈述；语法知识；整洁，清楚
3. 列举知识	（1）声明必须了解的知识 （2）确认技能的复杂程度	为所有信息分类；确认是否一个技能代表一系列行为，并且这些行为是必须学会的

（三）确定完成职责任务所需要的 KSAO

KSAO 对于培训与人力资源开发非常重要，它们是培训与人力资源开发的目标与依据。K 即知识，指完成任务所需要了解的相关信息、原理、方法；S 即技能，指完成任务所需要的某些熟练性、技巧性的行为能力，其特点是准确、轻松；A 即能力，指完成任务所需要的某些身体与精神方面较综合的行为能力，其特点是直接与综合；O 即其他个性特征，包括态度、品性与兴趣因素。

对于每一个 KSAO，应该就其对绩效的重要性、学习困难性与在工作中获得的机会性等进行有关评估说明。

（四）确定培训与人力资源开发的具体需求

这一步主要通过分析与比较每个任务及其相应的任职条件的评估分数，确定培训与人力资源开发的需求系统。例如，任务在职务中的重要性、出现的频率或所花费的有效劳动时间、完成的难度、任职条件相对于职务工作绩效的重要性、学习的难度以及在工作中获得的机会等评估分数。通过这些评估分数的比较与权衡，具体确定哪些任务与 KSAO 应该正式纳入培训与人力资源开发的需求系统中。选择的重要标准是职务工作绩效，凡是对职务工作绩效具有决定性作用的任务与 KSAO，都应纳入培训与人力资源开发需求系统中。

（五）确定培训与人力资源开发需求系统的因素级别

通过前面四个步骤，基本上确定了组织培训与人力资源开发的具体需求是什么，建立了培训与人力资源开发需求系统，显示了组织对培训与人力资源开发的各种需求。由于培训与人力资源开发是一种经济活动，在时间与投入有限的情况下，不可能让所有的培训与人力资源开发需求同时得到满足，因此我们应该考虑每一种需求的优先级别，具体确定需求系统中每一个任务与 KSAO 的开发顺序。

对于培训与人力资源开发需求的排序与评级，应该让整个组织的相关人员都参加。因为每个培训与人力资源开发需求可能涉及一个或多个部门，让更多的人了解培训与人力资源开发的需求本身，就可以促使更多的人认识到培训与人力资源开发的意义与价值，唤起更多的人对培训与人力资源开发的实际需求。

为了保证对培训与人力资源开发需求排序与评级的权威性、公正性与公平性，一般要先成立一个评级委员会，定期开会，对培训与人力资源开发的需求系统与有关资料进行全面的评估与分析。委员会的成员一般由组织中跨部门的人员构成，这样既可以提供不同角度的思考，又可以得到组织中各部门更为广泛的支持。

职务的培训与人力资源开发需求还可以通过表 8－3 中的资料进行分析。

表8-3 职务需求分析资料来源

资料来源	对于需求分析的参考意义
1. 工作说明书	概括了职务中的典型责任、义务，但并不是无所不包，有助于界定绩效差距
2. 任职资格或任务分析	列出每个工作的特定任务，比工作说明书更具体，可能扩展到工作所需求的知识和技能
3. 绩效标准	工作任务目标及其标准，可能也包括底线标准
4. 完成的结果	确定具体任务最有效的方式，但有较大局限性，工作的层级越高，要求的绩效与实际结果之间的差距越大
5. 观察-工作样本	界定了工作对象，或部分任务范围
6. 查阅与工作有关的文献 （1）对其他产业的研究 （2）专业杂志 （3）档案 （4）政府文件 （5）博士论文	在工作结构的比较分析中有用，但可能会与特定组织内的职务设计或具体的绩效要求有很大差距
7. 询问与工作有关的问题 （1）工作执行者 （2）主管 （3）高层管理者	掌握工作中各级人员的实际需求
8. 培训与人力资源开发的工作会议或学术会议	不同观点的碰撞，经常能揭示培训与人力资源开发的需求或培训愿望
9. 操作问题分析	可以提供任务干扰、环境因素等影响的信息
10. 卡片分类	可用于培训与人力资源开发的会议中，对“怎么做”的问题按照培训与人力资源开发的重要性予以分类

资料来源：Moore M L，Dutton P. Training needs analysis：review and critique. Academy of Management Review，1998，3（3）.

五、人员分析

（一）概念

人员分析是指通过对员工行为或工作行为的观察、需求调查与逻辑推断，对培训与人力资源开发的需求进行分析的一种过程。其中绩效差距分析最为关键，如图8-4所示。

（二）类型

对人员分析的技术可以有不同类型的划分，包括总结性分析、诊断性分析、网络分析与能力行为分析等。

1. 总结性分析

总结性分析主要是确认员工个人整体的绩效，将员工个人的工作结果区分为成功与不成功两种类型。

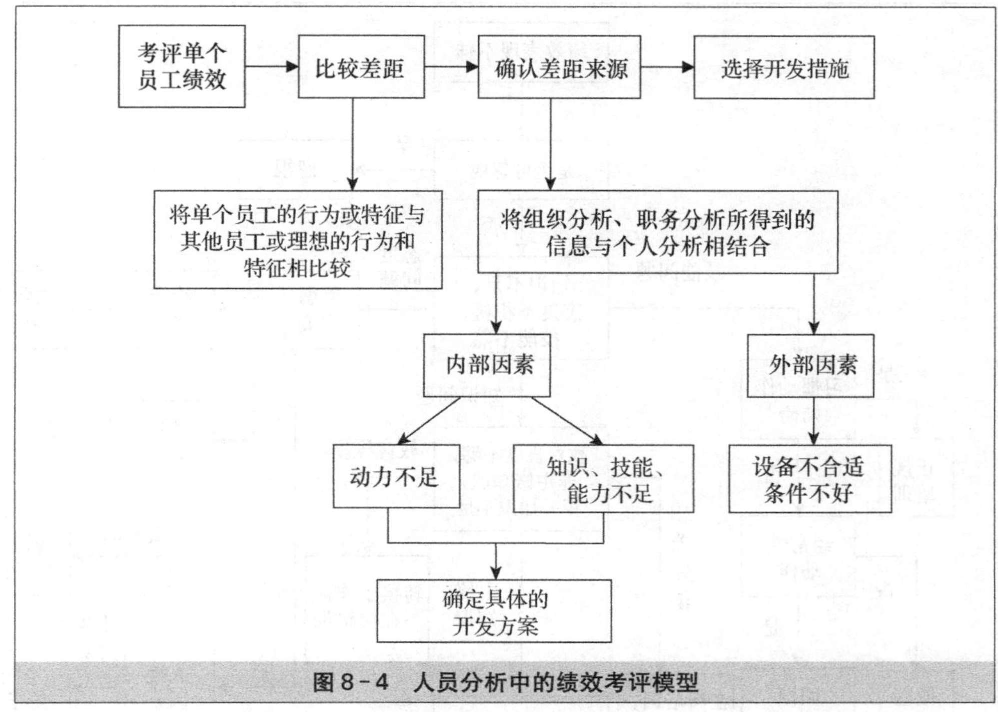

图 8-4 人员分析中的绩效考评模型

2. 诊断性分析

诊断性分析主要是确认员工个人工作成功与不成功的原因，确定个体的 KSAO、努力和环境因素等是如何相互结合，并产生成功与不成功结果的。

显然，诊断性分析也是对总结性分析的继续，分析的结果要回答总结性分析所提出的问题，从而准确地确定谁成功、谁没有成功，成功完成的任务是哪些、什么因素起了作用，没有成功完成的任务有哪些、原因是什么。

3. 网络分析

所谓网络分析，是指通过方框流程图示与逻辑推理相结合的方式，揭示个人绩效不佳的现状及其原因，进而确定培训与人力资源开发需求的一种技术，如图 8-5 所示。

4. 能力行为分析

所谓能力行为分析，是指通过比较被分析者个人行为表现与标准能力行为特征的差距，从而确定培训与人力资源开发需求的一种技术。

在这种技术中，首先确定相应处理人、事、物与实践四个方面问题的基本管理能力。这些基本管理能力分为九个类别，具体见表 8-4。

对于表 8-4 中的九类能力行为特征，并非每个职务都需要，因此确定培训与人力资源开发需求的第一步，是评判每个类别的行为特征相对于职务的必要性与重要性；接着，要评判员工实际表现与标准要求之间的差距，差距越大，说明培训与人力资源开发的需求也就越大。必要性与重要性越大，也说明培训与人力资源开发的需求越大。但两者之间要进行综合判定。

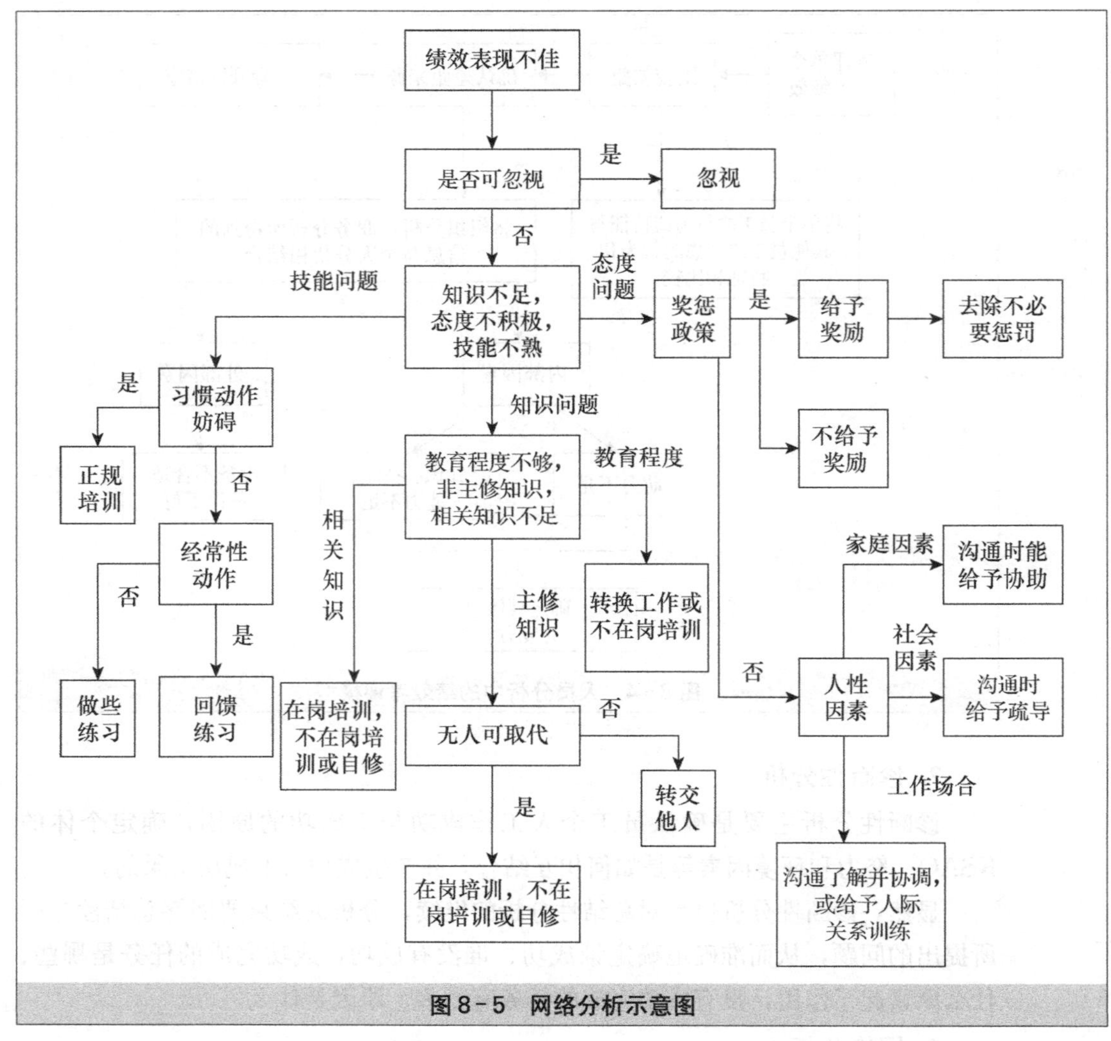

图8-5 网络分析示意图

表8-4 员工个人行为分类表

类别	应分析的行为特征	相对于职务的重要性	差距程度
1. 自我管理	自制力、自控力、条理性、计划性、意志等		
2. 情景控制	容忍不适程度、容忍重复程度、对压力的反应、对回馈的反应、情绪控制性、对危急情况的反应		
3. 操作技能	谨慎、做事缜密、机警、注意细节、按程序行事、核对、记录保存、分类		
4. 沟通技能	读、写、口头表达、发文、说明、情绪表达		
5. 概念建构	想象力、画图、设计		
6. 判断技能	声音判别、颜色识别、形状辨别、深度知觉、事实判断、经验判断、审美判断		

续表

类别	应分析的行为特征	相对于职务的重要性	差距程度
7. 推理技能	调查、构造、计划、分析、结合		
8. 人际关系技能	服务、调查、机制、合作、了解、建议		
9. 领导技能	决策制定、指示他人、创新、说明、核对、协议、训练、表演		

（三） 操作程序

在培训与人力资源开发的需求分析过程中，对于上述人员分析技术的操作程序如下：

（1）通过上述技术确认有关员工个人实际的绩效水平；

（2）确认支持实际绩效的 KSAO 与合格绩效水平所要求的 KSAO 之间的差距；

（3）分析造成差距的原因；

（4）针对差距原因选择合适的培训与人力资源开发方法。

第 2 节　人力规划技术

人力规划是一种非常重要的培训与人力资源开发技术，是保持一个企事业组织稳定发展必不可少的工作。企事业单位要保证对组织内部人力资源进行合理的配置与开发，就必须有一套完整的人力资源规划，做好人力资源的需求与供给预测，对组织的人力情况进行分析与评估。

一、人力规划概述

所谓人力规划，就是拟订一套措施，使企事业组织稳定地拥有一定质量和必要数量的人员，从而实现包括个人利益在内的组织发展目标。一定质量，在这里指企事业组织内完成工作任务的人员所需具备的能力，这种能力可以表达为受过的教育和培训、经验、年龄或拥有的相关素质。

人力规划的内容，包括晋升规划、补充规划、开发与培训规划及轮换规划等。

（一） 晋升规划

晋升规划是制定各种晋升政策。对于企事业组织来说，是为了在一定的时期内拥有相应合格的人员；而对于各个成员来说，则是创造条件充分发挥每个人的才能并满足其要求。某类人员的晋升状况可用若干种指标来表达，例如，晋升前的平均工作年限、晋升的比例等。职务和年资配合起来，可作为衡量人员经验水平的指标。年资指在某种职务（级别）岗位上经历的年限。同一职务与年资的人中，其质量水平又有相当的差异，因此，只能就一类人员的平均水平来讨论其质量问题。

晋升规划可以用每一级别年资晋升百分比来表示，见表8-5。

表8-5 员工晋升规划简表

某级别的年资（单位：年）	1	2	3	4	5	6	7	8	9	10	11	≥12
晋升百分比（%）	0	0	0	0	0	0	0	35	55	60	65	80

（二）补充规划

补充规划即拟订补充政策，合理地填补中长期发展过程中企事业组织人员在数量上与规格上可能出现的空缺。在补充规划中，要表明待补充人员的数量与规格。人员规格是指其经验水平、受教育程度、年龄及有关素质要求。

补充规划和晋升规划之间有着密切的联系。在出现空缺的情况下，企事业组织可以从较低一级人员中提拔人员补充，这叫作“内部补充”。

（三）开发与培训规划

开发与培训规划是为企事业组织长期发展所需要的一些职位准备人员。开发与培训规划，必须指明能享受开发与培训机会的人员数量与培训要求。制定开发与培训规划所需考虑的环境条件，包括开发与培训单位的能力限制、质量要求与接受开发与培训的自愿程度等。

（四）轮换规划

轮换规划是拟订组织中长期发展过程中所需人员的轮换政策。这类政策指明了各类人员所应该轮换的职务种类与时间，反映了企事业组织人员的横向流动。

当企事业组织的人员需求量与拥有量均具有高度固定性与高度可变性时，进行人力规划对其长期发展具有特别重要的意义。

固定性意味着人员需求量和拥有量不可能轻易地受到影响。可变性意味着人员需求量和拥有量将随时间的变化而有规律地变化。但是，当存在很不确定的外界影响时，人力规划的作用并不大。

二、人力规划的步骤

人力规划的步骤包括分析、预测、决策。

（一）分析

分析即对企事业组织的整体战略、内外部环境及现有人力资源的盘点与调查。现有人力资源分析的主要内容包括人员使用情况、年龄结构、学历结构、职称结构、职务结构等个人的核心素质。

1. 组织战略及内外部环境分析

组织的整体发展战略及内外部环境情况对组织人力规划的制定与实施有重要的影响。组织战略是指组织为适应未来环境的变化，对生产经营和持续稳定发展中的全局性、长远性、纲领性目标的谋划和决策，在一定程度上决定了未来为完成组织发展目标所需的人力资源的数量与结构。组织的内外部环境影响组织战略的制定，其中人口、教育、相关政策等因素对组织人力资源的供给情况会产生很大的影响。

2. 组织人力资源现状分析

（1）人员使用情况分析。对于人员使用情况的分析，包括人数分析与工作潜力分析。

人数分析是指对现有人数与编制定员进行比较分析，然后按人员类别分部门、分工种列出具体人数。分析时要注意编制定员本身的合理性。

工作潜力分析是指对实际工作率与标准工作率进行对比分析，据此进行工作潜力的评估。

所谓实际工作率，是指实际工作的时间与制度规定的工作时间的比率，即工时利用率。分析时要把直接生产工人、辅助工人、管理人员等分别对比。直接生产工人的实际工作率可以从劳动时间使用情况的统计报表中取得，辅助工人、管理人员的实际工作率则需要靠工作日志或工作抽样等方法，取得一次性工时分析资料。所谓标准工作率，是指企事业组织主管部门要求达到的或企事业组织自己确定的目标工作率。工作潜力的计算公式如下：

$$工作潜力(人数)=[(P_1-P_0)\times T\times H]/(P_0\times T)$$

式中，P_1为实际工作率；P_0为标准工作率；T为制度工时；H为分析期的期末人数。计算结果四舍五入，取整数。

（2）年龄结构分析。年龄结构分析包括平均年龄与年龄结构。职工在企事业组织内年龄的增加反映其经验与知识以及操作能力增加，但到了一定的年龄，吸收新知识的能力就会降低，体力会下降，工作效率也会下降。一般职工在年龄介于25～49岁时，学习能力与工作能力处于最佳状态。

所谓年龄结构，是指按年龄组统计分析各类人员、各工种（专业）以及各类职务人员的年龄结构。企事业组织职工理想的年龄结构应为梯形，顶端是接近退休年龄人员的数量，底端是刚进单位的年轻人员的数量。

（3）人力素质分析。人力素质分析，包括各类员工学历、职称、获奖名次、考试成绩、资格、素质测评成绩等的人数比例。

（二）预测

人力规划的第二步工作，是在人力资源分析的基础上进行预测。企事业组织对人力的需求量会因种种因素的影响而有所波动。其中有些因素，如政策法规、人员的积极性、产业结构调整、社会影响等，不能精确地用定量数据来表示；而产品或劳务的需求量等因素，相对来说就比较容易预测。因此，首先是依据企事业组织今后的战略制定经营发展水平（产品和劳务总量等）的中长期产量计划；其次把企事业组织的产量计划转换成对人力资源需求量的预测。具体地说，人力资源预测的内容可转化为对组织结构变化的预测、产品变化对人力需求的预测、新产品开发对人力结构影响的预测、设备的技术改造与更新对人力结构影响的预测、劳动效率的预测以及减员的预测等。

例如，科技进步对提高劳动生产率的影响，一般可以按采用新机器和新体制而提高的劳动生产率来确定。靠采用新机器而提高的劳动生产率，其计算公式为：

$$\Delta L = NE/NP$$

式中，ΔL 为靠采用新机器而提高的劳动生产率；NE 为因采用新机器而节约的劳动力人数；NP 为计划期劳动力总数。

各个因素对提高劳动生产率的影响，都可以归结为劳动者人数或劳动时间的节约，因此，按各个因素确定计划期劳动生产率的提高幅度，可以用下列公式计算：

$$\Delta L_i = \sum E_i/(N_0 - \sum E_i) \times 100\%$$

式中，ΔL_i为靠所有因素改进而提高的劳动生产率；N_0为基期劳动者人数；$\sum E_i$为计划期各种因素改进后节约的劳动力总数。

如果把分子 $\sum E_i$ 换成E_i，则有

$$\Delta L_i = E_i/(N_0 - \sum E_i) \times 100\%$$

因此，E_i为因素改进而提高的劳动生产率。

例如，某企事业组织由于采用新设备、新工艺节省下来 10 人，由于组织结构调整节省下来 5 人，由于劳动熟练程度提高节省下来 5 人，已知基期劳动者人数为 100 人，试分别计算计划期靠每一因素而提高的劳动生产率。

靠采用新设备、新工艺而提高的劳动生产率为：

$$\begin{aligned}\Delta L_1 &= E_1/(N_0 - \sum E_i) \times 100\% \\ &= 10/[100-(10+5+5)] \times 100\% \\ &= 12.5\%\end{aligned}$$

靠组织结构调整而提高的劳动生产率为：

$$\begin{aligned}\Delta L_2 &= E_2/(N_0 - \sum E_i) \times 100\% \\ &= 5/[100-(10+5+5)] \times 100\% \\ &= 6.25\%\end{aligned}$$

靠劳动熟练程度提高而提高的劳动生产率为：

$$\Delta L_3 = E_3/(N_0 - \sum E_i) \times 100\%$$
$$=5/[100-(10+5+5)]\times 100\%$$
$$=6.25\%$$

（三）决策

分析、预测两步工作完成后就是决策了。人力规划中需要决策的主要问题是：

（1）人员征补的决策，包括各类人员征补的数量、征补的时机、征补的方式以及对征补人员的素质要求等；

（2）职业转移的规模、时机、政策以及去向等；

（3）企事业组织规模扩大、技术设备更新所需增加人员的数量、质量及来源；

（4）员工开发与培训的目标、方式、人数及经费分配等。

三、人力规划的类型

（一）人力需求量的规划

人力需求量的规划，主要按照下述步骤进行：

（1）估计实际人力需求量，这可以根据组织结构图表或职务注册系统求得；

（2）将求得的实际人力需求量和实际的人力拥有量进行比较；

（3）让各部门负责人检查（1）、（2）两个步骤结果的正确性或适合性，即看（1）、（2）两个步骤所求得的结果与管理部门所认可的是否一致；

（4）预测企事业组织内所有目标任务的工作水平；

（5）把所有目标任务的工作水平要求转化为每个职务组的工作负荷量预测；

（6）让管理部门从组织变化与上级要求的角度检验工作负荷量预测的正确性；

（7）把预测的工作负荷量转化为人力需求预测值，这要求定额标准切实可行。

（二）人力拥有量的规划

人力拥有量取决于人员的实际结构，诸如人员数量、人员年龄、技能水平、受教育程度等因素。根据这些因素的以往变化情况，进行趋势的预测，可预测到组织未来的人力拥有量。

（三）人力匹配度的规划

人力规划中最为关键的是匹配，即要让人力的拥有量与需求量相互关联，形成一定的人事配置政策及其相应的开发计划与措施。

第3节 培训技术

培训与人力资源开发需求分析与人力规划工作完成之后，需要选择合适的培训与人力资源开发方法，而合适的培训与人力资源开发方法需要合适的培训技术来支持。培训作为开发的一种方式，对组织的长期绩效提升有着重要的影响。为了满足企事业单位不断发展的需要，为了提升员工的知识技能，改善员工的工作态度，需要对组织内的人力资源进行一系列有计划、有组织的学习与训练活动，实现对组织内人力资源持续不断的开发。下面我们将从培训需求分析技术、教育培训技术、培训有效性评估技术三个方面介绍有关的培训技术。

一、培训需求分析技术

（一）传统的培训需求分析方法

传统的培训需求分析方法主要有观察法、调查问卷法、访谈法、群体讨论法等。

1. 观察法

观察法是通过到工作现场观察员工工作表现，来发现问题，获取信息。观察法可以像时间-动作研究一样技术化，也可以在功能和行为方面特定化，可以标准化使用。最大的优点是很少打乱常规性工作和群体的行为；缺点是要求技术比较高，观察者需要掌握很多所观察过程和内容的相关知识。

2. 调查问卷法

调查问卷法是以标准化的问卷形式列出一组问题，要求调查对象就问题进行打分或是非选择。可以随机或有计划地选择被试，或者把总体作为被试。优点是可以在较短的时间内接触大量的人，相对来说成本较低；缺点是有效工具的建立需要一定的时间，很少能够得到问题的原因和解决方法等信息。

3. 访谈法

访谈法是通过与被访谈者进行面对面的交谈来获取培训需求信息。访谈可以正式也可以非正式，可以结构化也可以非结构化，可以在特定群体中的一个样本（团体、委员会等）中实行，也可以在关注的所有人中实行。优点是适合解释情感、解释顾客所面对的（或预料的）问题的原因和解决方法；缺点是比较费时间，很难得到量化结果。

4. 群体讨论法

群体讨论是一种类似面对面的访谈技术，可以集中于工作（角色）分析、群体问题分析、群体目标设定或任何其他的群体任务及主体。优点是允许现场总结不同的观点，可以为最终决定建立支持。

（二） 新兴的培训需求分析方法

1. 基于胜任力的培训需求分析法

胜任力这一概念 20 世纪 60 年代由合益-麦克伯（Hay-McBer）咨询公司提出，是指员工胜任某一工作或任务所需要的个体特征，包括个人知识、技能、态度和价值观等。

基于胜任力的培训需求分析的主要步骤有：

（1）职位概描：将所需要的绩效水平的胜任力分配到职位中，通过职位要求的绩效水平，确定所需的相关胜任能力。

（2）个人概描：依据职位要求的绩效标准来评估职位任职者个体目前的绩效水平。结合有关数据资料，依据个体绩效现状及重要性排序确定培训需求。

基于胜任力的培训需求更加精确，有助于培训的有效性评估，也可以使拥有能力的人得到正式认可。

2. 能力行为分析法

所谓能力行为分析法，即通过比较被分析者个人行为与标准能力行为特征的差距，确定人力资源培训需求的一种技术。在这种技术中，首先确定处于人、事、物与实践四个方面问题的基本管理能力。这些基本管理能力有九个类别，分别为自我管理、情景控制、操作技能、沟通技能、概念建构、判断技能、推理技能、人际关系技能与领导技能。对于这九类能力行为特征，并非每个职务都需要。因此，确定培训需要的第一步是评判每个类别的行为特征相对职务的必要性与重要性。其次，要评判员工实际表现与标准要求之间的差距，差距越大，说明培训的需求越大。

3. 全面分析法

全面分析法是指通过对组织内部各个层面进行全面系统的调查、分析，确定理想状态与现实状态之间的差距，从而进一步决定是否进行培训及培训内容的方法。全面分析法是方位全、范围广、层次高的分析，注重组织运转的方方面面，其分析结果适用于整个人力资源管理过程。

二、教育培训技术

（一） 知识技能的教育培训技术

知识技能的教育培训技术，可以具体划分为一般的教育培训技术、开发创造性与改进解决问题能力的教育培训技术以及改进管理能力的教育培训技术。

一般的教育培训技术包括讲授法、面谈法、读书指导法、讨论法、远程网络教育法、演示法、参观教育法、练习法、实验法等。

开发创造性与改进解决问题能力的教育培训技术包括头脑风暴法、KJ 法、ZK 法、工作现场训练法、KT 法、案例研究法、课题研究法、评价中心法等。

改进管理能力的教育培训技术包括面谈咨询法、工作现场训练法、MPT 法、JST 法等。

（二） 品德与态度的教育培训技术

品德培养的教育培训技术包括说服教育法、榜样示范法、情感陶冶教育法、实际锻炼法、生活指导法、品德评价法等。

人际关系改进教育培训技术包括感受性训练、沟通分析训练等方法。

改变态度的教育培训技术包括促进理解讨论法、角色扮演法等方法。

（三） 潜能开发技术

主要通过拓展训练、魔鬼训练、第五层次开发等方式来挖掘被开发者不同方面的潜能，提高被开发者的自信心、意志力，加深对自己的认知。

三、培训有效性评估技术

（一） 定性评估

1. 参与培训者的意见反馈

受训人员作为培训的直接参与者，对于培训的效果有着最直接的体验。他们的反应，可以作为评价培训效果的依据。一般来说，组织会采用学员意见反馈表来收集信息，内容包括培训目标是否合理、培训内容是否实用、培训方式是否恰当等问题。

2. 目标评价法

组织在制定培训计划时便建立了培训目标。在培训结束之后，对比受训者在培训之前与培训之后的业绩。目标评价法一般在培训结束半年之后进行，对受训者进行绩效考核，包括目标考核与过程考核，看其是否达到培训之前制定的目标。

3. 第三方反馈

第三方反馈的操作方式，一般是在培训课程前向受训者的相关第三方发放调查问卷，了解与培训内容相关的受训者当时的行为情况。在培训结束 3～6 个月之后，内容大致相同的调查问卷再次提交给受训者的相关第三方，请他们评估受训者在培训课程结束后的相关行为的变化情况。

（二） 定量评估

目前培训有效性定量评估的方法主要为闭卷考试法。对参与培训的人员可以通过考试来检测他们在培训中的收获、知识技能的掌握情况。为了使闭卷考试真正起到作用，一是要严格考试纪律，避免抄袭；二是可以将考试分数作为员工奖励、晋升的评价标准之一，提高受训员工的学习积极性。需要注意的是，闭卷考试方法对知识型和操作技能型的培训比较有效，对管理培训的评估则不适合采用这种方法。

第 4 节　课程设计技术

课程设计技术在培训与人力资源开发中处于十分重要的地位，它是知识、技能与品性开发设计的核心技术。这一节我们将系统介绍课程基本理论、基本形式及其设计方法与技术。

一、课程

“课程”一词正式在汉语中出现，始于唐宋时期。唐代的孔颖达为《诗经·小雅·巧言》的“奕奕寝庙，君子作之”一句作疏时最早用了“课程”这一称谓。汉语中最早给出与现代“课程”含义相近词语的，则是南宋的朱熹。他在《朱子全书·论学》中有“宽着期限，紧着课程”“小立课程，大作功夫”等句，“课程”在这里是指“功课及其进程”之意。英国教育家斯宾塞在《什么知识最有价值》一文中最早使用了“课程”一词。在培训与人力资源开发中，“课程”一词有时也用“program”表示，这是对课程含义的动态扩展。

“课程”是教育学中的一个核心概念，有三种解释：一是指教育教学的内容及其结构；二是指教育教学的计划与目标；三是指学习者的经验、体验与实际学习的东西。

实际上，课程有活动形式、内容结构、实物表现与时间表现等不同形态，教育教学大纲、课本、课时、教学计划等书面文件，都是它的实物与实践的表现形式。

广义来说，培训与人力资源开发可以视为一种带有经济目的的教育与教学形式。因此，课程的概念与形式同样存在。在这里，课程是培训与人力资源开发的一种手段，是培训与人力资源开发的一种中介，是指为实现培训与人力资源开发目标，在一定时期内所实施的有计划、有目的的培训与人力资源开发活动，是培训与人力资源开发的形式、内容与效果三方面的总和。狭义来说，课程是指在特定的培训与人力资源开发活动中为达到一定的目的所精心组织与设计的教育培训内容、教育培训计划与教育培训活动。本章不做特别说明的，一般都是围绕狭义的课程加以论述的。

二、课程设计的思想分析

学生与在职人员的区别，主要在于他们的成熟性与经验性不同，生理与环境上的影响是次要的。因此，教育专家对于课程设计的思想，同样适用于培训与人力资源开发中的课程设计。下面我们将介绍比较有影响的几种课程设计思想。

（一）泛智主义课程设计思想

泛智主义主张培训与人力资源开发的活动无禁区，应该充分利用一切可以利用的知识与技能来开发所有可以开发的人员。泛智主义以夸美纽斯为代表。夸美纽斯在《大教学论》中提出了"把一切知识教给一切人"的思想。因此，在培训与人力资源开发课程设计上，这种思想主张扩大学科的知识范围，主张按被开发者的身心发展阶段确定学制与课程之间的相互联系与进程。

（二）自然主义课程设计思想

自然主义主张培训与人力资源开发活动应该顺应被开发者自然的心理发展与工作需要，要以被开发者的工作与生活为中心来设计课程。自然主义以卢梭为代表。卢梭认为教育有三种：我们的才能和器官的内在发展，是自然的教育；别人教我们如何利用这种发展，是人的教育；我们从影响我们的事物中获得良好的经验，是事物的教育。[①]

自然主义课程设计的思想，主张按照受教育者身心发展的内在规律来安排课程，让受教育者在自然的情境中自然而然地发展，所谓一切顺其自然而教。持这种观点的代表人物还有杜威。他认为，应该把受教育者的本能作为他们获得教育的基础，作为教育的出发点，课程的设置只能顺应这种本能的自然倾向，发展和满足这种自然倾向，而不能压抑和违反这些倾向。杜威认为儿童存在四种本能，即语言与社会的本能与活动、制作或建造的本能与活动、研究与探索的本能与活动、艺术的本能与活动。因此，他强调以儿童的活动为中心来设计课程。

（三）兴趣主义课程设计思想

兴趣主义主张培训与人力资源开发的课程设计要以被开发者的兴趣为基础，在培训与人力资源开发活动过程中，要注意充分挖掘、培养与利用被开发者的相关兴趣。兴趣主义以赫尔巴特为代表，他认为教学的最终目的在于德行，在知、情、意三种因素中，知是主要的，情和意的存在与表现都要依靠知，而对于知识的传授要建立在培养受教育者多方面的兴趣上。他认为，在课程的设计过程中，要尽力培养与利用这种兴趣，即经验的兴趣、思辨的兴趣、审美的兴趣、同情的兴趣、社会的兴趣与宗教的兴趣。

---

① 卢梭．爱弥儿．北京：商务印书馆，1978.

（四）功利主义课程设计思想

功利主义课程设计的基本思想，是把知识是否具有开发人力资源的功用价值作为选择的标准，即主张把那些能直接为生产生活需要服务的知识作为培训与人力资源开发课程的内容。其代表人物是英国教育家斯宾塞。他把学习活动按照有助于社会生存的用途分为五种，并以此为依据来确定课程。[①]

（五）要素主义课程设计思想

要素主义课程设计思想主张在培训与人力资源开发过程中，把人类文化遗产中的精华传授给被开发者，而不是依据被开发者自己的活动与需要。这一理论的代表人物是美国哈佛大学教授巴格莱。他认为，社会文化、种族遗产是人类的宝贵财富，这些财富光靠被开发者个人的生活经验是学习不到的。要素主义主张课程的设计要有科学性、系统性与专门性。

持这种思想的还有德国的瓦根舍因，他主张通过那些隐含着本质因素、根本因素、基础因素的典型事例，来帮助被开发者掌握科学的知识、方法与原理。他认为这样可以让知识学习与方法掌握相统一，实质训练与形式练习相结合，主动学习与接受教育相统一。今天的 MBA 案例教学可以说是这种思想的具体体现。

（六）结构主义课程设计思想

结构主义主张培训与人力资源开发课程的设计，务必使被开发者理解有关学科的基本结构，即基本概念、基本原理、基本方法与发现知识的基本过程。这种理论以瑞士心理学家皮亚杰的结构主义心理学为依据，其代表人物是美国的布鲁纳。

（七）发展主义课程设计思想

发展主义课程设计思想主张培训与人力资源开发课程不仅要适应被开发者现有的发展水平，而且要具有促进其进一步发展的作用，因此主张培训与人力资源开发的课程设计，要有必要的难度、必要的速度与必要的强度，要以被开发者的“最近发展区”为依据，而不仅仅是以现有的发展水平为依据。其代表人物是苏联的赞可夫。

（八）目标主义课程设计思想

目标主义课程设计思想主张以培训与人力资源开发的目的为依据来决定有关的课程内容与形式。其代表人物有博比特、卡特斯与泰勒等人。

博比特认为，教育实质上是一种显露人们潜在能力的过程，在设计课程内容时，应该先进行人类的经验分析，即将人类的广泛经验分为若干主要领域；接着进行职业分析，把已经分类的领域进一步分成更为具体的活动；然后提炼教育目

① 斯宾塞．教育论．北京：人民教育出版社，1962.

标，即将人类经验分成若干类别，并且进一步做出活动分析，判断学校中学生经验与这些经验的联系，在此基础上拟订教育目标；最后选择教育目标。

三、课程设计的策略

综合上述各种思想，培训与人力资源开发的课程设计大致可以采用以下几种策略。

（一）以知识能力建设为中心

这种设计策略主要考虑被开发者应该掌握哪些知识与能力，要让被开发者掌握这些知识与能力，开发过程中应设置哪些学科，各学科中应该包括哪些科目，为什么要包括这些学科与科目，怎样适当安排这些学科与科目，前后的次序如何排列，应该采取什么形式等问题。

古今中外的课程设计，大多以知识能力为中心。例如，中国古代的“六艺”（礼、乐、射、御、书、数），古希腊的“三艺”（语法、修辞、逻辑学）与“四艺”（算术、几何、天文学、音乐）。现代的要素主义课程设计、布鲁纳的结构主义课程设计等，都属于以知识能力建设为中心的设计策略范畴。

以知识能力建设为中心的设计策略，在泰勒的课程设计思想中表现得最为明显。泰勒在 1944 年出版的《课程与教学的基本原理》中认为，课程设计应致力于回答四个问题：学校应该达到哪些教育目标？提供哪些教育经验才能实现这些目标？怎样才能有效地组织这些教育经验？我们怎样才能确定这些目标正在得到实现？

由此推论，要实现以知识能力建设为中心的培训与人力资源开发课程设计策略，其战术应该包括以下步骤。

1. 需求分析

根据工作分析对社会、行业、组织与职务需求进行调查，广泛收集任职过程及任职者能力发展中所需要的知识、技能、能力与相关的品性素质，并把这些信息准确地表达为相关的开发目标。

2. 筛选开发目标

从调查与工作分析中得到的开发目标比较多，全部当作收集和编制课程的依据既不必要也不可能，应该把不重要与相互矛盾的目标筛选掉。筛选培训与人力资源开发目标的标准，一是组织所奉行的管理理念与价值观；二是根据被开发者的水平现状以及组织的环境条件、制约条件，选择可能达到的目标，即保证开发目标的可实现性。

3. 以操作方式表达开发目标

需求分析与筛选开发目标两项工作，仅仅完成了开发目标的内容与方向的选择，保证了开发目标的合理性。开发目标还必须具有可操作性，应该有助于选择开发的方式与手段，有助于指导整个培训与人力资源开发过程。目前培训与人力资源开发目标的表达，有的是对开发者的要求的表达，例如，介绍企业管理的问题与难点，演示人力资源管理的过程；有的是列举几个相关的问题、概念、原理或内容要素，例如，企业发展的历史、当前企业面临的问题、企业的彼得原理；有的是采取概括性的行为方式表达，例如，发展创造性思维，形成企业所需要的敬业精神，培养解决某种问题的能力。

实际上，要让培训与人力资源开发目标具有可操作性，关键在于指出开发应该引导被开发者形成什么样的行为，这种行为不但要具有外显性，能够被观察、把握与测评，而且要能揭示与表现相应的知识与能力。

4. 选择适当的开发行为方式与学习经验

培训与人力资源开发目标，必须通过特定的开发行为方式与学习经验才能实现。因此，能否选择适当的开发行为方式与学习经验，实际上决定着开发目标能否实现。开发行为方式与学习经验的选择，必须遵循以下五条原则：

（1）在所选择的培训与人力资源开发行为方式中，被开发者应该有足够的时间与机会来理解、操作与运用开发目标中所规定的知识与能力，获得足够的学习经验。

（2）在培训与人力资源开发的实践活动中，被开发者能够因为实践开发目标中所隐含的行为方式、知识与能力而获得满足感。

（3）在培训与人力资源开发的实践活动中，所期望的行为经验反应是在被开发者力所能及的控制范围内。

（4）在培训与人力资源开发的实践活动中，被开发者可以通过一种学习经验获得多种不同的知识与能力。

（5）在培训与人力资源开发的实践活动中，被开发者可以获得特定的经验，用来掌握同样的开发目标中所规定的知识与能力。

5. 科学地组合开发行为方式与学习经验

思维方式、行为习惯、观念态度、持久的兴趣爱好以及品性素质等方面的形成与改变都是缓慢的，因此，必须把各种相关的开发行为方式与学习经验组合在一起，以形成连贯一致的开发活动，这样才能让所有的开发行为方式与学习经验产生积累效应与效果，实现开发目标。因此，无论是开发的课程内容设计，还是开发行为方式与学习经验的组合，都应该遵循连续性原则、顺序性原则与综合一致性原则。

思维连续性原则，是指对于那些重要的知识与能力的开发行为方式与学习经验，应该让被开发者有机会反复涉及，以便其真正理解与掌握。

思维顺序性原则，是指对每种开发行为方式、学习经验与知识能力的掌握，都建立在前面的经验基础上，同时又是对前面的行为方式、经验与内容进行更为深入与广泛的延伸与发展，难度与深度上不断增加，而不是同一水平的简单重复。

思维综合一致性原则，是指各种开发行为方式、学习经验与课程内容要素间的关系具有相互渗透性、联结性与互补性，要让被开发者逐渐获得一种统一的观点、统一的知识与能力，最后达成开发目标规定的各种标准。

6. 引进评估机制，确保开发目标逐步实现

完整的课程设计应包括最后对课程目标实现度的评估，评估的对象必须是被开发者实际的变化以及其对知识能力的真实掌握水平。评估的程序共有四个步骤：

首先，确定评估的目标。即以开发目标为依据，直接制定出评估内容的双向细目表，其中包括评估的内容与行为标志。

其次，选择与创设评估情境。创设、选择并确定哪些情境下被开发者有机会表现开发目标所规定的知识与能力。

再次，选择评估手段。评估手段的选择与设计，要与评估情境相一致。例如，知识水平的评估可以采用笔试形式，而工作适应能力的评估则应该采用观察与记录的形式。

最后，分析与运用评估结果。评估的结果可以帮助我们了解课程组织实施后的实际效果与有待改进的地方，可以为课程的再设计与改进提供直接的依据。以知识能力为中心设计课程的优点是，便于按照开发目标的要求来确定课程的内容，选择内容、编制教材时目的明确，便于操作，不至于漫无边际。一般来说，以知识能力为中心的课程设计，内容体系逻辑性强，结构严谨，理论周密，便于学习。但是，这种设计形式容易忽视被开发者的学习兴趣与需要，容易理论脱离实际。一般来说，以知识能力为中心的课程设计策略适用于学校与中长期培训开发的课程设计。

（二） 以被开发者发展为中心

这种课程设计主张课程、教材都要以被开发者为中心，一切都围绕被开发者来运转，重视被开发者本身的特点，重视发展被开发者的个性，满足被开发者的需要。这种设计策略的依据是人本主义课程论，孔子提出的因材施教原则、夸美纽斯提出的适应自然原则、卢梭的自然教育论、赫尔巴特的兴趣性原则、杜威的儿童中心论等，都在不同程度上体现了这种课程设计的策略。其中，杜威的儿童中心论把这种课程设计的策略推向了高潮。这种课程设计策略充分体现了人本思想，重视被开发者的兴趣与需求，强调开发活动要适应并调动被开发者学习的主动性与积极性，重视理论与实际相结合，重视被开发者的个性发展。其表现形式为活动课程、经验课程与随机课程。这种设计策略的不利之处是，被开发者获得的知识与能力缺乏系统性，大多是一些零散的、支离破碎的、眼前需要的知识，不利于开发目标的有效实现。

（三） 以社会或组织需要为中心

这种设计策略依据社会或组织自身的需要来设计开发课程。这种设计一般采用以问题为核心的办法，所以叫作问题中心课程，又叫核心课程。例如，企业中的专项培训一般都采用以解决企业当前实际问题为中心，把相关的知识与能力组织起来的课程体系。这是时代发展对培训与人力资源开发课程设计提出的新要求。

目前科学技术发展十分迅速，如纳米技术、电子技术、遗传基因工程技术等，正越来越多地应用于企业生产。因此，在实际工作中，一方面涉及的知识水平越来越深入，另一方面涉及的知识面越来越广泛，这种现实使工作面临许多新问题，需要自然、社会、思维及其边缘交叉科学等多方面的知识才能解决。我们必须建立起相适应的学习型社会、学习型组织与学习型培训与人力资源开发系统，才能及时解决实际工作中不断面临的新问题、新情况与新课题。

这种课程设计策略的优点是针对性强，有助于解决现实中的各种问题；缺点是缺乏长久的持续性开发效应。对于组织内部的培训与人力资源开发来说，这种课程设计策略比较实用。

上面所介绍的三种培训与人力资源开发课程策略，主要依据开发的需要来划分。实际上，培训与人力资源开发课程的策略，除了这三种划分外，还可以按照开发目的划分为基本素质开发目标取向、行为开发目标取向、特长素质开发目标取向与个性发挥开发目标取向四种。

所谓基本素质开发目标取向，就是根据组织内各种职务要求分析、工作内容分析与员工个人开发需求分析，确定一些共同且基本的知识、技能、能力与品性素质，甚至引申出一般的开发宗旨与原则，将它们直接运用于课程内容设计与开发实践活动，成为培训与人力资源开发活动过程中的一般性与规范性指导方针与具体目标，因而具有普遍性、抽象性、根本性、模糊性、规范性，可运用于任何部门与员工的培训与人力资源开发。例如，工段长的开发目标是“掌握计算机操作技能，具备组织与领导能力，成为车间管理有效的工段长”。

所谓行为开发目标取向，就是根据具体的岗位工作方式与内容，根据知识、技能与品性素质的具体表现，用一些外显的与可观察到的具体行为来表述开发目标的内容与要求，它指明了开发活动结束后，被开发者身上发生了什么样的行为变化，因此其特色是比较精确与具体，具有可操作性。行为开发目标的取向，很可能是古老的师徒制的一部分。在作坊中，师傅常常要求徒弟在规定的时间内完成特定的具体任务。行为开发目标取向始于课程开发科学化的早期倡导者博比特。他在 1924 年出版的《怎样编制课程》一书中，用活动分析法对人类经验与职业进行系统分析，提出了 10 个领域中的 800 多个行为开发目标。20 世纪六七十年代，美国著名教育学者梅杰（R. F. Mager）、波法姆（W. J. Popham）等人认为，行为开发目标中应该包括三个行为要素：(1) 用被开发者的外显行为揭示开发的结果；(2) 评价者能观察到这种行为表现的条件；(3) 行为表现好坏有公认的评判标准。例如，给被开发者一张三维图纸，看他在 5 分钟内凭自己的智力能否从众多的立体实物图形中识别出唯一对应的一个。

所谓特长素质开发目标取向，是指根据每年被开发者已形成的较为突出或十分缺乏的知识、技能、经验、能力与品性素质，设计相应的开发内容与目标，其目的在于扬长避短与取长补短。例如，把一个下岗的体育教师开发为运动器械销售人员；对一个国内著名的音乐家进行英语水平培训，将其开发为国际型的音乐家。这种特长素质开发目标取向最具经济性与高效性，投入少、见效快。这种开发目标取向，起源于杜威的“教育即生长，教育即改造”的观点。培训与人力资源开发的重要目的之一就在于就地取材、取长补短，在最短的时间内、用最少的花费开发出员工的现实生产力；培训与人力资源开发的重要目的之二是发挥优势、弥补不足，使员工更具生产力，更具战斗力与竞争力；培训与人力资源开发的重要目的之三是促进员工现有生产力的发展，使之提高到新水平。这三个目的都与特长素质开发目标取向相一致。

所谓个性发挥开发目标取向，是指根据每个员工已形成的生产力、个性素质以及所在的具体生产环境条件，最大限度地引导与激发其行为表现与个性发挥。在这种情况下，个性发挥开发取向与特长素质开发取向一样，我们对被开发者应该达到的具体标准是无法预估的，因此，这种培训与人力资源开发所注重的是开发过程以及最终的目的，而不是每个阶段的具体目标。个性发挥开发取向还有一个特点，就是它所追求的不是被开发者反应的同质性、统一性与标准化，而是反应的多元性、特殊性与充分性。因此，它更加强调被开发者的创造性、方法性与个性化。个性发挥开发取向策略特别适合对高层人员的开发与研发人员的开发。

四、课程设计的模式

关于“模式”（model），不同的研究者有不同的解释，在这里我们把“模式”看作理论的价值取向及相应的实践操作方式的系统，是结构与功能、形式与内容的具体统一。单纯的理论论述与具体的操作陈述都不能称为模式。课程设计模式就是关于课程设计的价值取向与相应操作方式的统一体。

（一）泰勒目标模式

关于如何设计培训与人力资源开发课程，我们可以参考泰勒在《课程与教学的基本原理》一书中所提出的直线四步法，具体如图 8－6 所示。

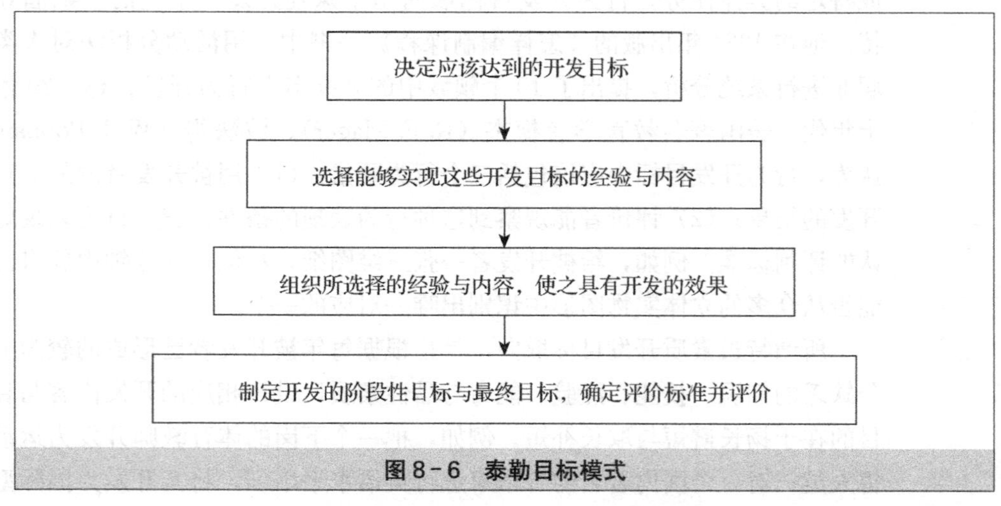

图 8－6　泰勒目标模式

（二）塔巴模式

塔巴（H. Taba）是泰勒的学生，他把泰勒提出的四个步骤扩展为八个。他认为：第一，课程设计者应该分析被开发者的需求，了解其不足、缺陷及背景差异；第二，在确定被开发者需求的基础上，建构所要实现的开发目标；第三，依据所制定的开发目标，参考各种可供选择的内容、方法与手段的有效性与重要性，选择课程的内容与主题；第四，根据被开发者的成熟度与现有水平，安排组织课程与学习的题材、主题的适当顺序；第五，根据题材、主题及其顺序，选择适当的学习形式或开发形式，例如听课、实验、观察与讨论等；第六，对所选定的开发形式与内容加以组织、合理安排与实施；第七，设计适当的方法与工具，评价被开发者所产生的变化，确认开发目标达成的程度；第八，试用并验证其有效性与可操作性，依据具体情况与需要修正与调整教学。根据上述思想，我们可以浓缩总结出塔巴模式，如图8-7所示。

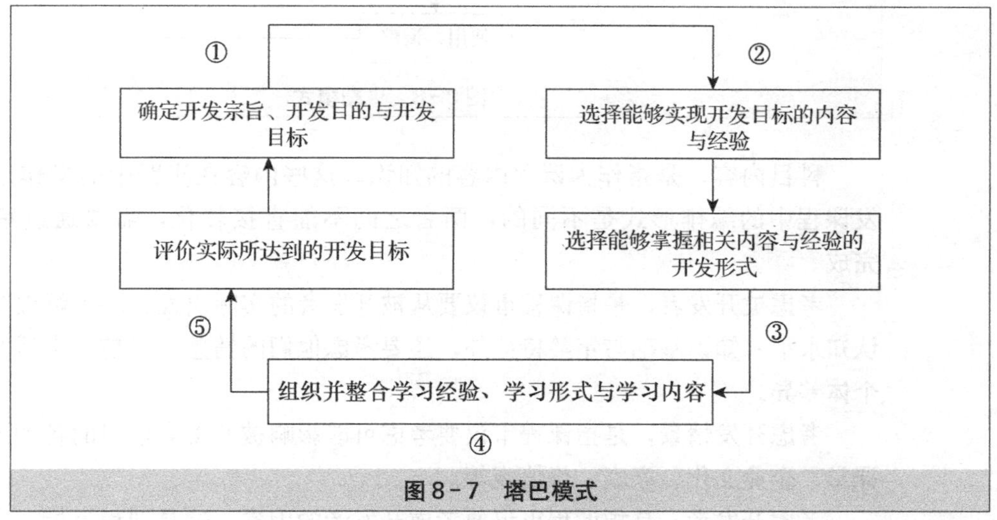

图8-7 塔巴模式

（三）惠勒模式

惠勒（D. K. Wheeler）的贡献在于将泰勒的直线四步法转变为封闭循环式。惠勒认为，在泰勒的直线四步法中，如果评价结果不符合预定的开发目标，就不能实现反馈，这不利于课程的重新修订与编制。其设计模式如图8-8所示。

（四）施瓦布的集体审议模式

施瓦布认为，无论什么样的模式都不可能解决培训与人力资源开发课程设计的所有问题，课程设计与编制中所涉及的因素是多种多样的，而且相互依存、相互影响，因此课程设计应当在实践中进行。

施瓦布认为，课程设计中要重点考虑科目内容、被开发者、开发情景、开发者四个因素。

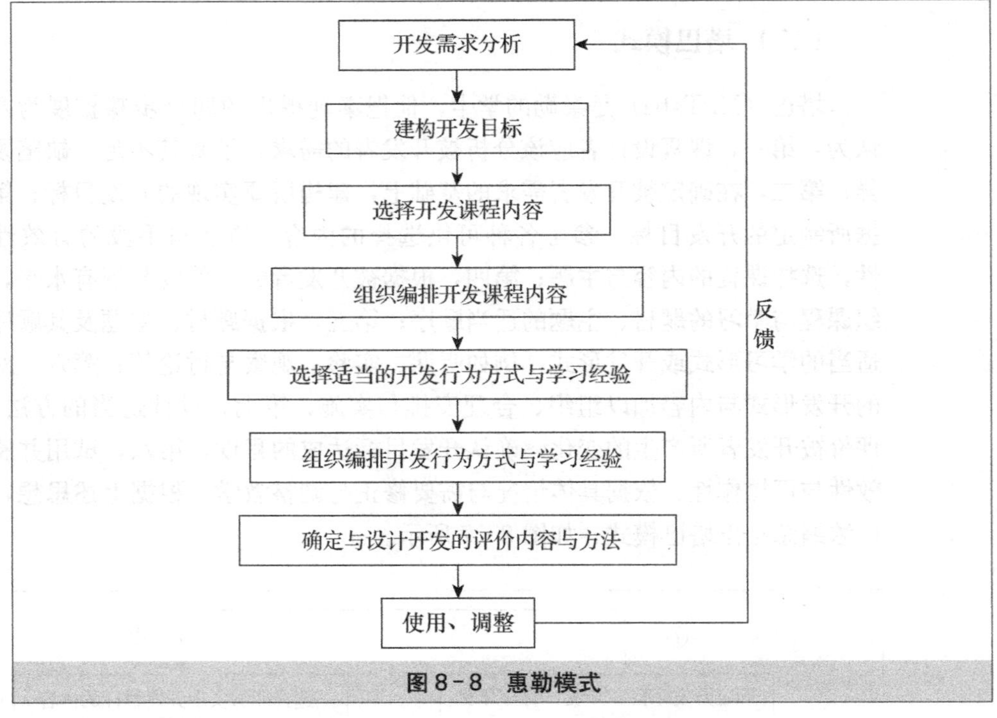

图8-8 惠勒模式

科目内容，是指作为课程内容的知识。这些内容在实践中的操作形式与开发课程中的编排形式是不同的，两者之间不能直接转化，需要通过审议才能完成。

考虑被开发者，是指课程审议要从被开发者的实际出发，除了解被开发者的认知水平、知识基础与年龄特征外，还要考虑他们的情感、兴趣、生活背景以及个体差异。

考虑开发情景，是指课程审议要考虑可能影响被开发者学习的各种因素，如课堂、企业文化、家庭、价值观等。

考虑开发者，是指课程审议要考虑开发者的因素。这是课程目标、内容以及整个开发过程中都应当加以考虑的。

施瓦布认为，集体审议就是要对以上四个共同因素进行慎重思考，并做出决议。他建议由组织领导、开发主管、开发者、被开发者、用人单位主管共同组成课程审议小组，由课程主席负责，通过小组成员的合作进行集体审议，根据课程实践中的复杂性，做出有关课程设计的各种决定。

（五）斯腾豪斯的过程模式

斯腾豪斯（L. Stenhouse）认为，培训与人力资源开发课程设计的重点在于，选择那些具有内在价值的知识与活动而不是开发目标。他认为，理论具有两种职能：一是把人们已获得的资料与事实组织起来，提供对事物与现象的一种理解；二是具有一种引导我们实施与思考的倾向，为行动提供基础与依据。虽然目标设计理论为我们提供了一种设计的手段与方法，但它强调逻辑性，而失去了基础性。高度综合的理论，从知识进步的角度看，也许有很大的效用，但应用到实际中时，必须格外小心。它们逻辑上越令人满意，可能就越不适用，因此他对培训与人力资源开发课程设计表现出只问耕耘不问收获的倾向。他认为，如果选择的知识与活动形式真正合理，那么课程质量也就一定有保证。课程设计重点在于保证其中知识与活动形式的合理性，无须服从于人为制定的开发目标，更无须用评价标准来衡量目标的达到程度。关于对知识与活动形式内在价值的选择，他在引用拉思的成果的基础上提出了以下 12 条标准：

（1）引导被开发者自主做出选择，并且其选择所带来的结果比其他知识与活动更有价值。

（2）要求被开发者进行相关探究的知识与活动，比其他知识与活动更有价值。

（3）引导被开发者充当主动角色而不是被动角色的知识与活动，比其他知识与活动更有价值。

（4）引导被开发者涉及真实的物体、材料与人工制品的知识与活动，比其他知识与活动更有价值。

（5）能够由不同水平的被开发者完成的活动或掌握的知识，比其他知识与活动更有价值。

（6）要求被开发者在新的背景下审查一种观念，进行智力活动的应用，并研究一个问题的知识与活动，比其他知识与活动更有价值。

（7）引导被开发者研究一些因习以为常而被忽视的问题的知识与活动，比其他知识与活动更有价值。

（8）引导被开发者与开发者共同处于成功或失败体验的活动与知识，比其他知识与活动更有价值。

（9）引导被开发者改造、重温及完善已开始的各种尝试的知识与活动，比其他知识与活动更有价值。

（10）引导被开发者学习与应用有意义的规划、标准与准则的知识与活动，比其他知识与活动更有价值。

（11）能为被开发者创造一个和别人分享制定计划、执行计划及活动结果的机会的活动，比其他活动更有价值。

（12）引导被开发者主动表现的知识与活动，比其他知识与活动更有价值。

五、课程设计的方法

课程设计是指拟订一门课程的组织形式和组织结构。设计过程要受设计者价值观与设计技术的影响。课程内容与活动形式的选择，基本上取决于设计者对课程在培训与人力资源开发过程中起什么作用的价值观点；课程的形式与结构的设计，取决于课程目标、内容、学习活动、学习材料、学习时间、学习空间与环境、设计策略等因素的安排与实施要求。

课程设计一般按照宏观、中观与微观三个层次顺序进行。宏观设计主要解决培训与人力资源开发课程的基本理念问题，包括课程的价值、课程的根本目的、课程的主要任务、课程的基本结构等。设计的成果表现为课程设计的基本原则或计划方案。当课程是针对一个时期设计的时，宏观设计还要说明各类课程的比例关系、门类结构、开设顺序、时间分配等。

中观设计是将经宏观设计后的开发课程计划，具体化为各门课程的大纲或标准，并以课本或其他媒体形式表现出来。

微观设计是将中观设计的课程大纲、课程标准或课本，依据具体的开发对象、被开发者的基础、开发环境、开发条件以及可利用的相关资源，制定具体的课堂开发方案。三种设计的操作及其依据如图 8－9 所示。

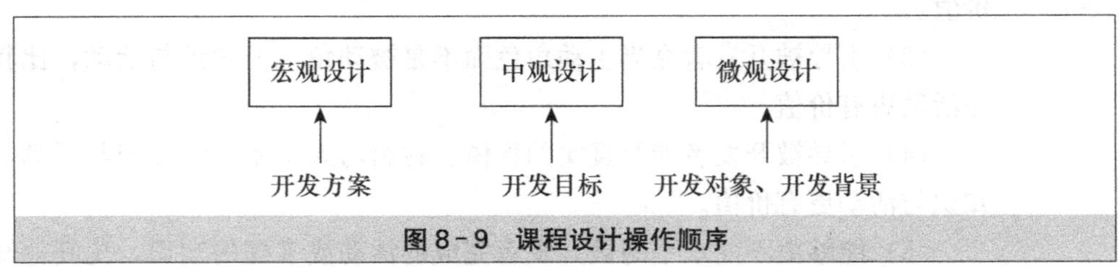

图 8－9 课程设计操作顺序

本章小结

本章首先介绍了需求分析的技术，包括需求分析的形式、程序以及技术，即目标水平确定的技术、现实水平确定的技术以及两者之间比较的技术。本章共介绍了组织、职务与人员三个不同层次的分析技术。

其次，介绍了人力规划技术。人力规划是培训与人力资源开发中一个非常重要的技术，内容包括晋升规划、补充规划、开发与培训规划及轮换规划等。人力规划的步骤包括分析、预测、决策，我们可以对一个组织的人力需求量、拥有量以及匹配度进行规划。

再次，从知识技能、品德与态度和潜能开发三个分类出发，简要介绍了各种教育培训技术。

最后，介绍了课程设计技术，课程设计技术是知识、技能与品性开发设计的核心技术；系统地阐述了课程基本理论、基本形式及其设计方法与技术；较为详细地对课程设计的思想进行了分析，从知识能力建设、被开发者发展、社会或组织需要三个方面阐述了培训与人力资源开发课程设计的策略；介绍了包括泰勒目标模式、塔巴模式等著名的培训与人力资源开发课程设计的模式，并从宏观、中观与微观三个层次顺序说明了课程设计的方法。

◆ 进一步阅读文献

[1] 石金涛，颜世富．培训与开发．4 版．北京：中国人民大学出版社，2019.

[2] 陈维政，余凯成，程文文．人力资源管理与开发高级教程．2 版．北京：高等教育出版社，2013.

[3] 张立富．人力资源开发．天津：南开大学出版社，2009.

[4] 苏光明．国际化人力资源开发．北京：党建读物出版社，2009.

[5] 雷蒙德·A. 诺伊. 雇员培训与开发：第 6 版. 北京：中国人民大学出版社，2015.
[6] 周文成. 人力资源管理：技术与方法. 北京：北京大学出版社，2010.

◆ 本章习题

一、单项选择题

1. 培训与人力资源开发需求分析中组织分析的目的在于揭示（　　）。
A. 为了有效地完成工作任务，必须做什么以及如何做，需要什么样的素质
B. 谁需要进行培训与人力资源开发，开发什么，需要进行什么样的培训与人力资源开发
C. 为了有效地完成工作任务，谁需要进行培训与人力资源开发，必须做什么以及如何做
D. 组织中哪些部门需要培训与人力资源开发以及在何种背景下进行培训与人力资源开发

2.（　　）主要是对工作任务的重要性及对知识、技能、能力、品性素质的分析，明确 KSAO 及其与完成工作任务、达到理想工作绩效的关系，明确说明每项工作的任务要求与 KSAO 要求，使每个人都认识到，承担一项工作的最低要求标准是什么。
A. 培训与人力资源开发的需求分析　　B. 组织分析
C. 素质分析　　D. 人员分析

3. 高于最低标准和在当前条件下经过努力能够达到的标准是（　　）。
A. 期望标准　B. 预期标准　C. 未来标准　D. 最高标准

4. 根据发展规划预测将来可以达到或应该达到的标准是（　　）。
A. 期望标准　B. 预期标准　C. 未来标准　D. 最高标准

5.（　　）是指把现实水平调查及其与目标水平的比较进行一体化评判。
A. 测评　B. 测量　C. 考评　D. 考量

6.（　　）是指通过专家或广大群众调查取证进行评判。
A. 测评　B. 测量　C. 考评　D. 考量

7. 对组织氛围的分析指标不包括（　　）。
A. 旷工　B. 维修时间　C. 工作态度　D. 顾客投诉

8.（　　）是指通过对员工行为或工作行为的观察、需求调查与逻辑推断，对培训与人力资源开发的需求进行分析的一种过程。
A. 人员分析技术　　B. 组织分析技术
C. 职位分析技术　　D. 岗位分析技术

9.（　　）是通过比较被分析者个人行为表现与标准能力行为特征的差距，从而确定培训与人力资源开发需求的一种技术。
A. 总结性分析　B. 诊断性分析　C. 网络分析　D. 能力行为分析

10.（　　）就是拟订一套措施，使企事业组织稳定地拥有一定质量和必要数量的人员，从而实现包括个人利益在内的组织发展目标。
A. 人才计划　B. 人才规划　C. 人力计划　D. 人力规划

二、多项选择题

1. 培训与人力资源开发需求的产生来源于以下方面的差距分析（　　）。
A. 组织发展目标与实现这些目标过程中人员素质水平的差距，员工现有素质水平与组织发展所要求的素质之间的差距
B. 组织预定目标与实现这些目标实际绩效之间的差距，员工现有绩效水平与组织要求的

绩效之间的差距

C. 员工现有绩效水平与员工个人理想水平之间的差距

D. 员工现有素质水平与员工个人理想水平之间的差距

2. 培训与人力资源开发的需求可以用数学公式表示为（　　）。

A. 培训与人力资源开发需求 = 目标需求（绩效与发展）− 现实水平（绩效与素质）

B. 培训与人力资源开发需求 = 绩效与发展 − 绩效与素质

C. 培训与人力资源开发需求 A = 目标绩效 − 现实绩效

D. 培训与人力资源开发需求 B = 目标素质水平 − 现实素质水平

3. 组织分析具有以下特点（　　）。

A. 组织分析是组织战略与规划的分析，如果培训与人力资源开发方案和组织的战略与规划要求不一致，无助于它们的实现，那么这种培训与人力资源开发活动是毫无意义的

B. 组织分析是对组织目标的分析，长期目标、中期目标与短期目标决定了培训与人力资源开发活动的深度与进度，一般而言，长期目标对培训与人力资源开发要求较高，而且持久

C. 组织分析是分析任职者是否达到了每项工作任务所要求的 KSAO 水平，实际上达到了什么水平，并由此决定培训与人力资源开发的具体需求

D. 组织分析的内容，包括组织的人力需求分析、组织的效率分析、组织的文化分析与组织的结构分析

4. 培训与人力资源开发需求分析的技术主要是（　　）。

A. 目标水平确定的技术　　B. 现实水平确定的技术

C. 历史最佳水平确定的技术　　D. 目标水平与现实水平之间比较的技术

5. 素质分析包括（　　）。

A. 职责任务分析　　B. 职责任务要求分析

C. 职能资格条件分析　　D. 职位事务分析

6. 期望标准的确定方法包括（　　）。

A. 把一些其他优秀或类似组织已经达到的标准作为制定的依据

B. 把公认的代表某一行业或一类组织的中等标准或中上标准作为期望标准，例如行业协会推荐的标准等

C. 根据当前组织发展与经营目标确定有关的期望标准

D. 根据本组织过去采用与已经达到的标准，作为期望标准制定的依据

7. 根据培训与人力资源开发客体的形式，可以把培训与人力资源开发需求分析技术划分为（　　）层次的需求分析技术。

A. 个体　　B. 群体　　C. 组织　　D. 社会

8. 组织效率的分析指标包括（　　）。

A. 推迟交货　　B. 停工期　　C. 不满　　D. 产品质量

9. 人员分析的技术可以划分为（　　）。

A. 总结性分析　　B. 诊断性分析

C. 网络分析　　D. 能力行为分析

10. 人力规划的内容包括（　　）。

A. 晋升规划　　B. 补充规划

C. 开发与培训规划　　D. 轮换规划

三、简答题

1. 什么是人力规划?
2. 什么是补充规划?
3. 什么是能力行为分析法?
4. 什么是全面分析法?

四、论述题

1. 职责任务分析法可以采用哪些方法?
2. 传统的培训需求分析方法有哪些?
3. 新兴的培训需求分析方法有哪些?

案例与分析

惠普商学院的现身说法

和市面上繁杂的培训机构最大的差异是：十年来，惠普商学院坚持分享自己的管理实践，并努力用“惠普化”的方式落地其经验，从而更好地帮助中国企业成长。

十年来，惠普商学院始终以低调的运作方式和客户进行沟通。这种在公众层面的隐身，一方面是因为更多的客户是通过口碑相传的方式走进商学院的；另一方面，惠普作为拥有工程师文化的企业，平实、务实是它更习惯的思维和行为模式。

和很多对外服务的企业商学院相似，惠普商学院诞生伊始主要依赖惠普的客户群、自己的课程体系和公司内部的讲师。中国惠普有限公司执行副总裁、惠普公司中国香港地区人力资源总监、惠普商学院院长关迟表示：“成立超过 70 年的惠普公司在中国，要将商学院打造为独创的、为客户创造更大价值的服务机构。‘十年树木，百年树人’，我们算走完了第一步，但是离基业长青的百年企业还很遥远。”

事实上，人力资源开发带来的这种价值创造，使惠普受益匪浅。惠普商学院的创立，最根本的原因正是惠普看到了中国客户学习先进管理理念与技能的需求。于是，惠普开始不再仅关注销售数字本身，转而寻找可以支持客户企业长期发展的管理理念和教育系统。

幸运的是，中国文化本身就有一个好学的基因，无论是 IT 产品设备还是西方先进的管理理念，有着强烈发展需求的客户更愿意听到惠普自己的成功经验和总结，并寻找到适合自己企业的发展战略。

对于十年的厚积薄发，惠普商学院常务副院长饶晓芸表示：“过去的十年，惠普商学院可以说是从依赖发展到独立；未来，将从独立进一步成长到互赖。”也就是说，将惠普的经验传授出去帮助中国企业提升管理水平，同时从本土企业那里吸纳营养，帮助惠普探索更适合中国市场的管理实践；把国际领先的人才培养理念引进中国，同时开启中国企业优秀管理实践走向世界的大门；真正走出去，更多地面向市场。

一、惠普化实践

事实上，惠普商学院的诞生和发展正好顺应了中国经济的高速发展，以及企业对管理诉求的强烈欲望。比如，对国内企业来说，量化管理目标的理念和方法是大量经理人目前并不具备的，对于目标管理等理论体系，他们往往要在惠普商学院从头学起。

惠普商学院的独到之处正是让企业缩短其独自摸索过程，由讲师带给客户更多的实战经验，在最短的时间内批量培养经理人队伍。

“我们和很多民间的培训机构不同，所有的管理培训都是从惠普自身体验出发的，而不仅仅是书本上的内容。”关迟表示。

在商学院的培训课堂上，培训师在面对学员提问时，最常见的回答是：这个问题我在某年某月的某项目中同样遭遇过，当时的情况是怎样的，而我是用怎样的办法解决的，结果如何，今天回想起来，可以用怎样的办法更好地解决。

这样的实践感，可以更好地拓展学员视野，启发其实践。惠普的经验相比本土企业会更有说服力，因为在其过往的发展中，曾经遇到无数次管理挑战。比如，它曾经以全球 16 万人的企业规模并购了另一家 16 万人的企业，这种企业人数扩大一倍的变革在中国企业中出现的机会并不多，而惠普可以分享其在主营业务接轨、企业文化融合、合并不同销售模式等方面所积累的心得。

“大家知道，火锅店很多，但是海底捞只有一家，它是行业中的标杆企业。同样，在惠普，我们的终极目标也是成为一家标杆企业。”关迟表示。这正是惠普商学院强调的“惠普化”，即通过自己曾经跨越的挑战，形成案例，分享给国内的客户。然而，对成功的复制并不容易，惠普商学院也无意让所有企业都成为惠普的追随者，而是希望企业通过学习消化后，更好地落地，变成“万科化”企业或本行业中的标杆企业。

“我不相信会有第二个惠普，但我相信更多的成功企业会以各自有效的方式在各自的行业取得成功。不同企业所处的环境不同，企业的 DNA 也不相同，把企业成功条件的外层剥掉，它们的核心价值和理念以及管理方式、对人才的培养才是我们要做的分享。”关迟表示。

成功的案例不胜枚举，在过去合作过的企业中，从地产到通信再到银行等行业，惠普商学院都有所涉猎，也是最早在国内推行跨界学习的机构之一。比如，万科在与惠普商学院合作时，正是看中惠普在 IT 行业的旗舰性；同时，IT 行业也是市场化程度最高、与国际接轨最早的行业，这对万科有很好的借鉴意义。饶晓芸强调，他们与企业的合作模式，在最初的一两年通常是用“惠普化”的课程以及人才培养项目，帮助对方进行基础管理理论和管理实践的培训，完成铺垫以及磨合后，再逐步帮助客户进行内化，即结合惠普实践寻找最适合企业落地的管理规划。

同时，面对瞬息万变的商业社会和不断涌现的管理难题，惠普商学院也在不断寻找突破与创新。比如在培训资料上，它更开放地接受惠普之外的优秀内容；在客户的筛选上，从原来的锁定行业前五名的企业转变成为更多有需求的企业。两年前，它便和食品企业白象集团合作，用象舞计划、小象计划等培训项目覆盖到企业高、中、基层管理人员。

“我们同样会关注客户的准备程度，他们有了对理论构架以及管理系统的需求，才更便于有效落实。”关迟表示，“我们也很看重培训回访，通过组建同学会、不断提供后续资料等方式巩固培训学习效果。”

创新还表现在“术”的层面，从 E-Learning 到即时通信再到 iPad 等的涌现，惠普商学院不断尝试新的培训方式，依据企业的准备状况来完善自己线上和线下的培训，从而适应更多的年轻管理者。

“惠普有 60% 的员工是 80 后，他们的职业动机和老一辈是完全不同的，甚至带有颠覆意义。我们的客户也拥有同样的人才年龄结构，他们期望的培训和以往可能完全不同。所以，未来我们不排除用社交网站来进行培训，只要方法有效就好。”关迟表示。

二、发展培训师

惠普看到，技术层面是培训的载体，更重要的是对惠普之道有高度认同的人才，这些人才正是惠普商学院众多的培训师。他们是惠普实践的支撑者，其现身说法是惠普商学院的培训精髓。

同时，惠普商学院也通过这套机制不断延展其内部人才。在惠普，他们认同的一点是：好的领导必须是好的老师；反之，好的培训师往往也会历练成长为优秀的经理人。“当培训师讲了 10 遍、100 遍惠普之道的时候，改变会潜移默化地发生在他自己身上。”

作为公司人力资源负责人和惠普商学院院长，关迟见证了这种链接的密切性和有效性。在他加盟惠普的四年多时间里，中国区从 5 000～6 000 人的规模成长为 1.6 万人，公司也希望内部的销售和服务者更好地了解客户的竞争环境，并将经验加以转化吸收。“让人力资源负责人担任商学院院长，正是希望做好内部和外部的无缝链接。我面对的最大挑战是让我们的人才在本职工作岗位上更好地发挥其价值，同时可以成为优秀的对外培训师。”

事实上，关迟本人正是这种转换的最佳实践者之一，他除了从事人力资源工作外，还在商学院教授管理实践。“我们的培训师在备课、讲课的过程中要付出很多心血，而一个人喜欢做培训工作，主要是发自内心的热爱，毕竟不是所有人都喜欢讲课。”事实也正是如此，惠普商学院的大多数讲师并不会因培训获得收入，商学院方面更多是通过荣誉和一些软性活动不断激励其中的优秀者。

优秀者之所以突出，源于惠普商学院严格的筛选流程。他们对培训师采取边招募边筛选的方式来择优。通常会邀请所有经理人都去讲课，之后筛选出更适合做讲师的管理者，之后再筛选出讲得好同时又喜欢讲课的，进行重点培养。

在实践中，惠普商学院发现，真正的优秀者很容易被筛选出来。“有的人照本宣科，有的人只是将英文案例翻译为中文讲出来，好一些的会添加自己的理解和体会，更难得的是可以选择自己真正实践过的案例，有深度地进行剖析。因此，资历也就成为培训师能够脱颖而出的先决条件。”

关迟认为，资历正是区分优秀和卓越的分界线。在我国，管理者相比国外同行的年龄要低 15 岁，时间成为影响他们积累厚度的瓶颈。“一个人的见识和见地是需要时间打磨的，有时候，经历过挫折会使人有更深刻的反思和认识，并更有说服力地分享给学员。现在看来，很多培训机构还达不到这样的高度。”

在无数次课程的验证中，饶晓芸发现，同样是优秀的培训师，依然是有所区分的。一类人适合讲课，可以很好地将课堂气氛调动起来，不断激发学员的学习热情；一类人虽然不善言辞，但是有很多实践经验可以应用在分享环节，通过现身说法来解答学员的疑惑。惠普商学院便将两者有机结合，让擅长讲课的人讲课，擅长分享的人分享。

不断的实践激发惠普商学院进行更多突破，他们期望在下一个十年可以取得跨越式发展。不是局限于提供培训课程，而是通过过往的经验，提炼出“企业大学服务管理体系”，来帮助更多的企业建设、完善其人才培养体系，不再让人才问题困扰企业发展。饶晓芸表示：“惠普商学院未来的目标是成为中国一流的企业大学。我们愿意提供一张地图给国内的企业，并与它们携手将其描绘得更加清晰，帮助中国企业在人才培养方面快速取得成效。”

资料来源：蒋艳辉．惠普商学院的现身说法．首席人才官，2011（1）．

［讨论题］

1. 惠普在发展中运用了何种培训与人力资源开发技术?
2. 我们可以从惠普商学院的培训与人力资源开发实践中借鉴什么?

第9章 培训与人力资源开发评估

1. 重点掌握培训与人力资源开发评估的内容及方法，熟练掌握过程评估和结果评估指标，能够根据实际情况设计培训与人力资源开发评估的指标和内容。
2. 了解有关培训与人力资源开发评估的模型，能够在实践中根据具体情况灵活运用。
3. 理解如何从不同角度对培训与人力资源开发项目进行评估。

培训与人力资源开发的效果如何，不是一个简单的问题，它可以引申出一系列问题，例如："效果"指什么，是否可以等同于"效率"；如何测量培训与人力资源开发效果；培训与人力资源开发评估的目的是什么，换言之，评估的结果将如何作用于决策。培训与人力资源开发效果需要相应的评估技术进行检验，这里说的评估技术是相对于培训与人力资源开发活动的，因此培训与人力资源开发评估必须着眼过程和结果两个环节。本章我们将介绍培训与人力资源开发评估的内涵和外延、目的、可选用的方法以及如何进行过程评估和结果评估。

第1节 培训与人力资源开发评估概述

培训与人力资源开发评估是关键的组织管理过程，培训与人力资源开发人员的核心工作就是培养和释放组织内个人的才能，努力改善组织、工作流程、工作团队和个人四个不同层面的效果，最终达到提升组织绩效的目的。具体而言就是培训与人力资源开发评估包括哪些内容，可以细分为哪些指标，如何具体实施。

一、培训与人力资源开发评估的目的和内容

培训与人力资源开发评估包括过程评估、满意度评估与经济效益评估等方

面。为了正确地把握培训与人力资源开发评估技术，我们有必要对培训与人力资源开发评估的内涵和外延、培训与人力资源开发评估模型及培训与人力资源开发评估的实施过程加以介绍。

培训与人力资源开发评估是“系统地收集有关培训与人力资源开发项目的描述性和评判性信息”的过程，其目的是“便于在选择、调整各种培训活动以及判断其价值的时候，做出明智的决策”。[①] 首先，在做评估时既要采集描述性的信息，又要收集评判性的信息，两者缺一不可。描述性的信息一般可以用于解释已经发生和正在发生的事情，评判性的信息则向我们展示人们如何看待这件事情。这两种信息都是培训与人力资源开发评估的重要素材，其中评判性信息的来源分为两部分，一部分来自被开发者，一部分来自同开发项目相关的人。其次，在做培训与人力资源开发评估前要先确定方案，以便系统地获得数据。最后，评估的目的是协助培训与人力资源开发决策者和实施者针对开发项目做出明智的决策。如果通过评估发现已有的培训与人力资源开发方法是有效的，那么组织就可以将评估方法直接推广到其他部门。

（一）培训与人力资源开发评估的目的

培训与人力资源开发评估的主要目的有以下六个方面：（1）评判培训与人力资源开发的目的是否达到；（2）评判培训与人力资源开发成本与效益的比率；（3）检查培训与人力资源开发程序、优缺点与适用性；（4）评估被开发者的受益程度；（5）评估组织的受益程度；（6）为将来改进培训与人力资源开发提供资料和依据。对组织而言，培训与人力资源开发评估有多种作用。菲利普斯[②]认为，培训与人力资源开发评估可以用来判断某项培训与人力资源开发是否实现了它的目标；找出培训与人力资源开发项目的优缺点，如果需要的话，可以做一定的修正；计算培训与人力资源开发的成本-收益率；选择未来的被开发者；区分出从某项目中收获最大或最小的被开发者；为将来培训与人力资源开发项目的市场推广准备素材；为管理者做出决策建立数据库。

综上可以看出，培训与人力资源开发评估的一个重要目的就是使决策更加明智、有效。除此之外，培训与人力资源开发评估还可以带来其他收益。曾格和哈吉斯[③]指出，之所以要进行培训与人力资源开发评估，基于三点原因：（1）如果培训与人力资源开发人员不能用确凿的证据证明他们对组织做出的贡献，那么在将来编制预算的时候，拨给他们的资金可能会被削减，这样他们就会被迫减少培训与人力资源开发项目，尤其是当组织处于困难时期，这种可能性将变得更高；（2）评估可以让高层经理和组织内部其他成员相信培训与人力资源开发工作是切实有效的；（3）高层管理者往往希望知道培训与人力资源开发项目的收益何在，这样更直观。

评估是培训与人力资源开发中的关键组成部分，只有通过评估，大家才能了

---

① Goldstein I L. Training in working organization. Annual Review of Psychology，1980，31.

② Phillips J J. Handbook of training evaluation and measurement methods. Houston，TX：Gulf，1983.

③ Zenger J H，Hargis K. Assessment of training results：it's time to take the plunge！. Training and Development Journal，1982，36（1）.

解培训与人力资源开发项目是否达到了目标，无论对人力资源个体的发展还是对组织的发展都有重要的意义。

（二）培训与人力资源开发评估的内容

培训与人力资源开发评估的内容表现为过程评估和结果评估两个方面，如图 9-1 和图 9-2 所示。

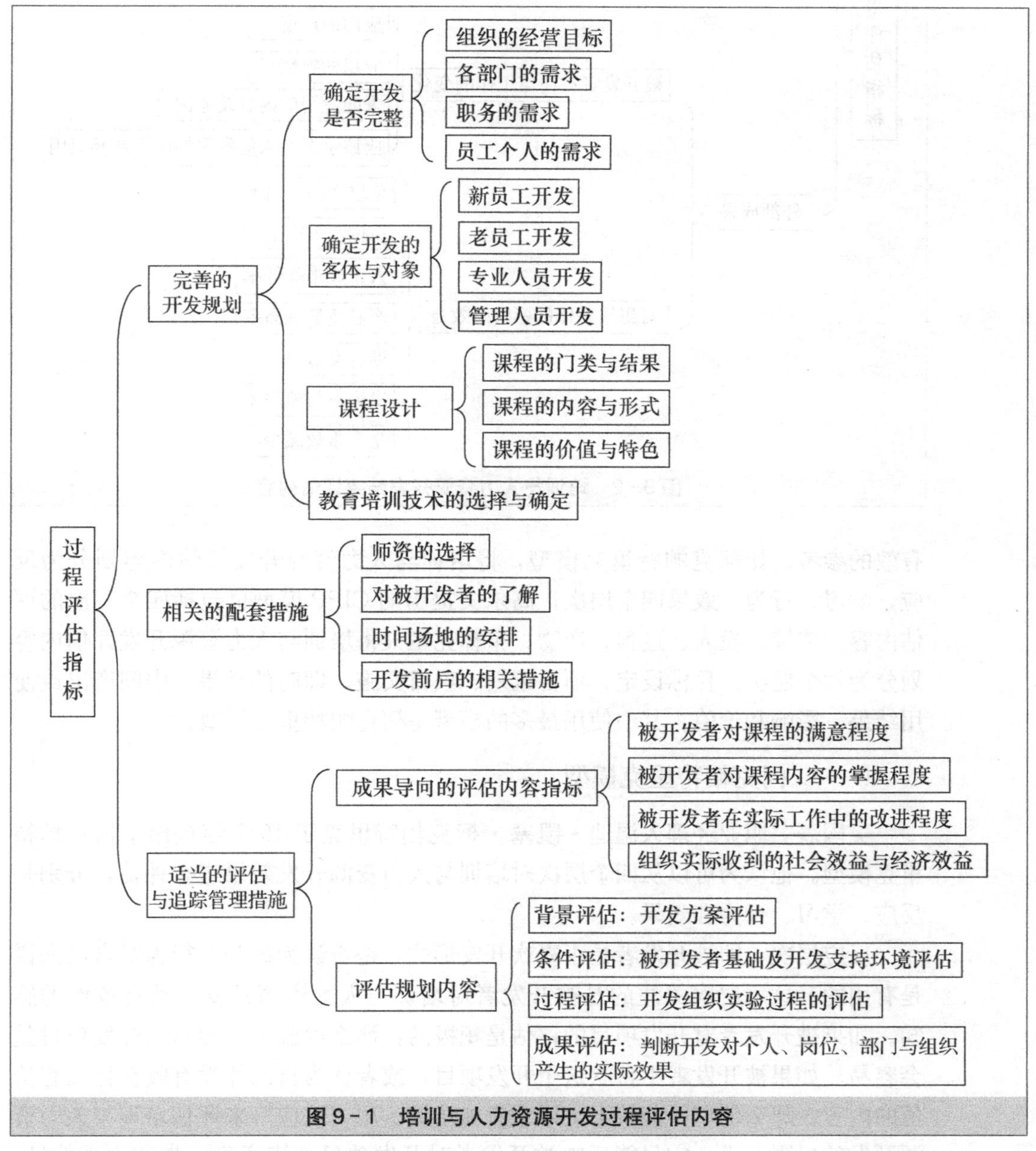

图 9-1　培训与人力资源开发过程评估内容

二、培训与人力资源开发评估的模型和特点

研究者提出了很多不同的培训与人力资源开发评估模型，为实际操作提供了

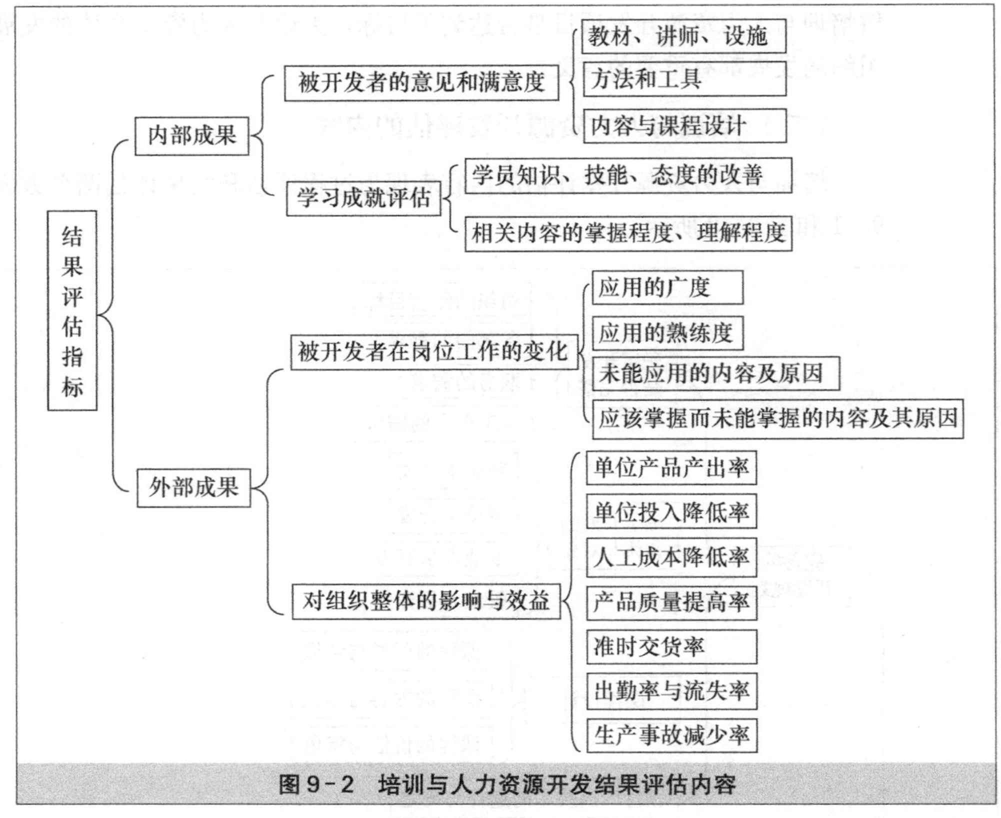

图9-2　培训与人力资源开发结果评估内容

有效的参考。如柯克帕特里克模型，将培训与人力资源开发评估内容划分为反应、学习、行为、效果四个层次；高尔文提出的CIPP模型也包括四个层次的评估内容：情境、投入、过程、产物；布林克霍夫将培训与人力资源开发评估内容划分为六个层次：目标设定、项目策划、项目实施、即时的结果、中间产出或使用结果、影响和价值。其中使用最多的模型是柯克帕特里克模型。

（一）柯克帕特里克模型

美国著名职业经理人温迪·凯塞·柯克帕特里克于1967年提出了柯克帕特里克模型。他认为可以从四个层次对培训与人力资源开发效果进行评估，分别是反应、学习、行为和效果。

反应层次，即被开发者是否喜欢开发形式，是否认为该开发行为对自己来说是有用的。这一层次关注的是被开发者对培训与人力资源开发活动有效性的感知。如果被开发者对开发项目的评估是积极的，那么说服员工参与该开发项目就会容易。如果被开发者不喜欢这个开发项目，或者认为自己并没有收获什么有价值的内容，那么他们可能就不太愿意参加培训。用“反应”来评估培训与人力资源开发的局限在于，它只能反映被开发者对开发项目的满意度，带有主观偏见，不能客观地说明开发项目是否实现了预期的目标。

学习层次，即开发者是否掌握了培训与人力资源开发目标中要求学习到的内容。这是基本的指标，也是非常重要的指标。要了解被开发者是否从开发项目中学到知识，可以对他们进行测验。

行为层次，即被开发者是否在实际工作中运用了从开发中学到的知识。也许有些培训与人力资源开发项目并不能直接转换成生产力运用到工作中，但如果不能将从培训中学到的内容运用到工作中，就不能改善员工个人和组织的绩效。在测量这一层次的培训与人力资源开发效果时，要辅之以工作分析，对被开发者进行观察、记录，用单位产品产出率、单位投入降低率、人工成本降低率等指标衡量。

效果层次，即被开发者通过培训与人力资源开发是否改善了组织绩效。该层次是最难评估的，因为除了员工，还有诸如环境等许多主客观因素影响组织绩效。

柯克帕特里克模型为培训与人力资源开发评估提供了一条有效的途径，同时也揭示了培训与人力资源开发效果的结构具有多层次性。

（二）关于柯克帕特里克模型的改进研究的其他模型

现有大多数培训与人力资源开发评估的研究，基本上都是围绕柯克帕特里克模型展开的，但在研究过程中，出现了越来越多的批评和修正的声音。例如，Bushnell（1990）指出，该模型只着眼于开发之后，没有贯穿培训与人力资源开发的整个过程。还有学者指出，该模型只是一种对培训成果的分类法，而不是一个真正的培训与人力资源开发评估模型。① 阿里格尔（Alliger）和杰纳克（Janak）对柯克帕特里克模型隐含的假设是否正确提出了质疑。他们认为该模型假设高层次的学习成果已经实现，那么低层次的学习成果就一定会实现；柯克帕特里克模型充其量不过是培训与人力资源开发评估研究的启蒙。②

无论是研究培训与人力资源开发评估的学者还是实践工作者都在尝试对柯克帕特里克模型进行拓展与改进，以便建立一个更为完善的模型来进行培训与人力资源开发的评估。具体的修正表现多种多样。有的表现为拓展了原来的反应层次，将被开发者对开发方法和效率的评估包括进来③，或者在其中区分出对培训与人力资源开发的认知和情感反应④；有的表现在结果层次，增加了第五个层次并且以其反映组织在培训与人力资源开发项目中的投入回报率。⑤

高尔文（Galvin，1983）在已有研究成果的基础上，提出了 CIPP 模型。该模型的评估内容包括四方面。分别是开发的情境（需求分析）、开发的投入（开发过程中可用的资源，如经费预算和日程安排）、开发实施的过程（给实施开发

---

① Holton E F III. Application of cognitive，skill-based and affective theories of learning outcomes to new methods of training evaluation. Journal of Applied Psychology，1993（78）.

② Alliger G M，Janak E A. Kirkpatrick's levels of training criteria：thirty years later. Personnel Psychology，1989（42）.

③ Kaufman R，Keller J M. Level of evaluation：beyond kirkpatrick. Human Resource Development Quarterly，1994（7）.

④ Tan J A，Hall R J，Boyce C. The role of employee reactions in predicting effectiveness. Human Resource Development Quarterly，2003，14（4）.

⑤ Phillips J J. ROI：the research for the best practices. Training & Development，1996，50（2）.

的人进行反馈）、开发的成果或产物（实现项目预设的目标）。

布克林霍夫（Brikerhoff，1987）将培训与人力资源开发评估模型拓展为六个层次。在该模型中，评估是由相互关联的几个步骤构成的一个循环体系，前一个步骤为下一个步骤提出需要解决的问题，环环相扣。六个阶段如下所示：

（1）目标设定：培训需求是什么？

（2）项目策划：怎么做才能满足培训需求？

（3）项目实施：项目运作如何？

（4）即时的结果：被开发者是否学到了东西？

（5）中间产出或使用结果：被开发者是否在工作中运用了他们所学的内容？

（6）影响和价值：培训与人力资源开发项目是否对组织运作做出了贡献？

（三）各模型的比较

其实柯克帕特里克模型在各模型中均有体现，只是表现形式不同。其他模型与柯克帕特里克模型的不同之处主要体现在将培训与人力资源开发过程阶段引入了评估，比如需求分析、开发设计和实施。如果将培训与人力资源开发流程的其他工作简单地并入评估模型，意义并不大，因为这样并不能对有效评估产生作用。但是在实践中，有助于让人力资源工作人员将培训与人力资源开发评估看作一项贯穿培训与人力资源开发全过程的工作，而非在开发结束后再做的阶段性工作。

综合学者的观点及实践反映出来的问题，柯克帕特里克模型最大的问题表现在以下几个方面：（1）四层次模型之间缺乏明显的关联性；（2）没有将开发结果具体化；（3）没有说明应该用什么指标或方法衡量不同的开发结果。只有将有关学习过程和学习结果的研究和理论引入培训与人力资源开发的评估，关于评估模型的研究才能有长足的发展。克里格尔和霍尔顿在这方面都做了很好的尝试。

三、培训与人力资源开发评估的实施

培训与人力资源开发可以划分为五个阶段（见表9-1），而几乎所有的培训与人力资源开发模型和组织绩效变革都包含最后一个阶段，也就是评估阶段，然而，常被忽视的也是这个阶段。

表9-1 培训与人力资源开发过程

阶段	描述
分析阶段	确定绩效需求，以及绩效需求与培训与人力资源开发的干预措施之间的关系
计划阶段	制定具体的战略，提出合适的干预措施
建立阶段	建立干预措施的组成（如设计、设备、项目和人员）
实施阶段	实施干预（通过组织开发、人才培训和管理）
评估阶段	评定是否取得了预期效果

资料来源：理查德·斯旺森，埃尔伍德·霍尔顿三世．人力资源开发效果评估．北京：中国人民大学出版社，2008。

（一）评估的系统

培训与人力资源开发评估是培训与人力资源开发过程五阶段的最后一个阶段。该阶段决定培训与人力资源开发的干预措施是否取得了预期的成效。理查德·斯旺森、埃尔伍德·霍尔顿三世认为培训与人力资源开发评估系统包括四个基本的组成部分：流程、领域、计划和工具（见表9-2）。其中，流程指组织内的效果评估必须采取的步骤；领域表明哪些培训与人力资源开发工作的效果需要评估；计划指的是在设计培训与人力资源开发评估系统时必须做哪些关键决策；工具则指具体的评估方法。

表9-2　评估系统的组成

组成部分	关键问题
流程	在一个组织内，进行培训与人力资源开发评估需要采取哪些步骤？
领域	培训与人力资源开发中，哪些效果需要评估？
计划	在设计培训与人力资源开发评估系统时，必须做出哪些关键决策？
工具	如何进行测量或者评估？

（二）评估的流程

培训与人力资源开发评估的流程分为五步：明确需要评估的预期效果、计划培训与人力资源开发评估、开发培训与人力资源开发评估方法、收集和分析培训与人力资源开发效果数据、说明及报告培训与人力资源开发评估结果（见图9-3）。纵观培训与人力资源开发评估流程图发现，想要获得有效的培训与人力资源开发评

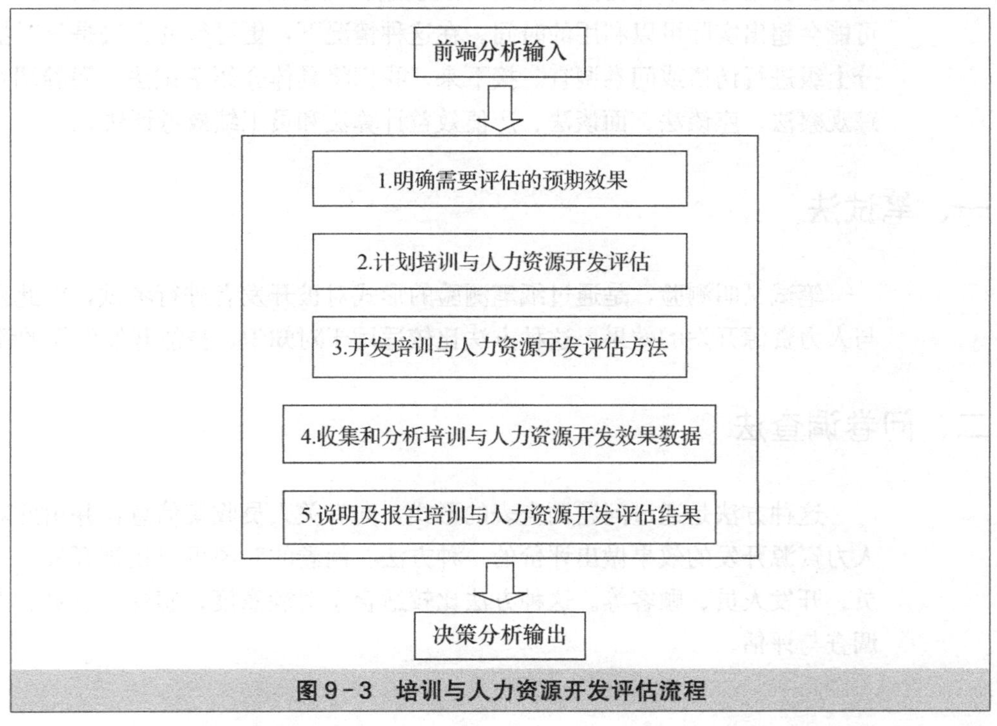

图9-3　培训与人力资源开发评估流程

估，需要较强的前端分析，也就是评估前期对资料的收集和分析非常重要。如果前端分析没有明确目标，就很难评估输出结果。此外，培训与人力资源开发评估的目的不在于评估本身，评估最终有一个行动导向，决定对培训与人力资源开发的干预，以及要维持、改变或取消培训与人力资源开发项目需要采取的措施。除了开发评估的具体方法外，还要明确所需评估的预期效果，并对其进行适当的说明。

第2节　培训与人力资源开发评估技术

在培训与人力资源开发评估的实施中选择何种方法，必须考虑三个基本问题，即方法的信度、效度和实用性。其中，信度与结果的一致性和稳定性有关，数据收集过程中出现的偏差越小，信度越高。例如，让上级来观察员工在角色模拟练习中的表现，评判员工的领导能力。如果一名上级总是给出比其他上级低的分数，这种个人偏差反映在结果中，就会使得经过该上级评分的某些员工得到较低的技能分值，而这些员工在其他上级看来却可能是优秀的领导者。效度指的是采用的方法是否真正地测到了想要测的内容。假设开发者决定用书面测验的方法来检验被开发者是否掌握了填写差旅费申报表的技术。检验的效度取决于分数是否能反映员工对该内容的掌握程度。除了要保证一定的信度和效度，在考虑组织实际情况的前提下，评估方法选择还要有一定的针对性、实用性，应充分考虑到时间、费用等成本。比如，使用对上级进行访谈的方法来评估员工的工作行为，可能会超出实际可以利用的时间。在这种情况下，更可行的方法是只对抽取的部分上级进行访谈或问卷调查。接下来，我们将具体介绍笔试法、问卷调查法、跟踪观察法、座谈法、面谈法、产值效益计算法和员工绩效考评法。

一、笔试法

笔试又叫测验，是通过纸笔测验的形式对被开发者进行考试，以此检查培训与人力资源开发的效果。这种方法比较适用于对知识、技能开发效果的评估。

二、问卷调查法

这种方法是通过问题调查表的形式，向有关人员收集信息，并由此对培训与人力资源开发的效果做出评价的一种方法。问卷的对象可以是被开发者、管理人员、开发人员、顾客等。这种方法比较适合于对满意度、感受、意见、态度等的调查与评估。

三、跟踪观察法

这种方法是培训与人力资源开发活动结束后，经过几个月或半年以上，以问卷调查、实地访谈与观察的形式，了解培训与人力资源开发相关效果的一种方法。这种方法比较适合于对外部成果的评估。

四、座谈法

这种方法是培训与人力资源开发活动结束时或其后一段时间，以座谈会的形式，收集有关人员对培训与人力资源开发效果的评价意见，由此对培训与人力资源开发进行评估的一种方法。

五、面谈法

这种方法是直接与被开发者、管理人员面谈，收集有关信息，并对培训与人力资源开发做出评估的一种方法。

六、产值效益计算法

它是通过相关的数学公式计算培训与人力资源开发效益的一种方法。评价培训成果效益的公式是：

$$\Delta U = T \cdot N \cdot dt \cdot SD_y - N \cdot C$$

式中，ΔU 为培训方案的收益；T 为培训对工作绩效产生影响的时间（年）；N 为受训者数量；dt 为以标准 Z 为单位的已受训雇员和未受训雇员之间实际工作绩效的平均值（参见下面的效用尺度公式）；SD_y 为未受训雇员工作绩效的变化度（标准差，根据国外学者的研究，约等于年工资的 40%）；C 为人均培训成本。

说明 1：如果培训不占工作时间，C 仅含直接培训成本。否则，除直接成本外，C 还要包括由于培训而耽误工作的所有费用。

说明 2：dt 称为效用尺度。首先我们假设在已受训雇员（实验组）和未受训雇员（对比组）之间没有工作绩效的差别。然后，通过效用尺度来判别：(1) 两组之间是否存在差别；(2) 这种差别有多大。

效用尺度的计算公式是：

$$dt = (\bar{X}_e - \bar{X}_c) / (SD\sqrt{R_{yy}})$$

式中，$\bar{X}_e$ 为已受训雇员（实验组）的平均工作绩效；$\bar{X}_c$ 为未受训雇员（对比组）的平均工作绩效；SD 为未受训雇员工作绩效的标准差；$\sqrt{R_{yy}}$ 为工作绩效评价过程的可靠性（指不同评价者的评定结果相一致的程度，也称为相关系数）。

下面我们看阿波矶公司（Apoyee）的应用实例。

阿波矶是一家航天电子元件制造公司。它的下属工厂A为质量控制检验员制定了一个新培训方案。新方案强调以直观教具及有步骤地发现和解决问题为指导。下属工厂B与工厂A的地理位置不同，但两个工厂检验员的数量、平均年龄、资历、受教育程度及工资率（人均每年2万美元）都相等。工厂B作为对比组，工厂A与工厂B的基本情况如表9-3所示。培训结束6个月之后，对这两个组进行了一次考试。考试时发给每位检验员一个已知缺陷数量的标准元件，要求他们在给定时间内检验元件并找到缺陷位置。

表9-3　工厂A与工厂B的基本情况

	工厂A	工厂B
工人数量（人）	125	125
已查出缺陷的平均数量（个）	9.5	6.0
标准差	1.85	2.5
受训者人均费用（美元）	800	0
评价者的评分相关程度	0.90	

假设培训产生影响的时间为3年，阿波矶期望得到的改进工作绩效的收益是多少呢？

我们首先假设，在工厂A的已受训工人与工厂B的未受训工人之间存在工作绩效差别 dt，然后计算 dt：

$$dt=\frac{9.5-6.0}{2.5\times\sqrt{0.90}}=1.48\text{（变化范围从}-3\text{到}+3\text{）}$$

将 dt 与其他给定值一起代入方程：

工作绩效的变化度为：

$$SD_y=20\,000\times40\%=8\,000\text{(美元)}$$

$$\begin{aligned}\Delta U &= T\cdot N\cdot dt\cdot SD_y-N\cdot C\\ &=3\times125\times1.48\times8\,000-125\times800\\ &=4\,440\,000-100\,000\\ &=4\,340\,000\text{(美元)}\end{aligned}$$

把这个总数平摊给125名工人，便是每位被开发者由于改进工作绩效3年获得的平均收益34 720美元，或者说每年人均收益为11 573美元。

七、员工绩效考评法

员工绩效考评法，即通过对比分析员工个人在培训与人力资源开发前后的绩效考评成绩变化，对培训与人力资源开发进行评估的一种方法。

八、培训与人力资源开发评估方法比较

不同的评估方法适用于不同的情况，其优缺点如表 9-4 所示。

表 9-4　培训与人力资源开发评估方法比较

方法	优点	缺点
面谈法	灵活 可以进行解释和澄清 能深入了解某些信息 私人性质的接触	引发的反应在很大程度上是回应性的 成本很高 面对面的交流障碍 需要花费较多的人力对访谈者进行培训
问卷调查法	成本低 匿名情况下可提高可信度 可以在匿名情况下完成 填写人员可以自己掌握速度	数据准确性可能不高 如果在工作中完成，过程难以控制 不同人员填写速度不同 无法保证回收率
跟踪观察法	不会给人带来威胁感 用于测量行为改变的较好方式	可能会打扰当事人 可能会造成回应性反应 需要受过训练的观察者
笔试法	成本低 容易计分 容易施测	也许与工作业绩不相关 对规范的依赖可能会歪曲个人绩效 可能会带来文化的偏差
员工绩效考评法	客观可靠 与绩效有密切关系	需要花费大量时间 开发成本很高
分析档案记录	客观可靠 以工作为基础 容易进行回顾	不同的信息系统反馈的信息可能有差异 不直接 采集信息的成本也许会很高

第 3 节　培训与人力资源开发活动评估

培训与人力资源开发活动评估可以从两方面入手，一是对培训与人力资源开发活动总体状况的评估；二是对培训与人力资源开发活动具体职能活动的评估。①

培训与人力资源开发的主体是人力资源部，因此对培训与人力资源开发活动总体状况的评估很大程度上是对人力资源部绩效的评估。② 受人力资本投资理论的影响，培训与人力资源开发部门开始由成本中心向利润中心转变，培训与人力资源开发的效益，既有生产率方面的，也有社会心理层面的；既有实时、直接、短暂的结果，也有滞后、间接、长久的效应。因此，只从结果上进行单维度的财

① 王颜芳．企业人力资源开发活动的评估研究．中国石油大学学报（社会科学版），2008（1）．

② 彭剑锋，饶征．基于能力的人力资源管理．北京：中国人民大学出版社，2003．

务评估是不恰当的，过程评估同样重要。

一、总体状况的评估

对培训与人力资源开发的总体状况进行评估，可以识别与评估培训与人力资源开发活动是否与组织战略相吻合，能够从组织战略的高度审视培训与人力资源开发体系或者活动的发展。根据目标管理理论和平衡计分卡的原理，进行培训与人力资源开发总体状况评估首先要制定培训与人力资源开发战略，编制年度计划；其次要对培训与人力资源开发年度计划的实施进行监督和控制；最后要对实施的结果进行完善。

培训与人力资源开发战略是根据组织的总体战略制定的，用来确定组织在一定时期培训与人力资源开发的总目标、政策、实施步骤和总预算。作为组织战略的重要组成部分，它是通过改变员工的知识、技能、动机、态度等中间变量及行为来促成组织战略实现的。① 年度计划的编制有具体的要求：要有培训与人力资源开发战略的指导，与组织的年度发展目标相匹配，要统筹考虑，设计具有可行性的年度培训与人力资源开发项目。培训与人力资源开发年度计划的实施与监控过程是对计划和项目的实时跟踪、信息收集、沟通反馈、协调和纠正，当然也包括对环境变化的监测，为预期目标的实现或及时调整提供保证。这方面的评价内容涉及：主要的沟通反馈、协调、纠正和调整活动的内容、结果；开发活动中基础和重要原始数据记录的准确性。根据培训与人力资源开发年度计划，借鉴平衡计分卡的原理，培训与人力资源开发总体状况评估可以从财务、客户、业务流程和学习创新四个维度开展，如表 9-5 所示。

表 9-5　培训与人力资源开发总体状况评估指标

维度	评估指标
财务	培训与人力资源开发成本费用利用率的提高 人均总资产报酬率的提高 人均利润的增长 人均劳动生产率的提高
客户	被开发的各类人员的比例是否均衡 编制职业生涯规划的人数是否达到要求 被开发者对开发活动的满意度 组织人际关系协调指数的上升
业务流程	被开发者人均合理化建议采纳数 被开发者的技术革新增加数 人力资源合理化建议与技术革新带来的经济效益
学习创新	员工知识、技术、能力的纵向提高程度 培训与人力资源开发体系的信息化管理程度

① 德西蒙，沃纳，哈里斯．人力资源开发：第3版．北京：清华大学出版社，2003.

二、具体职能活动的评估

培训与人力资源开发具体职能活动的评估内容包括培训、管理开发、职业生涯开发等。

（一）培训

培训是针对员工当前职务所需要的知识、技能、能力、态度等进行开发的活动。这类活动如果与人力资源管理职能相匹配，将调动员工的积极性，达到提高生产率的目的，同时还能满足员工的需求。培训的过程论认为，培训活动一般由四个步骤组成：确立培训需求，明确培训目标，进行培训，及评估培训成效。①

参考该理论，培训活动的评估指标可以概括为以下几点：是否有完善的培训制度；是否有适宜的培训方案；是否有合适的培训方式；培训内容是否适用；培训费用是否合理；被培训人员的建议采纳率如何；用人部门一段时间后对被培训人员工作态度、工作质量和工作效率的评价如何。

（二）管理开发

管理开发包括对于管理人员的开发与在管理活动中的开发设计。管理人员开发是指组织为管理者提供学习、成长和发展的机会，目的是让他们具备有效的管理工作所需要的知识、技能、能力、态度和积极性。管理中的开发设计，包括管理中的开发策略、开发措施、开发内容等。管理开发应该首先根据组织的目标确立组织所需开发的目标、内容与人员的数量和质量，接着设定管理开发的计划，最后是管理开发的实施和评估环节。

管理开发的评估指标包括管理开发的目标、内容、策略与措施是否与组织战略相吻合；开发目标与被开发者是否匹配；开发的内容是否有针对性；开发的方式是否具有适用性；被开发者在知识、技能、能力、态度、行为方面是否有改进。

（三）职业生涯开发

当前的职业生涯开发模型强调个人、直接上级、组织三方面的责任，认为组织能够提供资源和机会，直接给予被开发者指导和机会。② 职业生涯开发包括两个方面，一是员工的职业生涯自我开发；二是组织职业生涯开发。

据此可以设计如下评估指标：是否有相应的部门承担职业生涯开发的职责；组织是否设立了完善的职业信息系统；是否针对不同职业生涯阶段设置不同的开

---

① 彭剑锋，饶征．基于能力的人力资源管理．北京：中国人民大学出版社，2003.

② Hall D T，Moss J E. The new patten career contrahelping organs and employees adopt. Organizational Dynamics，1998，26（3）.

发方案；员工与组织对于职业生涯开发的满意度等。

三、活动评估的应用

为了更好地阐述活动评估的应用情况，我们以一家大型保险公司为例，通过描述该公司为促进销售人员的销售沟通能力而进行的培训与人力资源开发，展示进行培训与人力资源开发活动评估的方法。[①]

该公司是美国一家主要的医疗保险公司和供应商，多年来一直坚持对销售人员进行培训，培训内容主要是销售目标的设定和一般性的沟通技巧。该公司坚持培训的原因在于，销售人员需要沟通知识，而销售经理则需要设定目标，取得相应的销售绩效。公司的高层管理人员意识到，公司的流程需要根据业务目标要求的工作技能，做出相应的修改和调整。公司的业务目标就是在不断变化、竞争激烈的环境下，提高销售额。本案例清楚地说明，在瞬息万变的竞争环境下，公司需要新的方法来培养和认证技能。

随着经济的发展，医疗保险公司面临严峻的社会问题。尽管公司的销售团队由很多杰出的销售人员组成，但是越来越多的大客户被竞争对手抢去，销售额大幅下降。分析表明，公司需要修改核心的销售流程以及工作方式。公司后期进行了调整，调整后的结果是员工被划分到 9 个不同的工作领域，这些工作在销售交易中发挥着重要的作用，员工之间的工作关系也随之改变。公司内的高级销售人员很不满这样悬而未决的变动，有的人考虑辞职走人。管理层面临一个难题：组织如何在变化过程中维持和开发员工的核心技能。

（一）绩效诊断

一份基于精确分析的详尽的绩效提升计划，清楚地说明了这一需要——公司需要新的方法来培养和认证技能。与公司的业务目标相关的数据被用于发现当前系统销售绩效的问题和解决方案。最后，绩效诊断得出一个主要的结论，即销售流程不能达到及时性和质量性的目标，而这两个目标都是保持市场份额所必需的。因此，销售流程需要有显著的改善，要弄清流程中各个角色，要具备履行职责所需要的技能。

（二）流程记录

人们将现有的销售流程记录下来，发现流程中有 9 个工作类别，共 79 个步骤。流程图包括其中的步骤以及工作人员，并将流程和流程中的工作人员摆在了重要的位置。表 9－6 中，流程中的每一个步骤都根据该步骤直接涉及的职责进行了编号。例如，第 31 步有 3 个工作职责，其中，新业务经理（NBM）主要负责根据事件经理（CM）和提案秘书（PRO）输入的信息监督该步骤（新业务经

---

① 理查德·斯旺森，埃尔伍德·霍尔顿三世．人力资源开发效果评估．北京：中国人民大学出版社，2008.

理一栏的“●”表示责任)。另外，79个步骤中每个步骤都有单独的时间表示纵向流程图。

表9-6　与9类销售工作相关的销售步骤的部分清单

执行和客户管理子流程	工作以及在流程中的职责								
	1 MGMT	2 NBM	3 PSS	4 CM	5 BSC	6 PRO	7 UW	8 IM/IS	9 C
25. 指定事件的服务代表	●	○		○	○				
26. 要求从BSC中产生一位事件经理	●				○				
27. 顾客预期是否与公司提供产品、价格和服务的能力相一致				●	○	○	○		○
A. 流程测量：能力与顾客对于成本、产品或服务的要求不一致的次数	●								
28. 如果是，审查售前文件、建议的价格		○	○	●					
29. 在内部确认销售了哪些产品		○	○	○	○		○	○	
30. 向客户介绍销售网络发展，或者介绍新的服务		○		●		○			
31. 通知执行组销售情况并且参与其中		●		○		○			
32. 举行执行会议（评价：管理培训，强调新业务经理的次要作用）		○		○	○	○		●	○
32.1. 回答收益问题				○	○			●	
32.2. 回答行政过程问题				○	○			●	
33. 寄信给顾客，跟进执行过程				●				○	
34. 交付和协商财务合同				●					○
35. 监控服务过程	○		○	●					

注：●指由领导者负责；○指由贡献者负责；A指这一活动应该是自动的；MGMT指客户经理；NBM指新业务经理；PSS指专业销售顾问；CM指事件经理；BSC指平衡计分卡；PRO指提案秘书；UW指用户体验服务代表；IM/IS指即时通信营销；C指顾问。

现有销售流程的记录一般使用以下几种方法：

(1) 选择会见一组销售人员、销售经理和销售支持人员，验证之前起草的销售任务清单，并做相应的拓展。在本案例中，访谈人员来自全美的四个地区。

(2) 撰写流程图初稿。

(3) 参观不同的销售办公室，观察销售人员和销售支持人员如何工作，包括如何进行电话销售。

（4）撰写流程图的第二稿。

（5）将销售流程图发给被选中的那组人员，由他们审查、修改和批准。

（三）流程改善

流程图说明了人们如何完成工作。“检查”和“修改”是在为期两天的面对面的工作会议中完成的。会前，每位参与者都拿到一份流程图，并被告知流程改善的目标。这组人员审查每个步骤，以及步骤里的工作职责，考虑如何修改，做出评价，再做修改。在本案例中，原来的79个步骤最后精简为52个步骤，改变后的程序依旧保留了原来的9个工作范畴，只是贡献的具体方式有所变化。此外，这些步骤又被划分为子流程或阶段：售前，执行和客户经理，续销售和结算。两天的工作会议后，改后的流程图会递交到组织决策者手中，获得他们最后的批准，这些决策者都是经过慎重考虑后确定的人选。

（四）明确流程中的任务

该阶段与接下来两个阶段都是在一个为期两天的工作会议中完成的。本阶段的参与者包括之前的专家：一组选出来的销售人员、销售经理和销售支持人员，此外还有专业培训师，专业培训师一直负责开发销售人员的销售技能，参与开发新的销售人员开发系统。

在修正后的销售流程中，工作团队将52个销售流程步骤划分为任务，每个任务可以归因于过程中的9个工作职责的一个或几个。有些情况下，一个单个的步骤就相当于一项任务，但在大多数情况下，几个高度相关的步骤共同组成一个参考流程的任务。这时，每一组步骤都会给定一个任务名称。表9-7直观地说明了建立流程图的三步，从现有流程到改善流程，最后将工作职责中的步骤组建为参考流程的任务。本阶段虽然比较容易，但对在工作任务和核心的工作流程之间建立联系起着重要的作用，而这一过程在组织中常常缺位，造成了组织中主要绩效间的分离。

（五）建立流程中任务的标准

这一阶段任务比较集中，就是要建立每一项任务的标准，以“测评和标准”的绩效、“必知”的知识和“必做”的技能来表示。

这个阶段要想省时间，关键在于确定知识、技能和绩效测评的文件和来源。实际上，应邀参与这一过程的专家也被要求将他们掌握的相关文件带入正在考虑的参考流程任务中，以备工作会议中审查和思考。同时，团队中好的想法会不断涌现，因而做好正式的信息记录很关键，这样才不会丢失信息。

这样高度集中的会议提供了很多重要的基础信息，包括绩效标准、基础知识和技能、相关培训材料等。其中还有两位销售人员提出杰出的建议，小组向他们索取建议的复印件，作为核心的培训督导材料。

表 9-7 明确流程中任务的三个阶段

阶段 1：主要业务流程的流程图目前的状态（以 22 个步骤为例）

工作	1	2	3	4	5	6	7	8	9	10	11	12	13	14	15	16	17	18	19	20	21	22
1	○		○		○		○					○					○	○				
2			○						○		○	○			○	○						
3	○	○						○		○			○			○	○	○	○		○	
4		○	○			○													○			
5	○			○		○		○		○						○					○	
6				○		○			○		○			○	○			○	○	○		○

随着时间的流程活动

阶段 2：改善后的主要业务流程的流程图（22 个步骤减少为 19 个步骤）

工作	1	2	3	4	5	6	7	8	9	10	11	12	13	14	15	16	17	18	19
1	●		●		○		●				○					○	○		
2									●		○			●	●	○		○	○
3	○			○				○		●		●			○	○	●	●	
4		●	○		●														
5				●	○	○		●		○	●				○	●	○		
6				○		●			○				●	○	○		○	○	●
阶段3：参考流程的任务					任务1			任务2		任务3					任务4	任务5			

注：●表示领导者的责任；○表示贡献者的责任。

（六）建立任务培训和认证模式

在建立参考流程的任务标准后，专业培训师要进行集中的实施培训，以方便销售流程中的工作人员。他们通过建立学习目标，实地指导学习，提供相关的材料，来开发参考流程任务所要求的知识和技能。

事实证明，保险公司的战略管理技能既有效率，又有效力。其中主要关注的是公司发展中未知的领域，以及公司顾问。尽管单个因素看起来很合理，有时也很常规，但是直接将企业目标与个人技能联系起来的角度很有独创性。此外，仅用 8 个月时间就完成了该项目，也具有革命性意义。

第 4 节 培训与人力资源开发效果评估

培训与人力资源开发效果评估是组织管理的关键环节，旨在使组织的培训与人力资源开发系统既能保持竞争优势，又能满足客户需求，还能保持成本优势。培训与人力资源开发要想成为组织管理中的重要组成部分，必须通过具体干预措施来监督实施。这就意味着，效果评估极为关键。

一、效果评估系统

效果评估系统是基于培训与人力资源开发理论与实践构建的系统，要置于培训与人力资源开发的整个过程中看待。组织如果想取得更好的发展，途径之一就是通过培训与人力资源开发采取干预措施，而效果是影响组织发展的重要因素，并最终影响组织为顾客提供适销对路的产品。因此，对一个组织来说，最不可或缺的就是效果评估。效果评估系统由三个部分组成：效果评估计划、效果测评工具和效果报告。接下来主要介绍效果评估计划和效果报告，效果测评工具结合效果评估方法介绍。

（一）效果评估计划

效果评估计划是一份决策性文件，是整个评估的前提和核心内容。该文件应该囊括测评的所有问题，并给出解决问题的一般测量。效果评估计划有五个组成部分，分别提出五个基本问题：（1）预期效果，即在效果的几个选项中，评估工作主要针对哪些；（2）数据收集时间轴，即在选定的效果选项中，应该在时间轴的何处收集数据；（3）数据对比，即沿着时间轴收集到的数据需不需要和时间轴以外的数据进行对比；（4）数据分析计划，即对于选定的效果数据，进行对比分析的计划是什么；（5）执行细则，即在执行计划时，需要注意的事项有哪些。

预期效果是效果评估计划的第一步，在这个环节必须明确要对效果的选项全部进行评估，还是只评估其中的一个或几个。预期效果与认知、学习和绩效等三个效果领域密切相关，接下来按照从低到高的重要性程度，分别介绍预期认知效果、预期学习效果和预期绩效效果。

1. 预期认知效果

在效果评估计划中，预期认知效果按照主体可以划分为参与者的认知和利益相关者的认知。参与者的认知，指的是对系统、流程、产品以及服务有亲身体验的人的认知；利益相关者的认知，指的是组织的领导者的认知，以及可以从预期效果和方法中获得既得利益的这类人的认知。

2. 预期学习效果

效果评估中学习效果包括两个核心范畴：知识和技能。其中，知识指的是通过不断学习和经验积累获得的智力上的进步；技能指的是人们在某一领域，通过学习和经验获得的生产绩效和最佳效能的行为。一般情况下，知识结构更严格地遵循理论模型，而技能结构遵循的是实践模型。一个关于所知，一个关于所行，二者都是评估的重点，遵循同一总体结构。

3. 预期绩效效果

效果评估中绩效有两个核心的范畴，即系统效果和财务效果。系统效果指的是与组织相关的产出，以产品和服务的形式给顾客带来价值，这些产品和服务还与关键的组织管理过程、工作流程、小组或个人的产出息息相关。财务效果指的是由干预带来的转化为货币和财务利益的产品和服务的产出。

（二）效果报告

效果报告是对具体的项目实施效果的总结，旨在评估每个项目的效果，并且将其报告给组织内适当的利益相关者。效果报告主要传达两个关键问题：如何有效地传达评估结果，如何依据评估数据制定正确的决策。

效果报告对一个培训与人力资源开发项目的作用或者性质相当于对干预作用的总结，旨在评估一项培训与人力资源开发的效力，并报告给组织内恰当的利益相关者。

效果报告有标准格式、标准分段和标准数据报告的方式。报告应该包括 7 个标准部分：

(1) 组织和项目标题。该部分内容提供有关项目的名称、干预实施的日期、地点以及参与者人数等关键数据。干预层面的信息包括如何将所有数据存储在数据库中。重复性的干预可以合并为一个累计报告，该报告应该有一个描述性的、独特的标题。

(2) 项目目的。项目目的通常用 50 个字或更小的篇幅简单陈述，描述最初的效果状态，以及预期效果。项目目的涉及 5 种绩效变量（目标、系统设计、能力、动机和技能）在各个层面的状态，包括组织、流程、个人和团队层面。

(3) 项目描述。一般 50 字左右，包括名称、时间、长度、内容或方法的描述性特征，以及即时结果。

(4) 效果总结。简单介绍每个评估选项，以及每个选项相对既定目标的达到情况，例如财务效果完成了既定目标的 200%，而技能效果完成了既定目标的 98%。

(5) 分发名单。名单中应详细列出收到该报告的人员。

(6) 效果评估。该部分是效果评估报告的核心内容，是关于绩效、学习和认知方面的数据。

(7) 改善建议。用 50 字左右陈述，侧重于培训与人力资源开发项目的评估，以及提出可行的改善建议。

二、效果评估方法

培训与人力资源开发效果评估内容与技术的选用如表 9－8 所示。例如，关于表 9－8中第一层次的评估方法，可以首先设计一份培训与人力资源开发活动评估表、被开发者满意度调查表或小组面谈记录表等，然后进行评估活动，最后分析评估结果，主要分析不满意者的反映事项、不满意的频率或次数以及顾客满意度指标等。

表9-8 培训与人力资源开发效果评估内容与技术选用一览表

层次	名称	主要指标	评估的内容与指标	技术选用
第一层次	意见评估	被开发者的满意度	教材、开发者或讲师、设施、方法、内容、环境、组织与管理	问卷调查法、面谈法、座谈法
第二层次	学习评估	被开发者的学习成就	知识、技能、观念、态度与其他素质变化	笔试法、问卷调查法、面谈法、座谈法
第三层次	行为评估	岗位工作的改善程度	出勤率、产品合格率、工作效率、事故减少率、工作态度变化等	跟踪调查法、实地观察法、员工绩效考评法
第四层次	绩效评估	整个组织效益的改善程度	单位产品产出率、单位成本降低率、人工成本降低率、品质提高率、准时交货率、事故下降率	产值效益计算法、跟踪调查法、跟踪观察法、座谈法

培训与人力资源开发效果评估的方法比较多，下面主要介绍学习评估和绩效评估两种。

（一）学习评估

在效果评估系统中学习效果分为知识效果和技能效果两种。知识效果指通过不断学习和经验积累，获得智力上的进步。技能效果指人们在某一专业领域内通过学习和经验获得的能产生绩效和最佳效能的行为。

所有组织都要依靠员工的知识和技能来建立和实现组织目标，所以培训与人力资源开发人员必须清楚地认识到，学习是最根本的考虑因素。为了完成任务，员工必须了解任务，并具备完成任务的能力。但这并不意味着了解目标并具备一定的能力就能完成任务。知识和技能是产生绩效的先决条件，但如果没有必要的工具，或员工在运用新技术时阻力重重，那么知识和技能也不能物尽其用。验证学习效果对于组织和被开发的人力资源都是相当重要的。除了对知识效果和技能效果进行直接评估，别无他法。被开发者要控制自己的整个学习过程存在巨大的局限性，因而培训与人力资源开发过程需要有重点。形成性评价既是一种很好的学习理论，也是良好的培训与人力资源开发实践。形成性评价包括过程诊断、反馈与指导。有时，形成性评价可能类似于效果评估，但两者的目的和具体的操作方式存在本质差异。

对培训与人力资源开发人员来说，他们能做出的最独特也是最实际的效果就是不断提供确认过的学习结果。需要注意的是，员工个人并不能自我评估学习效果，即使学习目标圆满完成，获得了知识和技能，也要学以致用，还要求组织中有一整套工作条件进行配合。

学习评估的方法和问题的结构形式多种多样，接下来以销售沟通为例进行说明。在销售沟通中，根据工作结构分析，销售沟通方面的知识划分为五类内容。前端分析包括面谈、观察和作为内容来源的那些失败与成功的销售记录。因此，在核心的销售沟通流程中，知识因素和技能因素都采用同样的五部分的内容结构。在其他情况下，沟通知识的结构可能更严格地遵循一个理论模型，而沟通技能的结构遵循实践模型。

销售沟通的培训包括五方面内容。测评试卷中共计 50 道题，包括选择题和匹配题。假设 5 位顶尖的销售人员参与了测试，他们的平均分为 43 分，参与者的及格标准被定为 40 分。测试安排在培训快结束时，那些没有达到及格标准的可以在培训结束后两周内重考。接下来，在工作中仍要进行跟踪技能评估，为参与者提供重新测评的机会。

销售沟通培训的内容是知识和技能测评的基础，销售经理作为专业的评估员，在培训与人力资源开发过程中，要根据真实场景评估被开发者的表现。由于销售经理本身接受过相关的开发，可以准确地判断出标准以上、符合标准、标准以下的等级。在培训结束后 60 天，可以运用以下工具（如表 9－9 所示）评估每个被开发者在实际销售中的表现。

表 9－9　销售沟通培训评价指标

测评内容	评分等级		
	1 分（标准以下）	2 分（符合标准）	3 分（标准以上）
开篇和结束			
价值/证据			
听课			
提问			
支持材料			

该评价的目的在于让每一位被开发者在培训结束后就可以获得达到标准的分值。使用三个等级，意味着被开发者的技能平均分是 2 分或者更高。

专业的评估者要对销售流程有更清晰的认识，被开发者也在开发中学习到了细节内容。例如，“开篇和结束”有三个主要的组成部分：一是吸引注意力；二是在两分钟内陈述总体概况；三是呼吁学习者的实际行动，为接下来的销售流程做准备。培训与人力资源开发技能测评表如表 9－10 所示。

表 9－10　培训与人力资源开发技能测评表

<table>
<tr><td colspan="3">姓名</td><td colspan="5">日期</td></tr>
<tr><td>0
不能观察到
没有机会观察</td><td colspan="2">1
不明显
没有展示</td><td>2
功能性
能运用技能，
但需指导</td><td colspan="2">3
精通
能在复杂环境下运用
技能，需要的指导很少</td><td colspan="2">4
专家
指导和帮助他人</td></tr>
<tr><td></td><td>具体工作任务</td><td>0</td><td>1</td><td>2</td><td>3</td><td>4</td><td></td></tr>
<tr><td>1</td><td>在销售开始前子流程中的沟通</td><td></td><td></td><td></td><td></td><td></td><td></td></tr>
<tr><td>2</td><td>协调客户预期与公司能力之间的矛盾</td><td></td><td></td><td></td><td></td><td></td><td></td></tr>
</table>

续表

	具体工作任务	0	1	2	3	4
3	与执行经理一起完成任务					
4	完成财务合同，保障管理绩效					
5	案例操作：执行和维护业务程序，处理投诉，提供经验					
6	监控注册和再注册业务					
7	主动联络客户，交流销售网络和产品开发情况					
8	制定并执行完整的更新后的战略					
9	对现有顾客推销新业务					
10	商讨、准备、提供包括报告在内的解决方案					
11	管理被取消的事项					
12	建立、执行并且不断改进地方市场战略和战术，以便完成计划					
13	创立良好的推动效果的氛围					
14	监管和改善销售、客户管理过程					
15	在销售团队里，挑选、培养和指导优秀员工					
16	开展活动，建立与生产商、商业社区之间的联系					
17	与合伙人建立有效的内部关系					

总之，在知识经济时代，对技能的要求飞速变化，进行学习情况评估和报告无论对个人还是组织来说，都发挥着重要的作用。

（二）绩效评估

在效果评估模块中的绩效部分，首要方面是系统效果，它是指“与组织使命相关”的产出，并以产品和服务的形式，给顾客带来价值。[①] 绩效评估与组织目标息息相关，组织的种类繁多，其产出也多种多样。对于这些多样的、系统的、潜在的绩效结果，最好的划分方法就是从不同层面来划分绩效等级，如在整个系统层面、子系统层面或个人层面。

绩效评估要求选出某一项绩效作为重点评估对象，也就是一些定义较明确的绩效结果总是出现在所有目标、工作团队、工作流程和组织中。如果一项绩效结果不能被明确界定，或许就不应该进行干预。绩效结果既可以用产品或服务的数量来评估，也可以用生产单位产品或服务的时间来评估。用时间来评估绩效指的是，评估生产一个单位产品或完成一项任务或项目所需要的时间。这个时间单位可能短到几秒，长至几个月。而一般都是持续几个小时或几天。用数量来评估绩效，指的是在固定时间内可以生产出来的产品的数量，或完成任务的数量。

要想取得培训与人力资源开发的成功，测评绩效效果非常关键。而要想较好

① 理查德·斯旺森，埃尔伍德·霍尔顿三世．人力资源开发效果评估．北京：中国人民大学出版社，2008.

地展示绩效效果，关键要对整个人力资源管理系统了如指掌。大多数组织都有测评主要系统产出的方法，而培训与人力资源开发专家要做的就是根据系统或子系统的核心绩效产出来提升绩效。可以采用以下三种方法来实现：

（1）进行前端绩效分析，说明提升绩效的机会有哪些，可以采取的干预及绩效结果测评方法。

（2）如果评估干预时还没有完成前端绩效分析，那么可以尝试同时收集相关的绩效分析数据，重新定义干预，确定绩效结果的测评方法。

（3）如果没有基于前端绩效分析而实施了某项干预，那么应该考虑绩效的意向，随机收集由干预带来的绩效效果，即关键结果技术。

绩效效果也可以用财务效果来衡量，简言之，就是将干预带来的产品或服务转化为货币形式，即如何从财务角度来阐释绩效效果的价值。一项研究表明，只有3%的培训与人力资源开发项目会从财务影响上进行评价。组织是以盈利为目的的，最终都会用投资回报率来衡量各个部门。就实际和预计的效益而言，从投资收益率角度评估培训与人力资源开发效果的模式和方法相对直观和简单，主要有三种模式：（1）项目所带来的绩效价值；（2）项目的成本；（3）项目的收益。其最基本的模式是绩效价值－成本＝收益，如表9－11所示。

表9－11　收益分析表

项目：____________　分析师：____________　日期：________ 方案名称：1. ____________　2. ____________
绩效价值
成本
收益

如果培训与人力资源开发者能够用财务效果数据来证明培训与人力资源开发计划，就能为他们获得更多的组织认同，为组织做出贡献。报告财务效果的能力取决于细化系统效果的能力。或许，更重要的是预测财务结果的能力，这样才能获得组织对培训与人力资源开发的支持。

三、效果评估实践

培训与人力资源开发效果评估涉及三个关键问题：数据收集、评估设计以及评估中的道德问题。

（一）数据收集

从评估的定义可以看出，效果评估建立在数据收集的基础上，只有数据收集得完整和充分，才有利于决策者进行判断。

前面我们列出了数据收集的方法，包括面谈法、问卷调查法、跟踪观察法、笔试法等。其中问卷调查法便于迅速作答和分析，被广泛应用，是培训与人力资源开发评估常用的方法。表 9－12 是一份常用的问卷，用来了解被开发者的反应，有时也称为“微笑问卷”。

表 9－12　问卷示例

标题：

这是一份快速反馈评估的问卷，我们希望通过这份问卷来了解你的学习情况，了解我们在帮助你完成学业方面做得如何，了解你对课程内容和培训方法的看法。

请在每道题后的 1～5 分量表上圈出你对课程内容和培训方法的看法。

	没用，是浪费时间		有用		非常有用
1. 你认为这部分内容有用吗？	1	2	3	4	5
	不需要		有点需要		非常需要
2. 你认为自己对学习的内容有多大需求？	1	2	3	4	5
	一点也不主动		有点主动		非常主动
3. 在多大程度上你能主动学习？	1	2	3	4	5
	很差		好		非常出色
4. 培训者的工作出色吗？	1	2	3	4	5

5. 在这部分培训内容中，你最喜欢什么？

6. 你对什么最不满意，我们应该怎么做？

7. 你有什么意见或建议？

资料来源：Weatherby N L，Gorosh M E. Rapid response with spreadsheets. Training and Development Journal，1989，37（6）.

培训与人力资源开发效果评估比较常用的三种指标分别是个人绩效、系统绩效和财务绩效。个人绩效反映单个被开发者的知识水平和行为表现，与柯克帕特里克模型的第二层次和第三层次相对应。这一类型的数据包括员工的测验成绩、产品件数、作业的适时性和质量、出勤率及工作态度。系统绩效与实施培训与人力资源开发的团队、部门甚至整个组织的绩效密切相关。这类数据包括生产率、废品率、消费者和客户满意度等。财务绩效反映的是组织的财务状况和经济表现，其中投资回报率和效用指数是主要参照指标。

要对一个培训与人力资源开发项目进行评估，至少要收集以上三类数据，不同的指标侧重点不同，反馈的信息也不同。

（二）评估设计

评估设计指培训与人力资源开发评估的研究方案，是培训与人力资源开发评估的关键环节。它不仅决定了评估研究预期的结果，而且决定了采集数据及解释

数据的方法。评估设计中应包括以下两点内容:

1. 前测和后测

进行前测和后测可以让培训者了解培训究竟改变了什么。如果大多数被开发者已经掌握了培训讲授的内容,那么培训结束后他们在测验里拿到高分并不能说明培训的效果很好。

2. 控制组

控制组指的是一组与被开发者相似的员工,在被开发者参加培训的时候他们不参加培训。对控制组进行同样的测量,然后将他们的得分与被开发者的得分进行比较。最理想的情况是,培训组和控制组在培训前有相似的分数,但在培训结束后,培训组的得分明显提高,而控制组的得分没有变化。这样的结果可以较好地说明培训所起的作用。①

强有力的研究设计还应考虑另外两个因素。其一,在使用控制组的情况下,培训者应该确保培训组与控制组尽可能地相似。如果培训者能够随机将员工分配到培训组和控制组,就更理想了。其二,需要进行一段时间的观测,也称为"时间序列设计",这样可以让培训者观测个人绩效的周期变化。

(三) 评估中的道德问题

培训与人力资源开发评估的过程评估和结果评估中都会涉及道德问题,很多时候该问题可能会影响决策,要比我们想象的严重得多。②

一些培训与人力资源开发评估需要向被开发者提及有关被开发者本人及他人工作绩效的问题,有时答案会让人尴尬,有时将答案公开会遭到不利的对待。比如在一个管理开发论坛上,参加者被问到对其上级的看法,如果有人说他并不认为上级工作很得力,上级听到后很可能非常恼火。同样,如果员工在重要的学习测验上表现很差,或频繁地犯错误,往往会遭到他人的嘲笑或者藐视。因此,要尽可能地采取措施保证评估过程中收集的信息不被泄露。可以用编码代替真实姓名,采取保密措施有助于调动员工参与的积极性。

同时,培训与人力资源开发人员和人力资源部经理往往面临一种压力,这种压力迫使他们要确保培训与人力资源开发评估结果有利于评估项目。培训与人力资源开发人员往往是项目的设计者或采购者,同时兼具培训与人力资源开发实施者和评估者的角色,如果评估结果表明项目无效,那么人力资源部有可能会面临失去经费的困境,或不得不停止工作。

本章小结

本章主要介绍了培训与人力资源开发评估的内容、模型和方法,从过程评估和结果评估两

---

① 沃纳,德西蒙.人力资源开发:第 4 版.北京:中国人民大学出版社,2009.

② Hatcher T. Ethics and HRD: a new approach to leading responsible organizations. Cambridge, MA: Perseus, 2002.

种模式入手，分别介绍了二者的评估指标、评估技术，并结合案例介绍在实际中的运用情况。

首先，介绍了培训与人力资源开发评估的目的与内容、评估的必要性和可行性，通过介绍柯克帕特里克模型，并与其他模型比较，概述了培训与人力资源开发评估的五阶段内容及过程。

其次，介绍了培训与人力资源开发评估的方法与技术，如笔试法、问卷调查法、跟踪观察法、座谈法、面谈法、产值效益计算法和员工绩效考评法，并对不同方法的优缺点进行了比较。

再次，介绍了培训与人力资源开发活动评估，主要从总体状况评估和具体职能活动评估两方面展开。培训与人力资源开发总体状况评估可以从财务、客户、业务流程和学习创新四个维度展开，具体职能活动则包括培训、管理开发、职业生涯开发等。通过一个保险公司的案例，对活动评估的操作进行了详细介绍。

最后，从评估系统、评估方法和评估实践三个方面介绍了培训与人力资源开发效果评估。其中，评估系统包括效果评估计划和效果报告两部分。常见的评估方法包括意见评估、学习评估、行为评估、绩效评估，本节主要介绍了学习评估和绩效评估两种。最后，在效果评估实践中，一方面要注重数据的收集、评估的设计，另一方面还要注意评估中的道德问题。

◆ 进一步阅读文献

[1] 中国人力资源开发研究会．中国人力资源开发报告 2008：中国人力资本状况评估．北京：中国发展出版社，2008.

[2] 李秀琴，刘学英．人力资源的开发效益及绩效评估．科技情报开发与经济，2002（4）.

[3] Kaufman R，Keller J M. Level of evaluation：beyond kirkpatrick. Human Resource Development Quarterly，1994（7）.

[4] Phillips J J. ROI：the research for the best practices. Training and Development，1996，50（2）.

[5] 理查德·斯旺森，埃尔伍德·霍尔顿三世．人力资源开发效果评估．北京：中国人民大学出版社，2008.

[6] 王颜芳．企业人力资源开发活动的评估研究．中国石油大学学报（社会科学版），2008（1）.

[7] 刘亚军，肖丽娟．基于 DFL 的人力资源评估模型及其应用．苏州大学学报（自然科学版），2010（4）.

◆ 本章习题

一、单项选择题

1. 下列不属于培训与人力资源开发评估环节的是（　　）。

A. 对培训与人力资源开发的活动评估　B. 满意度评估

C. 工作团队评估　D. 经济效益评估

2. 以下不属于高尔文 CIPP 模型指标的是（　　）。

A. 开发的情境　B. 项目的实施

C. 开发投入　　D. 开发的成果或产物

3. 效果评估中评估系统不包括（　　）。

A. 评估计划　　B. 测评工具　　C. 评估标准　　D. 效果报告

4. 预期效果中最重要的是（　　）。

A. 预期认知效果　　B. 预期学习效果

C. 预期绩效效果　　D. 以上都不是

5.（　　）技术选用产值计算法、跟踪调查法。

A. 学习评估　　B. 行为评估　　C. 绩效评估　　D. 意见评估

6. 不会给人带来威胁感的培训与人力资源开发评估方法是（　　）。

A. 直接观察法　　B. 分析档案记录　　C. 书面测验　　D. 访谈法

7. 培训与人力资源开发评估的目的不包括（　　）。

A. 评判培训与人力资源开发的目的是否达到

B. 评估组织的受益程度

C. 检查培训与人力资源开发程序、优缺点与适用性

D. 让高层经理和组织内部其他成员相信培训与人力资源开发工作是切实有效的

8. 培训与人力资源开发评估的流程不包括（　　）。

A. 明确预期效果　　B. 收集和分析数据

C. 规划培训与人力资源开发评估　　D. 做适当说明

9. 培训活动不包括（　　）。

A. 确立培训需求　　B. 评估培训成效

C. 明确培训目标　　D. 培训内容规划

10. 职业生涯开发的评估指标不包括（　　）。

A. 是否有相应的部门承担职业生涯开发的职责

B. 员工职业生涯发展的满意度

C. 是否设立完善的职业信息系统

D. 是否受到管理者的指导

二、多项选择题

1. 培训与人力资源开发评估的目的有（　　）。

A. 评判培训与人力资源开发成本与效益的比率

B. 评估被开发者的受益程度

C. 评估组织的受益程度

D. 检查培训与人力资源开发程序、优缺点与适用性

2. 柯克帕特里克模型从（　　）层次对培训与人力资源开发效果进行评估。

A. 反应　　B. 学习　　C. 工作行为　　D. 结果

3. 活动评估中的总体状况评估指标包括（　　）。

A. 财务维度　　B. 客户维度　　C. 业务流程维度　　D. 顾客维度

4. 培训与人力资源开发的具体职能活动包括（　　）。

A. 培训　　B. 管理开发　　C. 绩效考评　　D. 职业生涯开发

5. 培训与人力资源开发效果评估方法包括（　　）。

A. 业务评估　B. 行为评估　C. 学习评估　D. 绩效评估

6. 培训与人力资源开发效果评估最常用的三种指标是（　　）。

A. 个人绩效　B. 财务绩效　C. 系统绩效　D. 组织绩效

7. 培训与人力资源开发效果评估涉及的三个关键问题是（　　）。

A. 数据收集　B. 评估设计　C. 道德问题　D. 问卷调查

8. 成本较低的培训与人力资源开发方法有（　　）。

A. 问卷调查法　B. 访谈法　C. 笔试法　D. 员工绩效考评法

9. 培训与人力资源开发过程评估指标中的规划环节包括（　　）。

A. 确定培训与人力资源开发是否完整　B. 确定客体与对象

C. 课程设计　D. 教育培训技术的选择与确定

10. 培训与人力资源开发评估指标中成果导向的评估内容指标包括（　　）。

A. 被开发者对课程的满意程度　B. 被开发者对课程内容的掌握程度

C. 被开发者在实际工作中的改进程度　D. 组织实际收到的社会效益和经济效益

三、简答题

1. 简述布克林霍夫培训与人力资源开发模型的六个阶段。
2. 简述过程评估技术，并对不同技术的优缺点进行比较。
3. 概述培训与人力资源开发具体职能活动的评估指标。
4. 概述培训与人力资源开发评估的目的。

四、论述题

1. 既然有很多培训与人力资源开发人员都认为进行培训与人力资源开发评估是一项有价值的工作，那么为什么组织不更频繁地进行培训与人力资源开发评估呢？请说出不进行评估的理由，并论述如何改善。

2. 假设你设计了一个培训项目，用来对机组成员进行紧急撤离程序的培训，现在你需要设计一项评估研究，以证明机组成员理解了这些程序，并且已经运用于实际工作。你认为哪种数据收集方法是恰当的？

3. 为什么统计效力对培训与人力资源开发评估非常重要？请说出在不增加成本的情况下，研究者可以通过哪种方式来提高统计效力。

案例与分析

医学院人力资源开发出现了什么状况

医学院副院长帕特最近参加了一个会议，讨论把电脑技术整合到健康护理人员工作实践中遇到的问题。会议演讲者认为，这一技术失败的原因在于，员工没有得到关于新设备和新软件使用方法的正确培训。帕特认为很有道理。去年医院的高管团队决定购买价值数千美元的新设备，希望能够重新设计护理病人的流程。然而没过多久，医院里到处都在说员工对新设备很不满意，不愿意在工作中使用。

一回到医院，帕特就打电话给培训部主管，讨论了他在会议中的观点。帕特说："我想我知道员工为什么不使用电脑设备了，因为他们没有获得充分的培训。"培训部主管薇薇安回答："生产商应该提供过培训，但我不太清楚培训了什么，你希望我去调查一下吗？""这是一个好主意，但我认为我们的员工还需要专门的培训，你为什么不把他们召集过来再进行一次培训呢？"

薇薇安立即打电话给电脑设备生产商，证实在 10 个月前，作为实施过程的一部分，两位设计工程师的确对员工讲解过如何使用新设备和软件。但是当时很少有人参加培训，培训形式也只限于单调的课堂授课。薇薇安认为低参与率是主要原因。于是她决定让生产商重新提供培训。这一次，将提供免费的咖啡和炸面包圈以激励员工参加培训。

员工们都收到了培训部发出的鼓励参加至少一次培训的备忘录。不在邀请之列的部门经理则被要求在员工会议上多宣传培训，尤其要强调免费的咖啡和炸面包圈。然而遗憾的是，参与率也只是稍有提高而已。

最近的一次课程仍由工程师讲授，但这一次，他们采用了新的教学工具，也就是笔记本电脑与投影技术相结合。他们将不同的画面和程序中的各选项联系起来，给员工以实时的刺激。在课程的结尾，员工得到了一本介绍电脑硬件和软件的手册，培训者建议员工在闲暇时间阅读该手册，在遇到困难时查阅该手册。然而，在课后走出课堂时，一位员工说："电脑真的把我吓坏了，我根本学不了。最重要的是我认为没有人在乎我是不是在使用这个新系统。"

资料来源：Brown T C，Li S X，Sargent L D，Tasa K. What went wrong at university hospital? An exercise assessing training effectiveness. Journal of Management Education，2003，27（4）.

［讨论题］

1. 医学院的培训与人力资源开发是否进行了评估？如果是，是如何进行的？
2. 医学院的培训与人力资源开发效果不理想的原因是什么？

附录

各章部分习题参考答案

考虑到论述题与案例分析题的解答具有多样性与应用性，尤其要鼓励师生教学过程中进行创新，因此，本附录中列出的是关于选择题与简单题的参考答案，没有涉及论述题与案例分析讨论题的解答内容。

第1章

一、单项选择题

1. A　2. B　3. C　4. D　5. D　6. C　7. D　8. A　9. A　10. B

二、多项选择题

1. BC　2. ABC　3. ABCD　4. ABCD　5. ABC　6. AB　7. ABCD　8. ABCD　9. ABCD　10. ABC

三、简答题

1. 答题要点：首先，培训与人力资源开发对国家经济发展具有重要意义；其次，培训与人力资源开发战略符合国家人口现状和可持续发展的理念；最后，人才强国战略与知识经济社会使培训与人力资源开发前景广阔。

2. 答题要点：第一，政治功能。第二，经济功能。做好培训与人力资源开发工作，可以为社会经济的协调发展提供最基本的保证。第三，发展功能。培训与人力资源开发具有促进组织发展与社会经济可持续发展的作用。具体表现为：培训与人力资源开发是协调人口与资源关系的重要措施，是改善人口与生态环境关系的根本，对于中国未来的发展具有十分重要的意义；培训与人力资源开发是促进经济与社会发展的决定性因素；培训与人力资源开发能为社会经济的持续发展奠定良好的基础。

3. 答题要点：第一，从时间形式上看，可划分为前期开发、使用期开发与后期开发。所谓前期开发，是指人力资源形成期间与就业前的开发活动，包括家庭教育、学校教育、就业培训等；所谓使用期开发，是指人力资源使用过程中的开发活动，比如在职培训、职业生涯设计等；所谓后期开发，是指法定退休年龄后的开发活动。

第二，从对象上看，可划分为品德开发、潜能开发、技能开发、知识开发、体能开发、能力开发、智力开发等。

第三，从开发客体上看，可划分为人才开发、管理者开发、技术人员开发、普通职员开发、新员工开发与老员工开发等。

第四，从范围和空间形式上看，可划分为行为开发、素质开发、个体开发、群体开发、组织开发、区域开发、社会开发、国际开发等不同形式。

4. 答题要点：开发的内容包括：身体健康素质，文化科技素质，品德素质，职业技能素质，潜能素质。

5. 答题要点：作用和意义包括：(1) 提高员工的职业能力。(2) 改善组织的工作质量。(3) 增强组织的竞争优势。(4) 满足员工实现自我价值的需求。

第2章

一、单项选择题

1. D　2. B　3. A　4. D　5. D　6. B　7. A　8. C　9. B　10. D

二、多项选择题

1. ABC　2. BCD　3. ABCD　4. ABCD　5. ABCD　6. ACD　7. ABCD　8. AD　9. ABC　10. ACD

三、简答题

1. 答题要点：言语信息、智力技能、运动技能、态度和认知策略。

2. 答题要点：反应式学习、情景式学习、跨情景式学习、超越式学习。

3. 答题要点：发散思维、同化思维、聚合思维、协调思维。

4. 答题要点：(1) 以事实为基础，以自然顺应为法则进行培训与人力资源开发；(2) 以开发促发展，让培训与人力资源开发活动走在被开发者素质发展之前；(3) 系统化进行培训与人力资源开发；(4) 在活动和疑问中进行培训与人力资源开发；(5) 在知识技能与品德的形成过程中进行培训与人力资源开发；(6) 在典型案例学习中进行培训与人力资源开发；(7) 在不同对象与客体之间、进行适应性的培训与人力资源开发。

第3章

一、单项选择题

1. C　2. D　3. A　4. A　5. B　6. D　7. D　8. A　9. D　10. B

二、多项选择题

1. ACD　2. ABCD　3. BC　4. BCD　5. ACD　6. ABCD　7. BD　8. ABCD　9. AD　10. ABCD

三、简答题

1. 答题要点：(1) 组织战略是人力资源战略的前提和基础；(2) 人力资源战略是组织战略的核心；(3) 人力资源战略为组织战略的制定提供信息；(4) 人力资源战略是组织战略实现的保障。

2. 答题要点：前瞻性、服务性、全局性、系统性、弹性、动态性。

3. 答题要点：（1）有助于增强组织竞争力；（2）有助于提高个人绩效与组织绩效；（3）有助于组织的可持续发展。

4. 答题要点：（1）制定培训与人力资源开发战略；（2）制定培训与人力资源开发规划；（3）制定培训与人力资源开发方案；（4）确定培训与人力资源开发的主体与方法；（5）评估战略性人力资源开发的过程与效果。

第4章

一、单项选择题

1. B　2. B　3. D　4. C　5. D　6. B　7. D　8. B　9. D　10. D

二、多项选择题

1. ABC　2. ABD　3. ABD　4. BCDE　5. ABCE　6. ACDE　7. ACD　8. BC　9. ABCD　10. ABCE

三、简答题

1. 答题要点：操作步骤包括：（1）培训需求分析。（2）培训规划制定，确定培训对象、内容、师资、课程和形式。（3）培训实施和调整。（4）培训效果评估。（5）评估结果反馈和利用。需要注意的是：培训需求分析需要结合行业发展、组织现状、岗位要求和员工个性进行综合分析。培训方案规划不是一劳永逸的，需要在培训实施中不断进行动态调整。培训效果的评估不应只局限于学员反应层面的评估，还应该考察学习层、行为层、效果层。培训效果最终应在个人绩效和组织绩效的改进上有所体现。

2. 答题要点：实施步骤包括：（1）准备阶段。（2）热身阶段。（3）明确问题。（4）重新表述问题。（5）畅谈问题。（6）筛选阶段。

3. 答题要点：培训对个人绩效和组织绩效的作用有一定的时滞，传导过程也比较复杂。效果层评估要注重选取那些培训具有明显针对性作用的指标。在评估效果层时，要剔除掉与培训无关的因素。

第5章

一、单项选择题

1. A　2. C　3. A　4. C　5. A　6. B　7. A　8. C　9. D　10. A

二、多项选择题

1. AC　2. ABCD　3. AB　4. ABCD　5. AD　6. ABCD　7. ABCDE　8. ABCD　9. ABC　10. ABD

三、简答题

1. 答题要点：从时间上说，职业规划分为短、中、长期，但是职业开发没有一定的时间跨度划分。从开发内容上说，职业规划的内容具有更广的范围，不但需要分析员工自身的条件与环境，还需要结合组织内外的不同环境进行综合的规划考虑。职业开发则目标相对单一，旨在让员工通过不同的组织内工作经历获得工作能力的提升，以配合组织与组织人力资源配置目标的实现，在这个层面上讲，职业开发具有更强的组织属性。

2. 答题要点：职业开发是组织内相关部门为员工提供的一种能力层面的“援助计划”，职业开发本身具有一定的引导性和功利性。不同于个人的职业规划，职业开发主要从组织的发展需要的角度来开发员工的潜在能力，在帮助员工开发其工作能力的同时实现组织所期望达成的组织目标。从这个角度上讲，无论组织采取何种职业开发形式，都具有一定的引导性和功利性。

3. 答题要点：从宏观意义上说，在培训与人力资源开发过程中，开发的主体一般是从事开发活动的计划者、领导者与组织实施者。客体指接受开发活动的组织和个人，是开发活动的承受者。

从微观层面上说，开发主体可以定义为接受开发的员工，结合职业开发的目标与流程来看，职业开发的客体可以理解成对于员工知识、技能、能力和其他因素的综合开发过程。

4. 答题要点：优点：工作轮换有助于打破部门横向隔阂和界限，为培养团队精神与协作配合打好基础。有些组织与部门的本位主义或小团体主义比较严重，这种情况的出现往往是因为对其他部门的工作缺乏了解，以及部门之间人员缺乏接触，通过轮换便可消除这些弊病。其次，有助于员工认识本职工作与其他部门工作的关联，从而理解本职工作的意义，提高工作积极性。

缺点：在推行工作轮换中，也存在很多困难和阻力。每年大量的员工横向流动是很麻烦的事情，加重了人力资源部的工作负担，也会给组织造成一定的影响。工作轮换中可能出现的问题主要有：

（1）对掌握某些复杂的专业技术不利，可能使这类技术水平降低或停止发展。

（2）对保持和继承长期积累的传统经验不利，可能使工作效率降低。

（3）因故未能及时参加轮换可能让员工产生“错过班车”的感觉而影响情绪。

（4）常常由于业务上的需要而不能如期执行轮换。

（5）工作轮换的出发点是组织与个人的长远利益和发展前途，因而它和当前的利益会产生一些冲突。

第 6 章

一、单项选择题

1. B　2. A　3. D　4. C　5. D　6. A　7. B　8. D　9. A　10. D

二、多项选择题

1. ABC　2. BD　3. AB　4. BD　5. ABC　6. BC　7. ABC　8. AB　9. ABD　10. AD

三、简答题

1. 答题要点：（1）组织目标就是组织的宗旨或纲领，它说明建立这个组织的目的。（2）组织目标是识别组织的性质、类别和职能的基本标志。（3）组织目标具有差异性、多元性、层次性和时间性。（4）组织目标的确定大致可分三步：内外部环境的分析、总体目标的确定、总体目标的分解和协调。（5）组织目标为组织的前进指明了方向，也为组织的活动确定了发展路线。确定目标是组织的战略、计划和其他各项工作安排的基础，只有把笼统的目的化为具体的目标，组织实现预期的效益才有比较大的希望。

2. 答题要点：即按产品或地区设立事业部（或大的子公司），每个事业部都有自己较完整的职能机构。事业部在最高决策层的授权下享有一定的投资权限，是具有较大经营自主权的利润中心，其下级单位则是成本中心。事业部制具有集中决策、分散经营的特点。集团最高层（或总部）只掌握重大问题决策权，从而从日常生产经营活动中解放出来。事业部本质上是一种企业界定其二级经营单位的模式。事业部制适合规模庞大、品种繁多、技术复杂的大型企业，是国外较大的联合公司所采用的一种组织形式，近几年我国一些大型企业集团或公司也引进了这种组织结构形式。

事业部制组织结构的优点在于：首先，能够帮助高层管理者摆脱繁杂的日常行政事务，而专注于全局战略问题。其次，由于一般的事业部制组织都实行独立核算系统，这大大提高了中层管理者的积极性。最后，各事业部之间的竞争也能促进组织的发展。

但是，事业部制组织结构也同样存在缺陷，其首先表现为组织与事业部的职能机构出现重叠，这就造成了管理人员的浪费。其次，由于采取独立核算系统，在促进竞争的同时容易引起本位主义，这会影响部门之间的协作机制。

3. 答题要点：（1）对内外部环境进行区分说明。（2）外部环境。由于这些环境因素都处于组织的范围之外，组织不能直接控制，而组织为了获取、开发、保持和有效利用在生产经营过程中必不可少的人力资源，必须根据外部环境的状态变化采取相应的措施，通过运用科学、系统的技术和方法进行各种相关的计划、组织、领导和控制活动，以实现组织的既定目标，二者相互联系，互为作用。（3）内部环境。组织的内部环境对组织培训与人力资源开发的广度、深度、成效及成本有着重大的影响。组织内部环境的建设和优化，可以从组织文化、组织战略、人员状况等方面着手，创造一个有利于培训与人力资源开发和人才脱颖而出的和谐环境。不同的内部环境因素从不同的方面影响和制约着组织的培训与人力资源开发，因此，人力资源管理者在进行培训与人力资源开发的同时，必须认真研究其内部环境因素，并积极努力调动各方面的力量，不断改造和优化组织的内部环境，实现组织发展与培训与人力资源开发的良性互动。

4. 答题要点：

（1）组织发展分为创业阶段、发展阶段、规范化阶段、膨胀阶段和衰退阶段。

（2）在创业阶段，组织处于幼年期，规模比较小，指挥模式一般属于组织管理者的个人指挥，在这个阶段中，组织的产品与服务相对比较单一。伴随着组织的发展，组织会经历其发展阶段，在这个阶段里，组织迅速发展，但是组织的结构处于变动期，导致信息沟通的非正式存在，使得领导具有很高的权威性。在组织的规范化阶段，组织一般会开始实行制度化与规范化管理。经历了上述阶段后，组织会进入膨胀阶段，在这一阶段，组织规模庞大，开始实行严格的规范化管理。在组织的衰退阶段通常伴随着市场占有率的下降，员工情绪散漫，在这个时期，若不加以积极的引导与管理，组织会衰退并将走向没落。

第7章

一、单项选择题

1. C　2. B　3. A　4. D　5. C　6. A　7. A　8. A　9. A　10. C

二、多项选择题

1. ABC 2. ABD 3. ABC 4. ABCD 5. ABCD 6. AB 7. AB 8. AC 9. ABCD 10. ABCD

三、简答题

1. 答题要点：自我开发是个人结合组织发展目标与个人职业规划，有计划有目标地针对知识、技能、能力、心智或生理等某一方面或多方面，采取有效途径进行自我认知、自我学习，从而提升自我，增强个人竞争力的过程。自我开发是被开发者向开发目标自我努力的过程，也是被开发者自我学习与自我发展的过程。自我开发包括自我认知、自我学习、自我申报等方法。

2. 答题要点：学习型组织和自我开发的主体虽然不同，前者是组织，后者是个体，但是两者的本质相同，都是通过内在修为进行自我控制和自我发展。在学习型组织中，学习已经内化为组织的日常行为，融入组织的血液之中。主动学习、自觉学习将代替被动学习，制度性学习、系统化学习将代替零星式学习。这样的组织在实现组织规模扩大的同时，也实现了内在素质的提高。所以，学习型组织与自我开发是相辅相成的，自我开发是学习型组织的基础，学习型组织的构建促进个体自我开发。

3. 答题要点：人力资本开发包括知识开发、技能开发和生理开发。知识开发的良好载体是学历教育，学历是指人们进行学习的一种经历，譬如高中学历、大学学历、研究生学历，以及近年来针对在职人士开设的 MBA、EMBA 等课程。在职人员可以通过远程网络教育、自学考试、MBA 及 MPA 课程等方式进行知识开发。技能开发：企业员工个人可以通过自身努力以及利用组织提供的培训机会进行自我开发，努力汲取知识营养，注重培养工作效率，开阔职业思路和积极踏实工作等，提高职业素质和发展各种技能。生理开发：首先，营养均衡。在饮食方面，需要平衡营养，避免单一饮食，可以参考饮食结构"金字塔"。其次，适度锻炼。

4. 答题要点：社会资本是指人际和企业关系网络中，以及通过人际和企业关系网络所能获得的资源（包括信息、构思、线索、商业契机、金融资本、权力与影响、情感支持甚至还有良好的祝愿、信任与合作）。社会资本开发方法：可以通过与商业伙伴的社会性交往，增加互动学习的机会，获得更多的市场信息和企业发展所需的管理、技术方面的知识；可以通过自身社会资本中较高的信任预期以及非凡的社会交往技能，甚至还可以通过自身过硬的技术研发能力，在组织内部搭建起与股东、员工、合作伙伴之间的良好关系网络。此外，得体的服饰与举止、对权力关系的把握、争取领导的注意、人际关系的处理和掌握构建良好的人际关系网的技巧等都有助于社会资本的开发。

第8章

一、单项选择题

1. D 2. C 3. A 4. C 5. A 6. C 7. B 8. A 9. D 10. D

二、多项选择题

1. ABCD 2. ACD 3. ABD 4. ABD 5. ABC 6. ABCD 7. ABC 8. ABD 9. ABCD 10. ABCD

三、简答题

1. 答题要点：所谓人力规划，就是拟订一套措施，使企事业组织稳定地拥有一定质量和必要数量的人员，从而实现包括个人利益在内的组织发展目标。一定质量，指企事业组织内完成工作任务的人员所需具备的能力，这种能力可以表达为受过的教育和培训、经验、年龄或拥有的相关素质。人力规划的内容，包括晋升规划、补充规划、开发与培训规划及轮换规划等。

2. 答题要点：补充规划即拟订补充政策，其目的是合理地填补中长期发展过程中企事业组织人员在数量上与规格上可能出现的空缺。在补充规划中，要表明待补充的人员的数量与规格。人员规格是指其经验水平、受教育程度、年龄及有关素质要求。补充规划和晋升规划之间有着密切的联系。在出现空缺的情况下，企事业组织可以从较低一级人员中提拔人员，这叫作"内部补充"。

3. 答题要点：所谓能力行为分析法，即通过比较被分析者个人行为能力与标准能力行为特征的差距，从而确定人力资源培训需求的一种技术。在这种技术中，首先确定相应处于人、事、物与实践四个方面问题的基本管理能力。这些基本管理能力有九个类别，分别为自我管理、情景控制、操作技能、沟通技能、概念建构、判断技能、推理技能、人际关系技能与领导技能。对于这九类能力行为特征，并非每个职务都需要，因此确定培训需要的第一步，是评判每个类别的行为特征相对职务的必要性与重要性；接着，要评判员工实际表现与标准要求的相对差距，差距越大，说明培训的需求也就越大。

4. 答题要点：全面分析法是指通过对组织内部各个层面进行全面、系统的调查、分析，确定理想状态与现实状态之间的差距，从而进一步决定是否进行培训及培训内容的方法。全面分析不仅是针对问题的分析，而且是方位全、范围广、层次高的分析，侧重于组织运转中的方方面面，因而其分析结果适用于整个人力资源管理过程。

第9章

一、单项选择题

1. C　2. B　3. C　4. C　5. C　6. A　7. D　8. D　9. D　10. D

二、多项选择题

1. ABCD　2. ABCD　3. ABCD　4. ABD　5. BCD　6. ABC　7. ABC　8. AC　9. ABCD　10. ABCD

三、简答题

1. 答题要点：

（1）目标设定：培训需求是什么？

（2）项目策划：怎么做才能满足培训需求？

（3）项目实施：项目运作如何？

（4）即时的结果：被开发者是否学到了东西？

（5）中间产出或使用结果：被开发者是否在工作中运用了他们所学的内容？

（6）影响和价值：培训与人力资源开发项目是否对组织运作做出贡献？

2. 答题要点：不同评估技术的优缺点见下表：

方法	优点	缺点
面谈法	灵活 可以进行解释和澄清 能深入了解某些信息 私人性质的接触	引发的反应在很大程度上是回应性的 成本很高 面对面的交流障碍 需要花费较多的人力对访谈者进行培训
问卷调查法	成本低 匿名情况下可提高可信度 可以在匿名情况下完成 填写人员可以自己掌握进度	数据准确性可能不高 如果在工作中完成，过程难以控制 不同人员填写速度不同 无法保证回收率
跟踪观察法	不会给人带来威胁感 用于测量行为改变的较好方式	可能会打扰当事人 可能会造成回应性反应 需要受过训练的观察者
笔试法	成本低 容易计分 容易施测	也许与工作业绩不相关 对规范的依赖可能会歪曲个人绩效 可能会带来文化的偏差
员工绩效考评法	客观可靠 与绩效有密切关系	需要花费大量时间 开发成本很高
分析档案记录	客观可靠 以工作为基础 容易进行回顾	不同的信息系统反馈的信息可能有差异 不直接 采集信息的成本也许会很高

3. 答题要点：培训与人力资源开发具体职能活动的评估内容包括培训、管理开发、职业生涯开发等活动。(1) 培训活动的评估指标主要包括：是否有完善的培训制度；是否有适宜的培训方案；是否有合适的培训方式；培训内容是否适用；培训费用是否合理；被培训人员的建议采纳率如何；用人部门对被培训人员的评价如何。(2) 管理开发的评估指标包括：管理开发的目标、内容、策略与措施是否与组织战略相吻合；开发目标与被开发者是否匹配；开发的内容是否有针对性；开发方式是否有适用性；被开发者在知识、技能、能力、态度、行为方面是否有改进。(3) 职业生涯开发的评估指标主要有：是否有相应的部门承担职业生涯开发的职责；是否设立完善的职业信息系统；是否针对不同职业生涯阶段设置不同的开发方案；员工与组织对于职业生涯开发的满意度等。

4. 答题要点：培训与人力资源开发评估的主要目的有六个方面：(1) 评判培训与人力资源开发的目的是否达到；(2) 评判培训与人力资源开发成本与效益的比率；(3) 检查培训与人力资源开发程序、优缺点与适用性；(4) 评估被开发者的受益程度；(5) 评估组织的受益程度；(6) 为将来改进培训与人力资源开发提供资料和依据。

图书在版编目（CIP）数据

培训与人力资源开发：理论与方法/萧鸣政编著．--2版．--北京：中国人民大学出版社，2020.5
面向21世纪人力资源管理系列教材
ISBN 978-7-300-27916-9

Ⅰ.①培… Ⅱ.①萧… Ⅲ.①人力资源管理-高等学校-教材 Ⅳ.①F243

中国版本图书馆CIP数据核字（2020）第025189号

面向21世纪人力资源管理系列教材
培训与人力资源开发：理论与方法（第2版）
萧鸣政　编著
Peixun yu Renli Ziyuan Kaifa：Lilun yu Fangfa

出版发行	中国人民大学出版社		
社　　址	北京中关村大街31号	**邮政编码**	100080
电　　话	010－62511242（总编室）		010－62511770（质管部）
	010－82501766（邮购部）		010－62514148（门市部）
	010－62511173（发行公司）		010－62515275（盗版举报）
网　　址	http://www.crup.com.cn		
经　　销	新华书店		
印　　刷	天津鑫丰华印务有限公司	**版　　次**	2015年8月第1版
开　　本	787 mm×1092 mm　1/16		2020年5月第2版
印　　张	17.5 插页1	**印　　次**	2026年1月第5次印刷
字　　数	385 000	**定　　价**	38.00元

中国人民大学出版社　管理分社

教师教学服务说明

中国人民大学出版社管理分社以出版工商管理和公共管理类精品图书为宗旨。为更好地服务一线教师，我们着力建设了一批数字化、立体化的网络教学资源。教师可以通过以下方式获得免费下载教学资源的权限：

★ 在中国人民大学出版社网站 www.crup.com.cn 进行注册，注册后进入“会员中心”，在左侧点击“我的教师认证”，填写相关信息，提交后等待审核。我们将在一个工作日内为您开通相关资源的下载权限。

★ 如您急需教学资源或需要其他帮助，请加入教师 QQ 群或在工作时间与我们联络。

中国人民大学出版社　管理分社

教师 QQ 群：648333426（工商管理）　1057207274（财会）　648117133（公共管理）
教师群仅限教师加入，入群请备注（学校＋姓名）

联系电话：010-62515782，82501868，82501048，62514760

电子邮箱：glcbfs@crup.com.cn

通讯地址：北京市海淀区中关村大街甲 59 号文化大厦 1501 室（100872）

管理书社

人大社财会

公共管理与政治学悦读坊